现代出版学精品教材
XIANDAI CHUBANXUE JINGPIN JIAOCAI

版权贸易教程

徐建华 叶新 主编

苏州大学出版社

图书在版编目(CIP)数据

版权贸易教程 / 徐建华,叶新主编. —苏州:苏州大学出版社,2013.6(2023.2重印)
现代出版学精品教材
ISBN 978-7-5672-0469-0

Ⅰ.①版… Ⅱ.①徐…②叶… Ⅲ.①版权-国际贸易-教材 Ⅳ.①F746.18

中国版本图书馆 CIP 数据核字(2013)第 118281 号

现代出版学精品教材
Contemporary Publication Advanced Textbook

总 策 划

吴培华

版权贸易教程

编 著

徐建华　叶　新

责任编辑

倪浩文

出版发行

苏州大学出版社
(苏州市十梓街1号　邮编　215006)

印 刷

广东虎彩云印刷有限公司
(东莞市虎门镇黄村社区厚虎路20号C幢一楼　邮编:523898)

开本	787 mm×960 mm　1/16	
印张	20.75　字数　361千	
版次	2013年6月第1版　2023年2月第2次印刷	
书号	ISBN 978-7-5672-0469-0	
定价	58.00元	

苏州大学版图书若有印装错误,本社负责调换
苏州大学出版社营销部　电话:0512-67481020
苏州大学出版社网址　http://www.sudapress.com

编委会名单

总 策 划 吴培华

编 委 会 (按姓氏笔画为序)

刘拥军　朱胜龙　朱静雯　李寿春

吴培华　张志强　周　奇　苗遂奇

徐建华　徐柏容　黄先蓉　黄镇伟

薛华强

执行编委 吴培华　薛华强

出版者的话

"现代出版学丛书"自2003年出版第一辑后得到业界和教育界的广泛好评，根据编辑出版工作的实际需要和出版业人才培养的需求，我们又连续组织出版了三辑，共计四辑25种。

出版属于内容产业，创新是其不竭的灵魂。因此，对教材不断进行更新，以跟上出版业的快速发展是值得引起我们重视的一个重要课题。"现代出版学丛书"出版以来，出版业与出版工作已经发生了巨大的变化，首先，出版业转企改制工作已基本完成，出版业的管理理念、管理方法也随之发生了重大变化；其次，十七届六中全会提出了大力发展文化产业的要求，出版业面临着前所未有的发展机遇；而数字化出版的快速发展更是对出版业带来了巨大的冲击与挑战。在这样的背景下，业界同人纷纷建议对"现代出版学丛书"进行及时修订，鉴此，我们决定在原有基础上，根据学科建设的要求，精选其中10种，结合出版业的最新发展态势，进行了大幅度的修订补充，期望为我国的编辑出版专业打造一套高质量的现代出版学精品教材。

该套教材继续体现创新原则，吸收我国出版界的最新理论成果，反映出版界改革发展的最新动向。我们真诚地希望广大读者、教育工作者和理论研究者出于对这套教材的爱护，对其中的不足之处和疏漏讹误，不吝赐教。我们相信，我们对中国出版业的拳拳之心是共同的。

总　　序

　　书籍,是人类传承文明的主要载体;近代兴起了报纸和杂志,于是文明传承又多了一种工具和媒介,从而新闻与出版并称。但是二者在传承文明过程中所起的作用和各自的特点有所不同。报纸杂志的时效性强、内容多样;书籍则传世久远、影响深远。二者相济,既及时反映了即时发生的情况,又引导人们思考过去、现在和未来,于是人类的文明得以播散和流传。

　　任何国家的新闻出版事业都是为自己国家的利益服务的,绝无功利的新闻出版事业从来不存在。过去,我国的新闻出版事业只注重了它的宣传作用,而忽略了它还有商品性的一面。这是计划经济导致的必然结果。改革开放以后,人们很快意识到了出版事业的二重性:意识形态属性和商品属性。我国的新闻出版业,一方面要发挥党和人民喉舌的作用,另一方面也要按照社会主义市场经济的规律去建设、发展、生产和流通,这两种属性是并行不悖、相辅相成的。只有按照市场经济的规律去建设、发展、生产和流通,才能更好地宣传科学的理论、正确的思想,弘扬正气,凝聚人心;也只有坚持正确的导向,乘市场经济的浪潮发展,才不致于迷乱了本性,才能为最广大人民的根本利益服务,才能在世界范围内形成自己的特色,参与国际出版业的激烈竞争。

　　无论是哪个国家的出版业,也无论从我国出版事业的哪一方面的属性来说,要使这一事业发展壮大,人才都是关键。特别是我国的出版事业正处在由传统的生产方式向现代生产方式转变的过程当中,人才的问题更加显得重要而急迫。

　　现代的出版业需求怎样的人才呢?我想,这样的人才除了应该熟悉现代新闻出版的经营方式方法之外,还需要有较高的理论素养、创新的意识和能力。后者也许比前者更为重要,因为经营的方式方法可以在实践中摸索、总结,而理论修养和创新能力却需要较长时间的积累和一定的悟性,需要良好的环境和条件的熏陶与培育。

　　如果以上述的标准衡量,应该承认,我国新闻出版界的人才结构和知识结构的确急需改善。同时我们应该看到,我国出版教育事业要承担起培养新型出版人才的历史重任,还有很多工作要做,还有很长的路要走。在诸多应该做的工作当中,编写出版具有理论深度的著作和具有时代特色的教材是其中最重要的基础性建设。

出版事业和社会生活几乎是同步前进的,在"知识爆炸"的今天,出版事业的发展可谓一日千里,也只有一日千里才能跟上时代。永远向前看,这是出版业的重要特征。因此,原有的读物显然已经不能完全满足当前的需要。现在出版的这套由我国新闻出版界一批著名专家策划并编写的"现代出版学丛书",就是为了跟上出版业改革发展的形势,根据他们在这一领域中多年积累的经验、最新的发展动态、研究的最新成果和对未来的深刻思考编写而成的,供正在出版事业前沿努力奋斗的专业人员和有志于投身这一事业的年轻人学习之用。

参加策划和编写的专家,都在出版业的各个方面工作过多年,有的担任过出版业领导工作并长期从事出版理论研究,有的在出版教育领域耕耘时久,有的一直在出版部门从事实际工作。他们虽然分布在全国各地,专业也不尽相同,但是有着一个共同的特点,这就是始终紧跟时代的脚步,密切关注着国际上出版界的动态,苦苦思考着我国的出版业如何适应21世纪中国和世界的情况。

任何著作都不可能十全十美,因为就在作者研究、写作的时候,客观情况已经在变化了;再加上每个人占有的资料很难滴水不漏,观察的角度彼此或异,如果读者发现这套丛书还有什么不足和可议之处,我看应属正常。我们总不能等到一切都研究得完美了再来编写——实际上永远不会有这样一天,重要的是做起来,教起来,学起来。

我衷心希望这套丛书尽快出齐,在听取读者的意见后不断修改提高,使之成为具有权威性的读物和教材;我同时希望我国的出版教育界以这套丛书的出版为新的起点,加强科学研究,逐步形成和完善具有中国特色的出版理论体系,使我国的出版事业不仅在数量和质量方面达到与我国的国际地位相应的水平,出色地承担起传承人类文明的重任,而且在理论建树和人才储备方面也能令世界刮目相看。

许嘉璐

于日读一卷书屋

目 录

第一章 版权贸易的一般原理

第一节 版权贸易的基本概念 / 2
第二节 版权贸易的内容 / 8
第三节 版权贸易的主要形式 / 12
第四节 版权贸易的基本原则 / 18

第二章 版权贸易的基础

第一节 版权的性质与特征 / 22
第二节 版权的主客体 / 26
第三节 版权的内容 / 30
第四节 邻接权 / 35
第五节 附属权 / 36
第六节 版权的保护 / 38

第三章 版权贸易的发展与现状

第一节 版权贸易的由来与发展 / 46
第二节 欧美主要国家版权贸易的一般状况 / 49
第三节 我国版权贸易发展的历史与现状 / 53

第四章 版权贸易发展的动因、经济效应及机制

第一节 版权贸易发展的动因 / 68
第二节 版权贸易发展的经济效应 / 72
第三节 我国发展版权贸易的机制 / 74

第五章 版权引进的信息获取途径与可行性研究

第一节 版权引进的原则 / 80
第二节 版权引进的信息获取途径 / 83
第三节 排行榜对国内图书版权引进影响的实证分析 / 90
第四节 版权引进的可行性研究 / 95

第六章 版权贸易的引进程序

第一节 版权引进的程序 / 102
第二节 版权引进的谈判 / 106
第三节 合同的签订与履行 / 111

第七章 版权贸易合同

第一节 版权贸易合同的基本知识 / 116
第二节 版权贸易合同的条款 / 119
第三节 版权贸易合同双方的义务 / 124
第四节 签订版权贸易合同应注意的问题 / 125

第八章 版权价格的确定与支付

第一节 版权价值评估 / 132
第二节 版权的经济寿命 / 139
第三节 版权价格的确定 / 143
第四节 版权价格的支付方法与工具 / 153

第九章 引进版图书的市场营销

第一节 引进版图书市场营销的一般特征 / 160
第二节 引进版图书的市场定位 / 164
第三节 引进版图书的营销组合 / 174
第四节 引进版图书的网络营销 / 187

第十章 版权输出与"走出去"战略

第一节 版权贸易逆差现象、成因及其治理途径 / 192
第二节 版权输出 / 197
第三节 中国出版"走出去"战略 / 206

第十一章 版权贸易的相关法律问题

第一节 版权贸易的法律适用及其选择 / 212
第二节 版权贸易的限制 / 228
第三节 版权贸易争端的解决 / 235

第十二章 版权代理与经纪

第一节　版权代理 / 244
第二节　出版经纪人 / 249

第十三章 版权集体管理

第一节　版权集体管理的由来与发展 / 258
第二节　各国版权集体管理组织 / 261
第三节　我国著作权集体管理的历史和现状 / 270

第十四章 与版权贸易有关的平行进口问题

第一节　平行进口产生的背景分析 / 284
第二节　平行进口的特征与类型 / 288
第三节　平行进口产生的原因 / 292
第四节　平行进口产生的影响 / 295
第五节　处理版权平行进口的法律原则 / 297
第六节　我国应对版权平行进口的策略 / 299
第七节　台湾地区简体字版图书的平行进口问题 / 301
第八节　典型案例 / 303

主要参考文献 / 308

附　录 / 312

　　一、合同文本（中文）/ 312
　　二、合同文本（英文）/ 314

后　记 / 321

第一章

版权贸易的一般原理

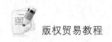

版权贸易是一种以科学、文学、艺术作品作为交易对象的特殊贸易行为。近些年,随着国际间文化交往的进一步加强,我国的版权贸易也逐步从出版社的个别出版行为,转变成为出版界的一种共识和普遍行为,各个出版社纷纷有计划、成规模地开展版权贸易活动。

版权贸易的普遍开展,一方面,活跃了我国的出版市场,丰富了出版资源;但另一方面,在快速发展过程中,也暴露出了许多问题,如恶意竞价、难以扭转的贸易逆差等。这种状况的出现,说明我国的版权贸易现今尚处于开拓与发展阶段,存在很多问题,也缺少相应的理论指导。因此,在本书初始,我们有必要对版权贸易的一些基本概念、版权贸易所包含的内容和主要贸易形式等作简要的介绍。

第一节　版权贸易的基本概念

一、知识产权、版权和工业产权

在版权贸易中,最基本的概念是版权。因此,我们在介绍版权贸易概念之前,首先应该弄清楚版权,以及与版权密切相关的知识产权和工业产权的概念。

(一) 知识产权

知识产权(intellectual property),是指人们基于自己的智力活动创造的成果和经营管理活动中的标记、信誉而依法享有的权利。根据《中华人民共和国民法通则》的规定,知识产权是依法对创造性劳动成果和工商业标记产生的权利的统称。

1. 拥有知识产权的必备条件

知识产权是对知识拥有的专有权利,但并不意味着一切的知识都有资格获得知识产权的保护。能够获得知识产权保护的知识,必须具备以下三个条件:

(1) 完整性。即这些知识是完整并且有条理的,用它可以解决某些问题。

(2) 可表达性。即这些知识必须是能够被表达出来的,它们或是依附于某种载体的作品,或是某种特定的生产方法或产品。

(3) 目的性。即为满足某种需求而形成的系统知识。它们或者是为了满足工业和商业领域生产和销售需求,或者是为了满足社会大众文化生活的需求。

知识产权属于民事权利,而民事权利又可分为财产权和人身权,除著作权兼具财产权和人身权的性质之外,其他类型的知识产权都属于财产权。

财产权是指权利主体依法享有的能给其带来经济利益的权利。财产权按保护客体的类型,可分为有形财产权和无形财产权两种。知识产权是无形财产权,因为它所保护的客体是科学、文学、艺术等领域创造的没有形体的精神产品,而不是拥有具体形态的实体。它不像有形财产诸如房屋、土地一样,占据一定的物理空间。对于知识产权的控制,也不能够像对待房屋、土地这些有形财产一样,进行具体的占有,而只能对它进行利用,这也就决定了知识难于创造,却易于传播。知识产权的这些特性,对知识产权的拥有者来说,无疑是一种挑战。

2. 知识产权的基本特征

知识产权所具有的无形财产权的本质属性,决定了它具有以下基本特征:

(1) 知识产权的专有性,又称独占性或排他性。知识产权的专有性包括两方面的含义:一方面,这种专有性是指权利人对其所拥有的知识产权享有独占的权利,未经其允许(法律上另有规定除外),任何人都不得享有或使用该项知识产权;另一方面,这种专有性是指对同一项知识产品,不允许有两个或两个以上同一属性的知识产权并存。

世界各国对权利人的这种专有权利都给予了严格的保护,专有性是知识产权的根本法律特征,是知识产权法律制度得以建立和完善的根本。它排除了对同一形式和内容知识产品的重复投入,减少了人力、物力、财力的浪费,有利于提高全人类的科学技术水平、丰富人民大众的文化生活。

(2) 知识产权的地域性。知识产权的地域性是指一项知识产品通过法律在一国获得了确认和保护后,这种确认和保护就只存在于该国,而不具有域外效力,其他国家并不受认可国法律的约束,没有保护该项知识产权的义务(该国签有国际条约和双边条约的情况除外)。知识产权的这个法律特征与有形财产权存在着很大的区别,一般来说,在一国获得确认的有形财产,在其他国家也都会予以认可。如在一国购买的房产,在其他国家通常也都予以确认。

(3) 知识产权的时间性。知识产权的时间性是指在法律规定的有效期限内,知识产品受到法律的保护,一旦规定的有效期结束,法律对该项知识产品的保护就宣告完结,该产品就会进入公共领域,任何人都可以使用而不会对权利人造成侵害。

知识产权的时间性是知识产权区别于物权的重要特征。通常来说,法律对于物权是没有时间限制的,直到保护客体消失,权利才会宣告终止。法律之所以没有将知识产权规定为一种"永久"的权利，而是规定了一个保护期，是因为知识产权制度本身涉及知识产权所有人的权益与社会公共利益平衡的问题。这一制度既要能够保护知识产品创造者的合法权益，保护其发明、创造的积极性，又要能够促进文化知识的广泛传播。对于知识产权在时间上进行限定的意义，就在于知识产品对于社会的科学文化事业的发展有着非常重要的意义，只有规定一定的保护期限，才能使这些智力成果适时地从个人的私有财产转变为全人类的共有财富。

3. 知识产权的内容范围

知识产权所包含的内容很广泛，有关它的内容范围，也有多种规定。以下两个国际公约和协议的规定，比较具有代表性。1967年7月14日斯德哥尔摩签订的《成立世界知识产权组织公约》(The Convention Establishing the World Intellectual Property Organization，简称"《WIPO公约》")所规定的知识产权的权利内容是：

(1) 文学、艺术和科学作品；

(2) 表演艺术家的表演以及唱片和广播节目；

(3) 人类一切活动领域的发明；

(4) 科学发现；

(5) 工业品外观设计；

(6) 商标、服务标记以及商业名称和标志；

(7) 制止不正当竞争；

(8) 在工业、科学、文学或艺术领域内由于智力活动而产生的一切其他权利。

4. 知识产权的权利范围

世界贸易组织《与贸易有关的知识产权协议》(Agreement on Trade-Related Aspects of Intellectual Property Rights，缩写为 TRIPs，简称"《TRIPs 协议》")中所包含的知识产权的权利范围是：

(1) 版权与相关权；

(2) 商标；

(3) 地理标志；

(4) 工业品外观设计；

(5) 专利；

(6) 集成电路布图设计（拓扑图）；

(7) 未披露的信息;

(8) 对协议许可证中限制竞争行为的控制。

(二) 工业产权和版权

虽然知识产权包含的范围十分广泛,但概括起来,主要包括两个部分:工业产权和版权。

工业产权是指产业领域中知识产品的创造者,按照法律规定,对其所拥有的知识产品享有的专有权利。工业产权主要包括专利权和商标权。工业产权不只是存在于工业领域,商业、林业和其他产业中有经济价值的知识产品,同样可以获得工业产权。《保护工业产权巴黎公约》(Paris Convention on the Protection of Industrial Property, 简称《巴黎公约》) 规定,工业产权的保护对象为"专利、实用新型、工业品外观设计、商标、服务标记、厂商名称、货源标记或原产地名称以及制止不正当竞争"。

版权又称为著作权,是指作者依法对其创作的科学、文学、艺术作品所享有的人身权和财产权的总称,是创作者的专有权利。版权保护的对象主要包括科学、文学、艺术作品,表演者的表演、广播节目、电视节目、电影和唱片等。由于版权是版权贸易的标的物,对于我们更好地理解和掌握版权贸易有非常重要的意义,因此,我们将在后面把版权专门作为一章进行讲述,这里就不作过多的介绍。

虽然同为知识产权,版权和工业产权二者之间是有很多区别的:

(1) 版权和工业产权保护的对象及其所属领域不同,对社会的作用也不同。版权保护的对象主要是科学、文学、艺术作品,属于人类的精神生活领域,它的作用主要是为了丰富人类的文化生活,满足人类在精神层面上的需求;工业产权保护的对象主要是专利、商标、服务标记等,属于人类的物质生活领域,它的作用是为了丰富人类的物质生活,满足人类在衣、食、住、行等诸多方面的物质需求。

(2) 版权和工业产权在专有性上存在着巨大的差异。版权保护的只是作品内容的具体表达形式,只有对于这种独创性表达形式的未授权的使用,才会造成侵权,对于作品中所包含的思想、内容是不予以保护的。他人创作的内容相似或完全相同的作品,只要是作者独立完成,并非抄袭之作,就会同样获得版权的保护。而工业产权在专有性上要比版权强,对于同样内容构思的发明、创造或商标等,法律只保护其中的一个,或是采取先申请的原则,或是采取先发明的原则,来确定保护的对象。

(3) 版权和工业产权在权利的获取标准上存在着差异。版权要求作者创作的作品必须是独立完成的,在具体的表达形式上具有独创性。工业产权中的专利权的获取标准,是发明物必须具有新颖性、创造性和实用性三个条件;而商标权并不要求作品具有独创性,但是必须具有显著性特征,便于识别,且不得使用法律所禁止使用的文字和图形,它获取的原则是谁先申请就授予谁。

(4) 版权和工业产权在获得权利的法律程序上存在着差异。版权的获取采用的是自动产生原则,各国的版权法均认为,只要作者是独立创作,无论内容是否相同,都可获得版权,作者无需进行注册登记;工业产权则与版权不同,工业产权保护的是知识产品的唯一性,所以,要获得工业产权的保护,创作人须经过一系列的法律、技术程序,由政府的相关主管部门进行严格的文献检索和审查,来确定其权利人的地位。

(5) 版权和工业产权对未公开内容的保护存在着差异。版权保护的作品包括已公开和未公开两种,未经作者允许,对于未公开内容以任何一种形式的发表和公开使用,都是对作者的一种侵权行为;而工业产权中保护的是创作人在申请法律保护中公开申请保护的那一部分(商业秘密除外),对于未公开的部分,法律是不给予任何保护的,任何人对未公开部分的使用,都不会造成对工业产权的侵权。

二、国际技术贸易与版权贸易

国际技术贸易与版权贸易是知识产权贸易的两个重要组成部分,因此,我们希望在与国际技术贸易比较的过程中,使读者对版权贸易有更全面、更深入的了解。

(一) 国际技术贸易的概念

国际技术贸易是指按一般的商业条件,通过一定的方式,以不同国家的法人或自然人作为交易对象而进行的有偿的技术转移。具体地说,就是不同国家的企业或经济集团之间,按一般的商业条件,将其所拥有的技术进行授权、出售或购买他人技术的一种贸易行为。

判断一种贸易行为是否为国际技术贸易,通常有以下两个标准:

首先,它具有国际性,是在国际间进行的一种技术交换与交流的活动。判断一种贸易行为是否为国际贸易,并不是以交易双方的国籍为标准,而是要考察贸易的标的物,是否要跨越国境。同理,判断是否为国际技术贸易,则是要看贸易的标的物——技术,是否会跨越国境,这是世界多数国家的判断标准。

其次,国际技术贸易的标的物具有特殊性。国际技术贸易的客体同一般商品贸易的客体不同,不是具体的实物,而是工业、商业、农业、林业和其他产业中具有经济利益的精神产品,主要包括专利和商标,有的国际公约。例如,《TRIPs协议》,还将商业秘密(又称专有技术)也列为保护的对象。

(二)版权贸易的概念

版权贸易是获得某作品版权或其使用权的一种途径,是按照一定的商业条件,通过一定的方式,在不同的法人或自然人中间进行的针对版权的贸易行为,它包括版权引进和版权输出两个方面。版权贸易,根据交易物——版权是否跨越国境,可以分为国内版权贸易和国际版权贸易两种。

版权贸易的标的物是版权,而版权则包括经济权利和精神权利两部分。版权贸易中交易的内容多是版权中的经济权利,对于精神权利是否可以进行贸易的问题,绝大多数国家是采取不允许的态度。因此,版权贸易的标的物主要指的是版权中的经济权利。

版权贸易的内涵,应该是从获得某种科学、文学、艺术作品的复制权等经济权利开始,直到该作品在新环境中被推广、被吸收的有机统一的完整过程。这就是说,版权贸易并不单纯是指文艺、科学作品的传递,还应该包括对该作品的推广和吸收,具体而言,就是对引进版图书的营销,这是我们在进行版权贸易过程中应该给予重视的一个部分,我们将在后面通过单独一章进行论述。

三、版权贸易同一般图书贸易的区别

(一)贸易的标的物不同

版权贸易的标的物是无形财产权,是一种特殊的商品,它没有固定的物质形态,也没有具体的尺度可以用来衡量它的品质。而图书贸易的标的物是有形财产,它有固定的物质形态,可以看得见,摸得着,可以用具体的尺度来衡量它的质量高低。

版权贸易的标的物可以不经生产环节而重复出售,也就是说,版权所有者可将版权同时卖给不同地区或同一地区中不同的人,在买卖过程中,版权所有者并不失去对版权的所有权,出售的仅是版权的使用权。而图书贸易的标的物一经出售,卖方就失去了对标的物的处理权和控制权,无权再对它进行使用和支配,简单地说,就是不可能将同一批书卖给不同的买主。

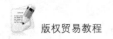

（二）贸易的支付标准不同

一般图书价格的形成，是通过成本加利润的方式确定的，且多采用确定的价格。而版权价格的形成则不同。版权具有独创性，同时，生产版权的劳动又是创造性的脑力劳动。因此，版权价格的确定，一般是以引进方的经济效益为依据，给引进方带来的经济效益越大，版权价格就越高。

（三）交易过程的复杂程度不同

由于版权贸易标的物的特殊性，使得在贸易过程中会涉及诸如交易版权的保护、版权价格的确定、支付方式、交易双方的权利和义务等许许多多复杂的问题，并且，这些问题会贯穿版权贸易的全过程，使得版权贸易的过程变得相当复杂。而在图书贸易中，随着交易双方按照规定的交易方式进行完货物交易后，双方的权利、义务就宣告结束，与版权贸易相比，普通图书贸易的过程要简单得多。例如，人民文学出版社购买《哈利·波特》的版权，首先要进行前期磋商，以确定中文简体字版的价格、印数、纸张、版税如何支付、对该书在中国的版权保护等一系列问题，在贸易过程中，还要不断地和作者的代理人进行交流和沟通，让其了解该书在中国的出版状况。而如果只是购买该图书，那就十分简单了，你只要上网点击该书，留下你的联系方式、付费，然后就是等待拿书，全部交易就这样完成了。

（四）贸易双方的当事人不同

在版权贸易中，购买版权的往往是别国或其他地区的出版社或版权代理机构，交易的双方一般都是同行，因为通常只有他们才有这样的财力、物力，能购买版权，作为一般的读者，是很少能拥有这个能力的；在图书贸易中，购买图书的人通常来自社会的各行各业，并且，大部分是一般的读者。

第二节　　版权贸易的内容

版权贸易是一种比较复杂的贸易行为，整个的贸易过程往往会涉及政治、经济、文化等各个方面的内容。因此，我们在进行版权贸易之前，十分有必要弄清楚版权贸易行为的基本构成，以便我们从整体上更准确地把握整个版权贸易的过程。

一、版权贸易的主体

版权贸易的主体主要有三个部分：

（一）版权人

即作品的版权所有人，包括版权的原始主体和继受主体。一般情况下，版权的原始主体是作者，就是付出了脑力劳动、构思并创作了作品的自然人。根据部分国家版权法的规定，对于作者的确定，若无相反的证明，在作品上署名之人即为作者。因此，我们如要购买某部作品的版权，首先应与作品的作者取得联系。其次，我们还要考虑作品的继受主体。继受主体是指除作者之外，通过受让、受赠和继承等方式获得版权的人。通常来说，继受主体所享有的版权大都是不完整的，他一般不能享有版权的精神权利。继受主体主要有三种：（1）依照合同关系产生的，如雇主、委托人等；（2）通过继承和受让方式产生的，如继承人和受让人；（3）通过对作品的整理、改编、注释、翻译而产生的，如改编者、译者、注释整理者等。我们在进行版权贸易时，有时是需要同作品版权的继受主体打交道的。

（二）出版社

在欧美的许多国家，作者通常是将其作品版权中的经济权利授权给出版社，由出版社代表他处理相关版权事宜。因此，我们进行版权贸易的另一大主体就是出版社。

（三）版权代理机构

版权代理是作品的版权人将其所拥有版权的某些经济权利，授权给某个机构或个人，让其代表自己行使。版权代理的内容早期仅限于文学作品，发展到今天，这个范围已经很广泛了，涉及文学、艺术、音像等各个领域。

版权代理机构最早产生于法国。1777年，法国剧作家作曲家协会成立，它的主要作用是代理作家处理版权事务，它的建立开创了版权代理制度的先河。经过两百多年的发展，随着各国文化交流的不断加强和世界大部分国家版权制度的建立，版权代理机制已经扩展到世界大部分国家，其中尤以欧美国家发展最为迅速。如1884年英国成立的作家协会、1828年德国成立的出版者协会、1892年美国建立的作家同业公会等。版权代理机构在世界各国的版权贸易发展中都起到了非常重要的作用，促进了版权贸易在更广泛的领域，以更规范、更符合市场规律的方式向前发展。

我国的版权代理活动开始得较晚，最早大约出现于20世纪30年代的上海，代理的内容也多为演艺人员的表演权。正式的国际版权代理活动开始于20世纪80年代的台湾，出现了专门进行版权贸易的机构——大苹果公司。1988年内地也设置了第一家版权代理机构——中华版权代理总公司。国外的版权代理机构，大多是代理版权人，而我国的版权代理机构，则既为版权人作代理，也代表出版社寻找授权。

世界经济一体化进程的不断加速，各国间文化交流的不断增强，版权的国际保护制度的健全，这一切都促使版权代理机制的国际化发展。国际版权代理机构的建立，既保护了作者的合法权益，又促进了各国间版权代理机构的合作与交流，促进了各国合力解决在版权领域中出现的新问题，更推动了版权方面国际相关公约的制订。

二、版权贸易的客体

版权贸易的客体，是版权人所拥有的作品版权中的经济权利。开展版权贸易的目的，就是要获得这种对作品进行复制、翻译等的经济权利，因此，这种经济权利作为客体，是版权贸易过程中不可或缺的重要组成部分。版权贸易的客体包括五种权利。

（一）翻译权

翻译权通常是指将某部作品由一种语言文字形式转化为另一种或几种语言文字形式并且出版、发行的权利。就我国而言，是指将其他语言文字的作品，翻译成中文简体并出版、发行的权利。在版权贸易中，翻译权是最普遍的贸易客体。在我国与欧洲、美洲等非汉语地区进行版权贸易时，大多会涉及翻译权。

（二）影印权

影印权是指对引进版图书的语言文字不做改变而直接出版、发行的权利。影印的发生，大多是在引进版图书所使用的语言文字是引进地区的通用语言文字，或引进方的目标市场是本国中更愿意阅读作品原文的图书消费者，或是像字典、词典这种帮助学习他国语言文字而无需翻译的图书的情况下。对于影印权的许可和转让，输出方往往非常谨慎，并且限制条件也比较多，这主要是出于保护本国市场，防止出现平行进口的情况发生而制定的。但个人或研究机构出于个人学习或科研目的而进行的影印，是属于《中华人民共和国著作权法》（以下简称"我国著作权法")所规定的"合理使用"范围,只要不使用影印本来牟利,就无需支付报酬。

(三) 改编权

改编权是指将引进版图书改编为电影、电视剧本以及戏剧、话剧等形式,或是改变作品的载体形式的权利。

(四) 连载权

连载权是指将引进版图书的内容进行分割,并在报纸、期刊上进行连续刊载的权利。

(五) 俱乐部版权

俱乐部版权是指图书俱乐部作为引进方,将引进的图书制作成自己的版式,并且仅在俱乐部成员中流通的权利。这种版权贸易客体多见于西方一些国家。

三、版权贸易合同

版权贸易合同是版权贸易中不可或缺的重要组成部分,是版权贸易的重要内容,也是约束贸易双方行为的主要依据。合同一经双方签字,就具有了法律效力,双方必须全面履行合同中的条款。版权贸易合同由于其交易物——版权的特殊性,其合同无论在内容还是形式上都比一般的买卖合同更为复杂。

根据版权贸易形式的不同,版权贸易合同大致分为两种,版权许可合同和版权转让合同,这两种合同在内容上会有一些不同,但在基本内容上是一致的。我国著作权法对版权许可使用合同和版权转让合同都作了相关规定,列举了一些版权合同中的基本条款。对于版权贸易合同的具体内容,我们将在以后的章节作详细的阐述。

四、版权贸易的相关法律

版权贸易能够广泛地传播本国文化、促进世界领域的文化传播与交流,并能为贸易国带来丰厚的利润,因此各国对它的发展日益重视。为了促进它的良性发展,规范其行为,各国相继出台了许多相关的法律、法规。随着各国版权法的日渐完善,版权贸易也逐渐地成熟起来。但在目前,由于世界各国间还没有一部统一的版权贸易法,因此,我们在进行版权贸易时,就需要熟悉和了解贸易双方国家版权法的有关规定和相关惯例,也就是说,要事先考虑到在签订版权贸易合同中和以后贸易过程中可能出现的各种纠纷,以及相关法律的适用问题。

确定适用的法律,是版权贸易中一个极其重要的问题,如果在合同中没有做出明确的规定,出现问题时就很难解决。因此,我们应该对版权贸易中的法律问题给予高度重视,因为它对版权贸易的成败,有着至关重要的决定作用。鉴于此,我们将在以后的章节里详细叙述。

第三节 版权贸易的主要形式

在版权贸易中,由于贸易标的物版权的特殊性,使得版权贸易的交易过程要比一般的图书贸易复杂得多,也漫长得多,从开始谈判到最终达成协议要经历很长一段时间,在合同执行的过程中又需要交易双方的进一步合作。因此,在版权贸易中,贸易双方的交易形式通常也会比较复杂、多样。

一、版权许可

版权许可是版权贸易中最基本、最重要的交易方式,是版权的持有人作为许可方(或称供应方)通过签订版权的许可合同将版权中的一项或多项经济权利让渡给引进方(也称被许可方)的过程。也就是一种版权持有人让渡其所拥有的版权的部分或全部经济权利,而引进方付给供应方相应报酬的贸易行为。版权许可又可分为一般许可和集体许可两种。

(一) 一般许可

一般许可是版权许可贸易中最常见的贸易方式,它包括五种形式:

1. 独占许可

独占许可是指在合同规定的时间和地域范围内,版权持有人给予引进方使用该版权的专有性权利,包括版权人自己也不能在这个范围内使用该版权,更不能将该版权再授予给第三方使用。在签订独占许可合同时,需要注意以下两个问题:

(1) 独占许可签订的地域范围,可以是一个或几个国家,也可以是一个地区,通常来说,是使用同种语言的区域。在这个范围内,被许可人有使用某项权利的专有权,许可人不可向任何第三方授予同样内容的许可。所谓同样内容,是指同种权利。版权是一种复合权利,其中包含多种权利,这些权利之间是可以分开行使的。

(2)版权持有人授予引进方独占许可时,引进方要给版权持有人比一般许可更多的版权使用费。独占许可的最大优点是,在一定范围内,引进方可以以独占的方式使用该版权,如果该版权作品畅销的话,引进方会获得较高的利润。因此,到目前为止,独占许可的使用是相当普遍的。

2. 排他许可

排他许可是指在合同规定的时间和地域范围内,版权持有人授权给引进方使用其版权的同时,自己仍然保留继续在同一地域使用该版权的权利,但不能将该版权在同一地域范围内转让给第三方使用,即排除第三方使用的权利。

3. 非独占许可

非独占许可是指在合同规定的时间和地域范围内,版权持有人授权引进方使用其版权的同时,自己仍保留在同一地区使用该版权的权利,也可以将它授予任何第三方。

采用这种贸易形式,引进方获得的权限较小,对许可人的限制也较少。并且,当引进的作品很畅销时,引进方会面对多家出版社瓜分市场的情况,导致获利较少。但其也有自身的优点,即引进方所需花费的费用相对较低。

4. 分许可

分许可也称从属许可,是指在一定的时间和地域范围内,版权持有人允许引进方将从自己那里得到的权利再部分或全部授权给第三方的贸易形式。在版权许可贸易中,被许可人申请版权许可的主要目的是为了获得版权的使用权,而并不是为了许可而许可,也就是说,被许可人并不是以将申请到的版权另许给他人作为贸易目的的,因此,被许可人是否有权利将获得的版权再许可给他人,是一个有争议的问题。但在特殊情况下,当被许可人只有通过发放分许可,才能达到他使用版权保护作品的目的时,发放分许可的版权许可形式,就有了存在的必要。

通常情况下,独占许可的被许可人可以通过版权合同规定的方式,来进行分许可,而非独占许可的被许可人是不能发放分许可的。

5. 交叉许可

交叉许可也称交换许可,是指贸易双方将各自拥有的版权提供给对方使用,当贸易双方均对对方所拥有的版权感兴趣时,就可以采用这种贸易形式,这是一种对双方都互惠互利的贸易形式。

(二) 集体许可

当某些作品的使用范围很广泛,也很频繁时,版权人可能需要就同一作品签订成千上万的合同,而这在实际操作中又是很难做到的,于是,在实践中就产生了一种新的贸易形式,即集体许可。集体许可一般有两种类型:

1. 一揽子许可

版权持有人和引进方都以集体或组织的形式出现,在两个组织之间制定了一个一揽子的许可协议。通过这个协议,转让方向引进方授予版权的使用权,并获得相应的报酬;而引进方组织则获得版权的使用权,并支付版权使用费。对于一些经常使用的作品来说,一揽子许可是非常方便的,因此,在实际操作中,一揽子许可所占的比例也越来越高。

2. 中心许可

中心许可也称单项中心许可,这种许可多用于表演权、录制权、广播权方面。这是一种以组织对个人的形式出现的贸易形式,版权持有人一方以组织的形式出现,而引进方是以单个个体的身份出现。通俗地说,也就是版权持有人组织向单个个体授予版权,并获得报酬的贸易形式。

二、版权转让

版权转让是指版权人将他所拥有的版权的经济权利部分或全部地让予他人的贸易形式。由于作者的人身权是与作者的人身密不可分的,故许多国家都规定作品作者的人身权是不可转让的,因此,版权转让绝大多数指的是版权中经济权利的转让。版权许可和版权转让是版权贸易中两种基本的贸易方式,与版权许可相比,在现实生活中,版权转让并不是十分普遍。

(一) 版权转让的类型

1. 根据版权转让中所转让的版权是否完整,可分为全部转让和部分转让

(1) 全部转让。这是指版权人将他所拥有版权的经济权利全部转让给他人的贸易形式,如果这种转让没有时间限制,就相当于对该版权的买断。对于版权是否可以买断,不同国家版权法的规定是不同的。有些国家,例如突尼斯,在版权法中明确规定版权的全部转让是无效的;还有的国家,例如法国,在版权法中虽没有明确指出版权的全部转让是无效的,但在相关的条款中却做了暗示性的规定。

对于版权的全部转让,应该考虑两个问题:首先,这种转让可以只转让给一个人,也可以同时转让给几个人,或是分别转让给几个人;其次,这种转让可以发生在不同国家或地区的法人或自然人之间,也可以在同一国家或地区的法人或自然人之间进行。

(2)部分转让。这是指版权人将他所拥有版权中的经济权利部分地转让给他人的贸易形式。世界各国对于版权的部分转让都是允许的。然而,一些国家出于保护版权人精神权利的考虑,不允许部分转让的无限期,也就是说,版权的部分转让,必须是有时间限制的,也有一些国家则对转让的期限没有规定。

2. 根据版权转让是否有时间限制,可分为临时转让和永久转让

(1)临时转让。这是指版权人在一定时间内,将其所拥有版权的经济权利全部或部分地转让给他人的贸易行为,超过这个期限,所转让的权利将会自动收回。在临时转让期间内,版权人不得就该权利再进行授权。

(2)永久转让。永久转让就是前面所说的买断,是指版权人将他所拥有的权利全部或部分永久地转让给他人的贸易行为。

3. 根据版权转让是否需要付费,可分为有偿转让和无偿赠予

(1)有偿转让。在版权转让中,绝大多数是有偿转让,即版权拥有者在出让版权的同时,获得相应的报酬。版权受让人在付出报酬的同时,获得了版权中的一项或多项经济权利。

(2)无偿赠予。有时版权的转让是无偿的,即版权的拥有者将其所拥有的作品版权中的经济权利无偿地赠与他人或国家。

(二)版权转让中的限制条件

由于在版权转让贸易中,出让人至少在一段时间内丧失对作品部分或全部经济权利的处置权,因此,版权转让在版权贸易中并不普遍,版权人对于这种贸易形式的使用要极为小心、谨慎。与此同时,各国政府为了保护版权所有人的权利不受侵犯,也对版权转让做了一系列的限制规定,这些限制规定对我国相关政府部门的政策制定,有着很大的参考价值。

首先,是合同生效方式上的限制。对于版权转让合同,许多国家都规定,只有通过在政府相关部门的登记,才被认可生效,否则,合同即为无效。

其次,是合同形式上的限制。对于版权转让合同的形式,许多国家都规定,合同必须采用书面的形式,口头约定被视为无效。我国著作权法对版权转让合同形式亦规定为书面形式。

再次,是合同期限上的限制。许多国家对版权转让都规定了一个期限。例如,加拿大版权法规定,自作者去世 25 年期满后,任何版权权利的转让均告无效;同时还规定,从版权转让后的第 35 年起,在特定情况下,作者或其继承人可以终止版权转让合同①。

三、版权许可与版权转让的区别

版权许可与版权转让作为版权贸易两种主要的贸易形式,二者之间存在着很大区别:

(一)二者在权利是否转移上存在着差异

版权许可贸易的标的物是版权中经济权利的使用权,被许可方获得的是对版权中经济权利的使用权,他无权对该版权作出任何超出合同规定范围的处置。版权在贸易过程中没有发生任何转移,仍归属于原版权人。

版权转让贸易则有所不同,在版权转让贸易中,贸易的标的物是版权中的部分或全部的经济权利,受让方获得的是版权中的经济权利。根据合同,受让方已经成为该项经济权利的新主人,他有权对该项经济权利作出任何处置。版权的经济权利在贸易过程中实现了权利的交接,原版权人在一定时期内丧失了对该项权利的处置权。

(二)二者在交易权利的处置权上存在着差异

在版权许可贸易中,被许可人获得的只是对版权中部分经济权利的使用权,它没有权利对该项权利作任何超出合同范围的处置。

在版权转让贸易中,受让人获得的是版权中的经济权利本身,他可以在合同规定的期限内,对该项权利作任何处置,自己使用也好,授予他人也好。出让方丧失了对该项权利的处置权,因此,也就无权干涉受让方的行为。

(三)二者在对侵权的处理上存在着差异

在版权许可贸易中,一般许可的被许可人不能因权利受到侵害而提起侵权诉讼,只有独占许可的被许可人才具有这个资格,但起诉的诉因也只能限于侵害许可权。

在版权转让贸易中,任何受让人都有权对侵害其经济权利的行为提起侵权

---

① 蒋茂凝.国际版权贸易法律制度研究[D].武汉:武汉大学法律系.2001-4-1(79).

之诉,起诉的诉因则为侵害版权中的经济权利。

(四)二者在版权价格的构成上存在着差异

在版权许可价格中,价格构成的基础是该版权的使用价值,因此,被许可方的收益越高,许可价格就会越高。

在版权转让价格中,价格构成的基础是该版权未来能为版权所有人带来的总的经济价值的估算,是该版权未来收益的现值。

四、国际合作出版

在业界,对于国际合作出版与版权贸易之间的关系,一直存在着较大争议,我们更偏向于将国际合作出版视为版权贸易的一种形式,因此,也就将这一部分内容置于此叙述。

詹宏海认为,国际合作出版是指不同国家或地区的出版社联合起来,共同商议用多种文字同时出版一种图书,共同投资、共担风险、共得利益、共同出版发行的一种活动,其性质属于民事法律上的合伙行为,又称国际联合出版或共同出版。[1]

尽管许多学者对把国际合作出版作为版权贸易的一种形式持怀疑态度,尤其国际合作出版与版权贸易在主体、客体及所有权上的确有所不同,但不可否认的是,国际合作出版对于我国的出版界意义重大。

首先,通过国际合作出版,可以使国内出版社直接吸取国外出版社的先进管理经验,从而帮助国内出版社与国际接轨,实现跨越式发展。其次,能够利用其成熟的销售渠道、营销方式和经营策略,充分开拓海外市场,拓宽利润空间。从另一方面看,虽然出版的国际化存在着很大的机遇,但也会带来很大的风险,而国际合作出版却可以有效地分担风险,从而减少决策的后顾之忧。

国际合作出版的形式多样,大体上可以分为两类:

一种是长期合作。这种方式一般以杂志为形式,直接将外方杂志翻译成本国文字,并借用其中相应的图片,同时也可以在杂志中加入适量本国的内容,整合后进行发行。其中本国内容主要为广告等,比如《瑞丽》《时尚》和《世界时装之苑》等。这些时尚杂志每个月都会收到总公司发到各个国家的不同版本,如发现感兴趣的内容,则可以向总公司报告,申请授权,获得授权后就可以在中国

---

[1] 詹宏海.知识产权贸易[M].上海:上海大学出版社,2009.

版本中增加相应的内容。这种合作出版,并不需要每次的授权申请立即支付版税,而是通过每年上缴利润的方式进行,从而有效地提高了出版效率。

一种是非经常性的合作。比如双方对同一题材产生了兴趣,进而可在选题策划与书稿编写过程中互相合作,从而完成一本书或者一系列丛书的编辑、出版工作。这样的形式又可根据市场侧重点的不同而略有差异,如果目标市场定位在中国,那么通常在选题、发行及销售中中方起主导作用,而外方则提供资金及编写方面的支持;如果目标市场在海外,多数情况下是外方感兴趣的主题,由于这些主题往往涉及较多中国因素,因此,就需要中方组织编写等工作,而外方则充分利用其在海外市场上相对成熟的营销渠道和销售体系,从而使这种合作顺利实现。

第四节 版权贸易的基本原则

一、公平原则

公平原则是国际贸易的基本原则,同样适用于版权贸易。遵守公平原则需要做到:

首先,应该保证版权贸易双方地位的平等。交易的形成必须是当事人真实意愿的表示,不能因为强大的财力和市场优势而欺压弱势的一方,双方必须本着公平交易的原则,互惠互利。

其次,公平原则还要求贸易双方遵守合理原则,合理原则包括:当事人具有同等的资格,同时,卖方应在合理的时间期限内交付书稿等,而买方应该在规定的时间内对版权进行合理的保护。因为版权贸易的特殊性,无法规定上述对版权保护的范围和水平,因此,更要依靠公平合理的原则来规范贸易双方的行为。

再次,公平的原则还要求在贸易过程中,双方沟通合作,共同协商,以实现双赢。

二、诚信原则

诚信原则是版权贸易的重要原则,是每个自然人都应当遵守的原则,国际版权贸易理应得到更严格的遵守。诚信原则要求贸易双方的言行是值得信赖的，双方坦诚相见，尤其在合同制定过程中，卖方对交易客体的描述和介绍是基于客观事实的，从而保证买方的知情权；在合同履行期间内，买方应公开国内市场关于图书的印数和销量，以真实情况为准支付版税，从而保证授权人的经济权利得到有效保证。

三、遵守合同与法律的原则

遵守合同的原则就是要求贸易双方严格按照合同的内容履行义务，享受权利。尤其是合同规定的交付期限、付款方式、付款金额等涉及买卖双方权利、义务的条款，必须严格执行。如果一方认为确有必要进行修改，也必须在取得对方同意的情况下才能开始。同时，买卖双方还必须遵守相关法律、法规的规定，在国际版权贸易中，主要是指遵守《保护文学和艺术作品伯尔尼公约》(Berne Convention for the Protection of Literary and Artistic Works，简称"《伯尔尼公约》")、《世界版权公约》(Universal Copyright Convention)、《保护表演者、音像制品制作者和广播组织罗马公约》(Rome Convention for the Protection of Performers, Producers of Phonograms and Broadcasting Organizations，简称"《罗马公约》")等国际性版权公约。

四、礼貌原则

礼貌原则是版权贸易的重要原则之一。由于版权贸易本属文化产业的一部分，在获取经济利益的同时，版权贸易还肩负着传播文化的使命，尤其在国际版权贸易中，它还是国家的文化竞争力的重要体现，因此版权贸易需要特别遵守礼貌原则。这是因为在国际版权贸易中，作为文化产业一分子的出版工作人员，代表着国家形象。此外，在长期的版权贸易实践中不难发现，遵守礼貌原则往往能够积累更多的人脉和资源，从而促进版权贸易长期合作的实现。

第二章

版权贸易的基础

众所周知，版权是版权贸易的标的物，更是进行版权贸易的重要基础。在本章中，我们将对版权的概念、性质、内容、主客体以及如何保护版权等方面进行介绍，希望能够帮助读者更好地理解和掌握版权贸易。

第一节　版权的性质与特征

一、版权的历史形成与发展

版权又称为著作权，是指作者依法对其创作的科学、文学、艺术作品所享有的人身权和财产权的总称，是创作者的专有权。

版权和著作权都是经过日文转译而来的外来词汇。版权保护制度最早建立于欧洲，大陆法系国家称版权为作者权，后经日文转译为著作权；英美法系国家称版权为复制权，后经日文转译为版权。

日本明治维新之后，开始大规模立法，出版立法和版权立法也在其中。日本著名教育家福泽谕吉参考了英国的版权立法，将英文中的"copyright"一词介绍过来，用日文创造了"版权"一词。1875年（明治八年）日本颁布的出版条例已经含有版权条款，不过版权一词还是指官方特许的专卖权，仍带有浓厚的封建色彩。1887年，日本单独颁布了版权条例；1893年，颁布了全面意义上的版权法，版权一词开始摆脱封建色彩，明确指为"著作人的专有出版权"。

著作权一词的出现要晚于版权。19世纪末，以法、德为代表的大陆法系国家的"作者权法"更符合时代需要，成为世界版权立法的主流。为了加入《伯尔尼公约》，日本以德国作者权法为蓝本，于1899年重新修订了自己的版权法。在修订过程中，参与其事的日本法学家水野炼太郎博士参照大陆法系国家的多种法律用语，创造了"著作权"一词，并作为新法律的名称。它的含义就是"著作人的权利"，也就是大陆法系国家所称的"作者权"。1899年7月15日，日本正式加入《伯尔尼公约》。此后，在日本有关法律中再未出现过版权这个用语。19—20世纪之交，为谋求国家富强，中国的一些有识之士纷纷赴日、欧、美留学，回国的同时，将国外一些资本主义制度和观念带入中国。版权保护制度逐步被译介到国内,版权和著作权两个用语也先后从日本传入,但具体时间不详。①

版权是一种无形财产权,版权与版权的物质载体是不同的,这就是说,图书的购买者购买了图书,并不等于他拥有了作品的版权,他拥有的只是对作品物质载体的处置权。

印刷术的发明和推广,使得版权保护得以产生和发展起来。印刷术的出现,致使图书的生产成本迅速降低,生产周期大为缩短,成批量生产的图书可以成为流通的商品,为出版商带来利益。然而,伴随着作品的大量复制和传播,出版商逐步发现,单靠自身力量是很难控制自己的产品不被未经许可的复制与销售,这就使得法律给予出版商以特别的保护成为必要。

自 15 世纪起,西方一些国家的出版商为了垄断某些图书的印刷和销售市场,向君主申请,以特许权的方式对其权利予以保护。

英国资产阶级革命后,为了顺应资产阶级废除君主特权的要求,1709 年,英国下议院通过了一部有关版权的法律——《为鼓励知识创作而授予作者及购买者就其已印刷成册的图书在一定时期内之版权法》。该法律确认作者是法律保护的主体,给予作品自出版之日起 21 年的保护期。如果到期作者仍在世,还可以续延 14 年。由于该法律是英国安娜女王在位时颁布的,因此,又被称为《安娜法》。这是世界上第一部关于版权的法律,可以说是版权发展史上的一个飞跃。在该法的序言中,明确地指出了该法的主要目的是为了防止印刷者不经作者同意就擅自印刷、翻印或者出版作者的作品,以鼓励有学问、有知识的人编辑或者写作有益的作品。

自 18 世纪下半叶起,各主要资本主义国家均相继制定和颁布了版权法。到目前为止,世界上已有 140 多个国家制定了版权法,版权制度成为了各国普遍承认的保护作者权益的一项重要的法律制度。从历史的角度来看,版权法经历和适应了自印刷术至复印、影印等模拟技术的考验,如今又迎来了数字技术的挑战。数字技术是通信技术、微电子技术和计算机技术的统称。数字技术的发展,给版权保护提出了新的挑战,当今社会,各国纷纷立法,试图通过新的法律,来调整数字技术条件下各利益主体之间的平衡。

如今,版权保护的范围极为广泛,几乎所有的精神产品都在保护之列,范围涉及科学技术、文学艺术、新闻出版、广播电视、计算机软件等多个领域。

版权制度的确立,使得创作者的专有权受到了保护,直接鼓励了人们从事科

---

① 叶新. 版权、著作权这两个用语的由来及演变[J]. 北京印刷学院学报. 2000,(2):46－49.

学技术的研究和文学艺术的创作，同时还保障了社会对其作品最大限度地利用，促进了科学技术的发展和文学艺术的交流。

二、版权的性质

版权作为一种特殊的知识产权，既具有知识产权的一般属性，如可转让性、时间性和可继承性，此外，又具有自身的一些特殊属性。

（一）版权的可转让性

对于作品的人身权，我国著作权法对其是否可以转让，未作出明确的规定。但一般认为，作品的人身权是不可以转让的，因为作者的人身权利是不能成为交易对象的。

对于作品的财产权，我国著作权法认为，作品的财产权是可以转让的，创作者可以自己使用其创作的作品以获取经济利益，也可以通过签订许可合同的方式，允许他人使用，以从中获取经济利益，甚至可以将其作品的使用权赠与他人。由于我国著作权法中没有规定著作权转让合同一定要有期限，因此，我国的版权制度没有明确反对版权的买断，但一般在实践中不提倡版权的买断。

（二）版权的保护时效性

对于作品的人身权，由于作品的人身权与创作人的切身利益密不可分，即使在某些特定的条件下（如公民被依法剥夺某些政治权利和民事权利），作品的人身权相对于创作者来说，仍是不可剥夺的。因此，作品人身权的期限是永恒的，它伴随着创作者一生，在创作者死亡后，这种权利仍然属于他。

对于作品的财产权，世界各国对于作品财产权的保护都是有期限的。我国著作权法对于作品财产权的期限也作出了明确的规定：对于公民作品，其发表权、使用权与获得报酬权的保护期为作者终生及其死亡后50年；法人与其他组织的作品，以及版权归法人或其他组织享有的职务作品，其发表权、使用权与获取报酬权的保护期为50年；电影、电视、录像和摄影作品的发表权、使用权与获得报酬权的保护期也为50年。

（三）版权的可继承性

对于作品的人身权，我国著作权法实施细则规定，由继承人或受遗赠人行使或保护。作为一个整体，作品的人身权是不能够继承和转让的，尤其是作品的署名权，以此来保持作品的完整性。

对于作品的财产权,世界各国对作品财产权的可继承性均是无可置疑的,它可以被创作者的法定继承人、遗嘱继承人、受遗赠人继承或受遗赠。如果版权人属于自然人,作品的财产权可以继承是非常明确的,但是其他类型版权主体的作品的财产权,只能以非继承的方式进行转移。例如,法人、其他组织如果发生变更、解散、撤销或终止,其作品的财产权由承受其权利和义务的法人、其他组织"继承"。如果没有能承受其权利和义务的法人和其他组织,其作品的财产权则由国家"继承"。

(四)版权内容构成的多样性

由于版权保护对象的多样性和复杂性,决定了版权在内容构成上的多样性。版权的内容构成,主要包括人身权和财产权两方面,而每一方面又包括多种保护权利,这在工业产权中是不多见的。例如,专利权中,权利的内容主要是专有实施权,专有实施权是专利权保护的核心内容;而在商标权中,权利的内容主要包括允许使用和禁止使用两种,权利内容构成上也比较简单。

(五)版权中人身权地位的突出性

作品是作者思想、观念的具体表现,因此,在版权的权利内容中,版权人的人身权占有十分重要的地位和比重。在工业产权中则并不完全如此。例如,在专利权方面,许多专利的发明人并不是专利权人;在商标权中,商标的设计者享有的仅是商标设计图案的版权,而非商标权。

三、版权的特征

知识产权是指科学、文学、艺术作品的创造者,依据法律的规定,对其创造的作品所享有的专有的权利,它与一般的财产权不同,属于知识产权范畴的版权也具有不同于一般财产权的特征:

(一)版权的专有性

版权的专有性又称独占性和排他性,是指这些权利是被版权人独自拥有的,在国家法律的保护之下,禁止他人侵犯与干涉。除经过版权人授权和法律规定的不受版权法保护的作品之外,其他任何人不得享有和使用这些权利。

(二)版权的时间性

各国法律对于版权的保护都规定了一定的有效期限。一旦期限届满,任何人都可无偿地使用这种智力成果而不会侵权,这是版权区别于有形财产权的一个重要标志。各国法律对于有形财产权一般不设定限制期限,这是因为有形财产权与财产权的物质载体是共存的,只要物质载体存在,有形财产权就存在,有形财产权的灭失是以财产权客体的存在与否为标志的。作为精神产品的版权,则会随着社会科学技术的进步以及人们审美标准的变化而失去其创造性劳动成果的特性,并且,这种智力劳动成果的使用价值也会随着科技应用的发展而最终趋于零,这就决定了它只能在一定期限内受到法律的保护。

(三)版权的地域性

版权的地域性是指版权人获得的版权保护只能在取得该版权的国家内有效。这是因为,从一般角度来说,版权法是国内法。在一国取得保护的作品,到别国则不受其国内法的约束,其对该作品也不承担保护的义务。版权的地域性还表现为:一项智力成果的使用价值不仅与利用这一成果地区的环境、气候、风俗习惯、社会制度有关,而且还与该地区的科技发展水平有关。有些智力成果在科技发达的地区已失去使用价值,而在科技落后的地区却还有使用价值。

第二节　版权的主客体

一、版权的主体

版权主体是版权人,即依法对科学、文学、艺术作品享有版权的人。我国著作权法规定,版权的主体包括自然人、法人和其他组织,在一定条件下,国家也可以成为版权主体。

明确版权主体是实施版权保护的前提。确定权利的归属,以便于作品版权的转让与许可,能够保证版权贸易的正常进行。一旦出现争端,也便于问题的解决。版权的主体大致有如下几种类型:

(一)版权的原始主体

版权的原始主体是指在作品创作完成之后,直接根据法律的规定或合同的约定,在不存在其他基础性权利的前提下,依法对科学、文学、艺术作品享有版权的人。通常情况下,版权的原始主体是作者。

所谓作者,就是运用自己的思维和智慧潜心从事创作的自然人。要确认是否为作者,首先,要确定他是否直接参与了创作,他必须对作品的创作起实质性作用,如果没有相反的证明,直接在作品上署名的即为作者;其次,他还必须创作出作品,如果没有一定的实质性的作品存在,也是不会受版权法保护的,也更谈不上作者的版权主体资格;再次,作者一般是自然人,这种自然人不受年龄限制,不受法律行为限制。

版权的主体范围十分广泛,除了自然人以外,在特殊情况下,作者以外的其他自然人或组织,甚至是国家,也可以成为作品版权的原始主体。我国著作权法规定,由法人或其他组织主持,代表法人或其他组织意志创作,由法人或其他组织承担责任的作品,法人或其他组织视为作者。如无相反证明,在作品上署名的公民、法人或其他组织视为作者。

随着数字技术的发展,大规模的软件的创作,越来越依赖于人力、物力、财力充足的部门和单位,由它进行组织、管理,并承担失败的风险,因此,承认法人和其他组织是作品版权的原始主体,越来越有必要,也更适宜了。

(二) 版权的继受主体

继受主体是指创作者之外的,通过受让、继承、受赠及其他法律认可的途径获得全部或部分版权的人。与原始主体相比,继受主体获得的版权都是不完整的,它只能获得原始主体财产权的全部或部分,而作品的人身权是无法获取的。

继受主体获得版权主要有以下几种情况:

1. 通过继承、遗赠等方式而产生的版权主体

在我国继承法中明确规定,公民作品的财产权是可以作为遗产的。在公民死亡之后,可以由其继承人继承。我国公民可以通过遗嘱,将其作品的财产权赠给其他公民、法人或非法人单位,这就是遗赠。

2. 通过合同方式而产生的版权主体

依据委托合同,委托创作作品的版权归属,依照委托人和受托人的约定,如果约定由委托人享有,委托人就是继受主体。

依据转让合同,版权人还可以将其作品的财产权全部或部分地转让给他人,受让人则是版权的继受主体。

(三) 特殊作品的版权主体

1. 演绎作品的版权主体

演绎作品是对他人作品的再加工,或是以另外一种方式来重新表现原著。我国著作权法规定,对已有作品的改编、翻译、注释、整理,只要不侵犯原作品的版权,其作品的版权归改编者、翻译者、注释者和整理者。演绎作品在原始作品的基础上进行了创新,演绎作品的作者凭借其在演绎作品中付出的大量劳动而享有对演绎作品的版权。

2. 合作作品的版权主体

合作作品是两个或两个以上的人基于共同意愿创作的作品。我国著作权法规定,两人以上合作创作的作品,版权由合作作者共同享有。所谓合作作者,是指有共同的创作意愿,并且共同参与了创作活动,为作品的完成作出了实质性贡献的人。对于仅提供意见、资料或其他帮助的人,则不能够算作合作者。但合作者未必是亲自进行创作的,合作双方的合作形式可以是多种多样的。

3. 影视作品的版权主体

我国著作权法规定,电影、电视、录像作品的导演、编剧、作词、作曲、摄影等作者均享有署名权,但版权的其他权利应由制作电影、电视、录像作品的制片者享有。在电影、电视、录像作品中,剧本、音乐等可以单独使用的作品的作者,有权单独行使版权。

4. 计算机软件作品的版权主体

我国《计算机软件保护条例》中明确规定,计算机软件的版权归软件的开发者所有。

二、版权的客体

版权的客体,是指创作者所创作的,以某种物质形式存在的科学、文学、艺术作品。版权的客体是作者思想、观点的具体表达形式,作者创作了作品,他就拥有以该作品为基础而产生的版权。这种具体的表达形式是版权存在的依托。版权法只保护作品的构思、文字组合等外在的形式,对于作品中所包含的思想内容是不给予保护的。

(一)版权客体的构成要件

1. 具有原创性的作品

具有原创性是指作品是由一位或多位作者通过自己的思考和劳动创作出来的,这是作品受到版权保护的前提条件。版权法要求的原创性是指表达形式上的不同,并不要求思想内容一定与众不同。作者之间可以就同一问题进行讨论,也可以持有相似的观点,只要表达形式不尽相同就会受到版权法的保护。

版权法要求的原创性并非绝对的,因为任何作品的创作都不是作者凭空创造的,往往都要参考前人的创作成果,是对前人观点的归纳、总结,或是在前人理论的基础上,提出自己的观点和想法。因此,原创性并不是要求完全独创,只要按照上述要求创作出新的作品,即使在表达形式上与他人作品的表达形式有相似之处,也会受到版权法的保护。

2. 可复制性

符合著作权保护条件的作品,通常是能以其中物质复制形式表现的智力创作成果。复制形式包括印刷、绘画、摄影、录制等。我国著作权法并没有像英美法系那样要求作品必须固定在有形载体上,而只要求作品能够以某种有形形式复制,因此,不排除对未被有形载体固定的口述作品的保护。

3. 属于文学艺术和科学技术领域的作品

文学艺术、科学技术是一个十分泛化的概念,几乎人类所有的智力成果都能被归入这个范围。某作品虽然既有独创性,又有一定的物质载体,但是不属于法律规定的范围之内,也就不能成为版权的客体。

以上三个要件,是构成版权客体作品不可缺少的,它们之间相互联系,缺少任何一个,都不能成为版权法保护的作品。

(二)版权客体的类型

受版权法保护的作品类型很多,比较重要的有以下几种:

1. 图书及其他文字形式的作品

文字作品的范围十分广泛。只要是以文字、数字、符号的方式创作而成的作品都是文字作品,如小说、诗歌等文学作品,各种工具书,各种期刊等。文字作品的创作是存在最为普遍,领域最为广泛,数量也是最多的。不论是手写型的、印刷型的还是数字型的,都属于文字形式的作品。

2. 演讲等形式的口述作品

口述作品就是作者通过即兴的演讲、讲授而创作的,没有形成文字的作品。这种作品没有固定的物质载体,但是具备了作为版权客体的独创性和形式的新颖性。演讲、报告、曲艺作品(包括口述了多年而未形成文字)等,都是口述作品。需要分清的是,现实生活中口头传播的消息或新闻,复述别人的言语或作品,因为不具备原创性的要件,均不属于口述作品,因而也就不受版权法保护。

3. 电影、电视、录像作品

电影、电视、录像作品是指借助某种技术手段,摄制在某种物质之上,借助某种装置可以播放的作品,它是由一系列的声音、图像构成。

4. 其他类型的作品

其他类型的作品还有戏剧、曲艺、音乐、舞蹈、摄影、绘画、地理、地形图等,都可以成为版权的客体。随着科学技术的发展,计算机软件也逐渐被纳入版权保护的范围。

(三) 不能成为版权客体的作品

1. 时事新闻

时事新闻是指通过报纸、电台等传媒报道的对于某件事情的消息。新闻本身是客观存在的,报道的目的是要让公众和社会尽快了解,因此,也就没有对它进行保护的必要。

2. 法律、法规等官方文件

这些文件体现的是政府和国家的意志,是要让公众了解并贯彻执行而公布的,不属于某个人。如果给予它版权保护,必然会影响公众的贯彻、执行。

3. 标语、表格、日历、科学定律等常识性作品

这些表格、日历等常识性作品,早已进入了公共领域,为的是推动公众利用和社会进步,因此,是不受版权法保护的。

4. 超过版权保护期而进入公共领域的作品

这些作品版权的财产权已经失去了版权法的保护,对它的使用可以不用进行申请,自由使用。但是,这些作品的精神权利是永存和不可侵犯的,对于这类作品的使用,要以尊重作者为前提。

第三节 版权的内容

版权的内容,是指创作者对其创作的科学、文学、艺术作品所享有的专有权。通常版权的内容包括两部分:人身权和财产权。

一、人身权

版权的人身权,又称为版权的精神权利或人格权,是指创作者对其作品享有的与创作者人身权益密不可分的权利。作品是作者思想、意志的体现,因此,作

者理应享有与其人身权益密不可分的权利。作品的人身权对于创作者来说,是终生享有,没有时间限制的。即使作者死后,作者版权的人身权也是会由国家、其继承人及相关的机构给予保护。作品版权的人身权是作者人身权利的一部分,它不同于财产权,除发表权外,版权的人身权是不会为作者带来直接的经济权益的。

一般认为,版权的人身权是不能够被转让、继承和被剥夺的,它不会随着财产权的转移、变更而发生变化。我国著作权法规定作品的人身权包括四部分:

(一) 发表权

这是版权中的首要权利,是指作者有权利决定在作品完成后是否发表,以及以什么样的方式、形式发表的权利。所谓发表,就是将作品公布给非特定的人群。作品是否发表,直接影响着作者是否能够行使其作品的财产权。

发表权包括发表和不发表两方面的内容。发表的方式也是多种多样,可以是出版、演讲、表演等。对于作者生前未被发表的作品,如果作者未明确表示不发表,其继承人、受让人等可以在其死后 50 年内决定是否发表。

发表权一般具有以下特点:

1. 发表权的一次穷竭原则

作者在完成作品之后,只要通过法律认可的方式,将作品公布于众,无论何时、何地,都被认为是已经行使了发表权。一次发表之后,作者拥有的作品发表权即告用尽,他不可以对同一作品再次或多次行使发表权。此外,发表权无法单独行使,这就是说,作者不可以在将作品的其他经济权利都授让出去的情况下,还继续行使发表权。发表权的行使必然会伴随着其他经济权利的行使。

2. 发表权的无法转移和不可继承性

发表权属于作者的人身权,绝大多数国家的版权法中都规定,作品版权的人身权是不可转移的,仅为版权人个人拥有。即使版权人身亡,人身权仍是不可转移的。因此,发表权是不可转移和继承的,这一点还表现在版权人作品是否发表上,完全取决于版权人本身,即使在版权人死后,仍然成立。对于那些在版权人生前没能发表的作品,如果版权人生前没有明确表明不想发表,法律即推定他是同意发表的,他的版权继承人就可以在作品保护期内对作品进行发表;如果版权人在生前非常明确地表明不准发表的作品,在作品的版权保护期内,任何人都不可以对该作品进行发表,否则即是对版权人的发表权造成侵权。

3. 发表权往往还受到第三权利人的制约

比如一张人物特写摄影作品,或一张人物肖像作品,都会涉及该当事人的肖像权问题。作者要发表这类作品,都应当取得肖像权人的许可,否则容易发生法律纠纷。①

(二) 署名权

署名权是作者在作品上署名的权利。署名权是法律上确认作者身份的重要途径,是指创作者拥有的在作品上署名,以表明其作者身份及不署名的权利。作者有权利在作品完成后,行使自己作为作者的权利,并禁止其他非作品创作者在作品上署名。创作者还有权利在作品上署真名、假名或笔名。署名权是不可以转让和继承的,对署名权的保护也是永久性的。

(三) 修改权

修改权是指作者对其作品进行修改或授权他人对其作品进行修改的权利。修改权是归属作者的,其他任何未经作者同意,对作品的改动及对作品基本内容和形式的改动都是违法的。修改的对象可以是已发表的作品,也可以是未发表的作品,一般情况下,修改权通常是针对已发表的作品而言的。

(四) 保护作品完整权

保护作品的完整权是指在作品发表后,作者有权保护其作品的完整性,保护其不被歪曲、篡改,保护其内容、形式不被破坏。保护作品的完整权是永久性的,作者在世时由作者进行保护,作者死后,由继承人、受让人负责保护。

二、财产权

作品的财产权,又称作品的经济权利,是指作者及经作者授权的他人,通过使用该作品获取经济利益的权利。对于作品来说,有多少种形式的使用,作者就拥有多少种形式的财产权。财产权是有期限限制的,在这个期限内,作者有权利自己使用,也可以通过继承、遗赠等方式,让他人使用,以获取利益。

我国著作权法第 10 条规定,著作财产权的内容具体包括:复制权、发行权、出租权、展览权、表演权、放映权、广播权、信息网络传播权、摄制权、改编权、翻译权、汇编权以及应当由著作权人享有的其他权利。

---

① 刘春田.知识产权法[M].北京:中国人民大学出版社,2000:51-67.

（一）复制权

复制权，即以印刷、复印、拓印、录音、录像、翻录、翻拍等方式将作品制作一份或者多份的权利。这是版权经济权利中最基本的权利。复制权是版权人专有的，非经版权人允许，他人不得对作品进行复制。作者行使版权多是集中在复制权上，因为这是使作品广泛传播的最重要手段。[①]

（二）发行权

发行权，即以出售或者赠与方式向公众提供作品的原件或者复制件的权利。所谓发行，就是面向社会大众的，以实现经济利益为目的的行为。创作者有权选择发行的方式、范围及发行者。创作者可以自己独立行使发行权，也可以授权他人代其行使。

（三）出租权

出租权，即有偿许可他人临时使用电影作品和以类似摄制电影的方法创作的作品、计算机软件的权利，计算机软件本身不是出租的主要标的物的除外。出租权是从著作权派生出来的权利，即著作权人可以向特定经营者或社会公众出租自己拥有著作权的作品，从而获得经济利益。

（四）展览权

展览权，即公开陈列美术作品、摄影作品的原件或者复制件的权利。创作者可以自己行使展览权，也可以授权他人对其作品进行展示。展览是面向社会公众的，展示的作品既可以是原作及其复制品，也可以是发表的和未发表的。

（五）表演权

表演权，又称公演权、上演权，即公开表演作品，以及用各种手段公开播送作品的表演的权利。表演应具有一定的独创性，可以通过演唱、表演、朗诵等各种形式来表现作品，以公开的方式进行。表演权可以由创作者自己行使，也可以授权他人行使。如果要表演他人作品，必须通过他人同意。

（六）放映权

放映权，即通过放映机、幻灯机等技术设备公开再现美术、摄影、电影和以类似摄制电影的方法创作的作品等的权利。放映权是随着科学技术的发展而发展起来的，主要特点是行使此类权利要与一定的技术设备的使用相结合。电影的

[①] 吴汉东,刘剑文,等.知识产权法学[M].2版.北京:北京大学出版社.2002:66-67.

放映权由制片人行使,他人要放映电影时,只需征求制片人的同意即可,无须再征得各有关部分作者的许可。

(七) 广播权

广播权,即以无线方式公开广播或者传播作品,以有线传播或者转播的方式向公众传播广播的作品,以及通过扩音器或者其他传送符号、声音、图像的类似工具向公众传播广播作品的权利。创作者有权利控制他人以视听的方式传播其作品,广电系统使用他人的作品制作广播、电视节目,需要付给创作者相应报酬。

(八) 信息网络传播权

信息网络传播权,即以有线或者无线方式向公众提供作品,使公众可以在其个人选定的时间和地点获得作品的权利。网络信息的范围十分广泛,有些信息属于公有领域的信息,不受著作权法的保护,公众可以自由使用,而有些信息则必须经著作权人的许可,并支付一定的报酬才能使用,否则就侵犯了著作权人的信息网络传播权。

(九) 摄制权

摄制权,又称影片摄制权,即以摄制电影或者以类似摄制电影的方法将作品固定在载体上的权利。著作权人可以自行摄制,也可授权他人进行摄制。在我国,由于作者一般不具有将作品自行摄制成电影、电视、录像作品的物质技术条件,因而摄制权通常表现为一种制片许可权。

(十) 改编权

改编权,即改变作品,创作出具有独创性的新作品的权利。改编作品中应包含有原作的内容,但同时要在原作的基础上有所创新。改编权是著作权人的权利,著作权人有权自行改编,也有权许可他人改编并获得报酬。

(十一) 翻译权

翻译权,即将作品从一种语言文字转换成另一种语言文字的权利。翻译主要针对文字作品,也可以是口头作品。翻译权是一项重要的财产权,在国际版权贸易中,涉及最多的就是翻译权授权的问题。由于翻译权是著作权人的专有权利,任何人要翻译作品,都应事先取得著作权人许可并付酬。

(十二) 汇编权

汇编权,即将作品或者作品的片段通过选择或者编排,汇集成新作品的权利。汇编权是著作权人的权利,著作权人有权自己汇编作品,也可授权他人汇编作品。由于在汇编过程中,要对作品进行整理、加工、排列,需要付出大量的创造性劳动,因而汇编者对汇编所形成的作品,应享有著作权。

(十三) 著作权人享有的其他权利

鉴于将著作权人的权利进行列举式规定难免会有所遗漏,同时考虑到著作权人的权利内容也会随着社会经济生活的发展而不断发展,所以我国著作权法增加了这样一款"补遗"的规定,只要是应当由著作权人享有的权利,都会受到著作权法的保护。

第四节　邻接权

一、邻接权的含义

邻接权又称作品传播者权,是指与版权相临近的一种权利,是作品的传播者对在作品进行传播的过程中的创造性的劳动成果所享有的权利。

邻接权有广义和狭义之分。狭义的邻接权是指传统的邻接权,包括表演者权、录制者权及广播组织权之类;广义的邻接权是把一切传播作品的媒介所享有的专有权一律归入其中,或是把那些与作者创作的作品尚有一定区别的产品、制品或其他既含有"思想的表达形式",但又不能称为"作品"的内容归入其中。

二、邻接权与版权的关系

邻接权是从版权衍变而来的,是作品的传播者对作品的传播方式享有的权利。邻接权依赖于版权,但其也具有相对的独立性,对于邻接权的保护,是对版权保护的一种补充。版权保护的是创作者智力活动的成果,而邻接权保护的是传播者在传播过程中投入的创造性劳动。版权的主体是作品的创作者,包括自然人和法人;邻接权的主体是传播者,通常是法人。版权保护的是创作者对其作品享有的人身权和财产权;邻接权保护的是传播者的传播方式。邻接权通常只是经济权利,因此,邻接权是可以转让的。

三、邻接权的种类

（一）出版者权

出版者权是指出版者对其出版的作品所享有的权利。出版者权是作者享有版权的基本内容，由于作品出版的成本与风险十分高，因此，作者一般将出版权授让给他人行使。此类权利的主体一般是指图书、期刊等的出版单位。出版者对于出版的作品拥有专有出版权，对于作品的版式、装帧拥有专有使用权。

（二）表演者权

表演者权是指表演者依法对其表演享有的权利。表演者权的主体是表演者，客体是现场表演，也就是演员的形象、动作、声音等的组合。表演者可以表明自己的身份，并保护自己的表演形象不被歪曲，也可以通过许可他人现场直播，制作音像制品以获得报酬。

（三）录音、录像制作者权

录音、录像制作者权是指制作者对其制作的音像作品享有的权利。该项权利的主体是录音制作者和录像制作者，而权利的客体是录制的音像制品。音像制作者拥有允许他人复制、发行其音像制品并获得报酬的权利。

（四）广播组织权

广播组织权是指广电组织对其制作的广电节目享有的权利。该权利的主体是制作并播放广电节目的组织，权利的客体是广电组织编制的广电节目。广电组织对其制作的节目拥有播放、授权他人播放或复制以获取经济利益的权利。

第五节　　附属权

在国际惯例中，图书出版者通过订立出版合同，不仅取得图书出版权（图书形式的印刷复制权和发行权），并且还常常取得可能影响图书出版的其他权利，以便控制有关作品的其他不同方式的使用。这些权利由于通常附属于图书出版权,因而被称为附属权。① 在英美等出版业发达国家,附属权贸易非常普遍,而我国的附属权贸易的开展还基本处于空白状态。

一、附属权与邻接权的区别

附属权的英文为 subsidiary rights,而邻接权的英文为 neighboring rights,二者虽有相似之处,但实质并不相同,有必要对此作出区分。

首先,在概念范畴上,二者分属于不同领域。邻接权已经是一个很完善的法律概念,相比而言,附属权则仅仅属于出版学界领域的一个概念②,法律上并未对附属权有明确的界定。

其次,在本质上,邻接权又可以成为作品传播者权,是作品的传播者在作品进行传播的过程中的创造性的劳动成果所享有的权利,因此,其权利的主体是传播者;而附属权则更像是一种委托代理的形式,即创造者将权利委托给出版者,但权利的主体仍然是原创造者。

此外,在权利的客体上,二者也存在较大不同,附属权涵盖的客体更加广泛。

二、附属权的主要种类

关于附属权种类的划分,有学者认为应该分为复制权和再次传播权,有认为应该分为复制权、演绎权和传播权,还有的学者认为应该按照图书形式的从权利和非图书形式的从权利进行划分,虽然分类标准各异,但附属权所涵盖的种类还是比较集中的,总结如下:

(一) 翻译权

翻译权是指允许某一出版机构将作品转化成另一种语言文字并在约定的该语言使用的地区发行销售的权利。

(二) 汇编、缩编权

汇编、缩编权是指出版社允许其他出版机构对原作品的内容进行选择、编排或者缩写,从而以新的形式出版发行的权利。

---

① 北京市知识产权局网.什么是附属权[OL]. http://www.bjipo.gov.cn/jczsabc/zscqabcbq/bqwd/200901/t20090113_5618.htm.

② 王翎子.论中国出版业在国际版权贸易中的附属经营权[D].重庆:重庆大学,2008(6).

（三）电子出版权

电子出版权是指将原作品进行数字化开发，将其存储在光学（如光盘）或磁性（如磁盘）原理的媒介中，通过有线、无线传播或网络传播等方式向公众传播的权利。

（四）连载权

连载权是指出版机构将新书的部分或者全部内容授权给其他出版机构（多为报社或者杂志社），允许在其媒体上进行连续性刊载的权利。

（五）影视或者戏剧改编权

影视或者戏剧改编权是指将原作品改编成电影或戏剧的剧本，并根据这些剧本拍成电影、电视剧、戏剧、话剧、音乐剧等其他舞台剧或者广播剧的权利。

（六）作品的形象使用权

作品的形象使用权是指允许其他机构或组织在其他产品中使用原书中的人物或者动物形象的权利，比如玩具制造商使用这些形象生产玩具、服装制造商将这些形象绘制在服装产品上等。

（七）合作出版权

合作出版权是指原出版机构许可自己合作的出版社用自己的书版同时印制和销售已购买、编辑和印制的书稿的权利。

第六节　版权的保护

一、版权的发生及保护期限

关于版权的发生，各国立法有两种做法：一种是自动保护，即作品创作出来后就自动受到保护，不需要注册登记、交纳样本或做任何正式的标记。西欧各国和日本都采取自动保护原则，某些国家虽然规定出版社有义务向中央图书馆等机构交纳样本，但这只是为了行政管理和文献方面的目的。

另一种做法是在法律上规定版权产生必须履行一定手续。如美国，受版权保护的作品须将版权标记用适当的方式刊载于适当的位置。一般应将标示版权的"copyright"字样或符号"©"及版权所有者的姓名、首次出版年份等刊载在作品的版权页上。如果要为版权进行法律诉讼,还须进行注册。拉美一些国家,则要求在享有版权要求作品的适当位置上,必须注明"保留一切权利"的字样,并注明印刷地点。

所谓版权的保护期,一般指的是经济权利的保护期。在同一国家里,对于不同的作品,保护期是不一样的。文字作品的保护期长些,摄影作品等的保护期就短些。不同的国家对文字作品规定的保护期也是不一样的,长的可达著作人有生之年加死后 80 年,短得一般也不会少于著作人有生之年加死后 25 年。在著作人身份不详、生卒年月不详或版权人属于法人时,作品保护期一般从作品发表之日起计算。对于未曾发表的作品,则从创作完成之日起算。对于"合作作品",则以最后一位去世的著作人有生之年加死后若干年计算。

版权保护期一旦结束,作品即进入公有领域,任何人都可以自由使用。

对于精神权利,由于它是可以独立于经济权利而存在的,因此,它的保护期长短不受经济权利保护期的影响。许多国家规定的精神权利保护期为无限长,但一些英美法系国家,只承认精神权利保护期与经济权利相同,或长于经济权利,但不是无限长。①

二、版权侵权行为及其构成要件

版权侵权行为是指未经创作者或其他版权人许可,又无任何法律依据,擅自对受版权保护的作品进行使用,或通过非法手段侵犯创作者权利的行为。对于版权进行的侵权行为,是一种违法行为,要承担相应的法律责任。

侵权行为的构成要件,是指构成侵权行为的必要的因素。行为只有具备必要的因素,才能被定义为侵权行为,缺乏任何一个要件,都不能认定其是侵权行为。版权侵权行为的构成要件,一般有以下几点:

(一) 行为人擅自使用受版权法保护的作品

未经允许,擅自使用受版权法保护的作品的行为即构成侵权。不过,对于合理引用、借鉴他人作品的行为,则不构成对版权的侵权;对于已经进入"公共领域"的作品的使用,也不构成侵权;对于依法不受版权法保护作品的使用,更不构成侵权。

---

① 严晖,米阿荣.国际技术贸易教程[M].北京:宇航出版社,1990:56-57 页.

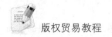

(二) 行为人使用作品的行为未经创作者允许

如果没有任何法律依据地使用,就是一种侵权事实。这种侵权行为,可能对创作者的人身权和财产权造成侵害,同时,也有可能侵犯其他版权人的人身权和财产权。

(三) 行为的违法性

同样是对受版权法保护作品的使用,如果使用的行为是合法的,那么就不构成对版权的侵权。任何人在使用受版权法保护的作品时,都必须遵守版权法及其他相关法律,如果行为人的行为违反了法律的规定,他的行为就被认定为违法。

(四) 侵权行为人必须是有行为能力的人

有行为能力的人才能够承担其行为所带来的后果。对于无行为能力的人,由于其不具备承担行为责任的能力、无法控制自己的行为,因此,他也就无法对自己的行为承担民事责任。

(五) 行为人有主观过错

行为人在进行侵权行为时,主观上存在过错。侵犯版权的行为,大多数是出于故意,也有少数是出于过失。

三、侵权行为的种类

(一) 对版权人精神权利的侵害

1. 发表权侵权

发表是实现作品版权十分重要的途径,作品只有经过发表,才能给创作者带来其他各种相关的权益。作品发表与否,对于版权人的利益关系重大,未经版权人允许,擅自发表其作品,或未按约定的时间、地点、方式发表作品,都会构成对版权人发表权的侵害。

2. 署名权侵权

主观上有意愿并且有与他人合作的事实,这才能够在作品上署名。署名权是作者专有的权利,其他任何人未经创作者的允许,均不可以在作品上署名。如果没有参加创作的人,利用自己的权势或者作者的某种不利地位,为谋取个人名利,在他人的作品上署名,都会构成对版权人署名权的侵害。

3. 对修改权及保护作品完整权的侵权

未经创作者允许,对其作品进行改动,或是在获得作者同意的情况下,对其作品的过度改动,以致歪曲了作者的意图,曲解了作者的观点等,都构成了对版权人修改权和保护作品完整权的侵权。

(二) 对版权人经济权利的侵害

1. 复制权侵害

复制权是版权人最基本的权利。复制权是创作者实现自己其他权利的重要前提之一,只要是未经创作者许可,以营利为目的的复制其作品,无论以什么方式复制,复制的范围有多大,复制的数量有多少,是否公开发表了复制品,也不管是否获利,都可认定为对版权人的复制权构成了侵害。

2. 出版权侵权

出版权是文字、美术作品享有的主要权利。出版权一般是由创作者通过转让、许可合同的方式授权给出版社、出版公司或其他出版单位的,未获得出版许可的单位或个人从事了有关作品的出版活动,就构成了出版权侵权行为。

3. 演绎权侵权

再创作者在行使自己权利时,要以不侵犯原作品作者的权利为前提。未经许可,对他人作品进行改编、翻译、汇编等行为,即构成了对演绎权的侵害。

4. 传播权侵权

作品版权人对其作品拥有广泛的使用权和获得报酬权,其他任何人未经版权人许可,对其作品进行表演、播放、展览、发行、朗诵,无论其是否以营利为目的,都构成了对版权人传播权的侵害。但如果属于著作权法规定的合理使用和法定许可使用的情形,不在此限。

四、对版权的限制

版权者所拥有的各项权利并非是一种绝对的垄断权,各国的版权法对于版权者的专有权都做有一定程度上的限制。这些限制包括时间、地域、合理使用、法定许可和强制许可四个方面。

(一) 时间限制

各国法律对于版权的时间限制在人身权和财产权上的规定是不同的。对于版权的人身权,各国法律都规定版权的人身权是永存的,即使作者去世,该作品版权的人身权仍归作者所有,对于作者人身权的侵犯,仍会受到法律的制裁。对于版权的财产权的保护期限,则是不能无限延长,只能在有效的时间内行使。版权财产权的保护期限通常是作者有生之年加上死后的一段时间,保护期满,则作品进入公共领域,任何人对它的使用,都无需再征得版权人的同意,也无需付费。

版权保护期的计算,一般是从作品首次出版、发表之年的年底算起。对于作者死后出版、发表的作品,保护期从作者死后算起。

我国著作权法规定,作者人身权的保护不受时间限制,由作者终生享有。作者财产权规定的保护期,为作者终生及其死亡后50年;合作作品的保护期,截止于最后死亡的作者死亡后的50年;对于法人或其他组织的作品,版权的保护期为50年;电影作品和以类似摄制电影的方法创作的作品、摄影作品,版权的保护期为50年。

(二)地域限制

对于作品的版权保护,只是在作品出版国以内有效,在该地域以外都是无效的。对于与我国签订了双边、多边协议或参加了同一个版权国际公约的国家的作品在我国出版、发行,应遵照国民待遇原则,给予与我国作者作品同样的保护和对等的保护期。

(三)合理使用限制

我国著作权法规定,在某种情况下,使用作品是可以不经版权人许可的,也无需付酬,这种特定的情况,就是"合理使用"。然而,这种使用应当指明作者的姓名、作品的名称,并且不得侵犯版权人享有的其他权利。

这些特定情况包括:

(1)为个人学习、研究或者欣赏,而使用他人已经发表的作品;

(2)为介绍、评论某一作品或者说明某一问题,在作品中适当地引用他人已经发表的作品;

(3)为报道时事新闻,在报纸、期刊、广播电台、电视台等媒体中不可避免地再现或者引用已经发表的作品;

(4)报纸、期刊、广播电台、电视台等媒体刊登或者播放其他报纸、期刊、广播电台、电视台等媒体已经发表的关于政治、经济、宗教等问题的时事性文章(作者声明不许刊登、播放的除外);

(5)报纸、期刊、广播电台、电视台等媒体刊登或者播放在公众集会上发表的讲话(作者声明不许刊登、播放的除外);

(6)为学校课堂教学或者科学研究,翻译或者少量复制已经发表的作品,供

教学或者科研人员使用,但不得出版发行;

（7）国家机关为执行公务在合理范围内使用已经发表的作品;

（8）图书馆、档案馆、纪念馆、博物馆、美术馆等为陈列或者保存版本的需要,复制本馆收藏的作品;

（9）免费表演已经发表的作品,该表演未向公众收取费用,也未向表演者支付报酬;

（10）对设置或者陈列在室外公共场所的艺术作品进行临摹、绘画、摄影、录像;

（11）将中国公民、法人或者其他组织已经发表的以汉语言文字创作的作品,翻译成少数民族语言文字作品在国内出版发行;

（12）将已经发表的作品改成盲文出版。

（四）法定许可和强制许可的限制

法定许可是指依照我国著作权法的规定,在付给作者报酬的情况下,不需经过版权人的许可,就可以使用版权中的部分权利的行为。

强制许可是指在使用者无法与版权人达成使用协议的前提下,经由主管部门批准,获得对版权中的某些经济权利的使用权。强制许可也是需要付酬的,通常来说,强制许可由主管当局通过作家组织授予的,强制许可是一种非独占许可,被许可方不可以再进行分许可,并且这种强制许可的范围,只存在于颁发强制许可的国家之内。

第三章
版权贸易的发展与现状

版权贸易作为知识产权贸易的一个重要组成部分,它的产生要晚于实物贸易。随着科学技术的飞速发展,人们对知识重视程度的加深,版权贸易呈现出加速增长的态势并日益受到社会各界的重视。在本章中,我们将对版权贸易的历史作一个简单的回顾,并重点介绍版权贸易在我国的发展历程和现状。

第一节　　版权贸易的由来与发展

一、版权贸易的萌芽时期

同实物贸易相比,知识产权贸易的产生要晚许多。版权贸易作为知识产权贸易的一个组成部分,产生的时间自然也就比较晚。

在版权贸易中,版权的产生和发展,为版权贸易的萌芽和发展提供了充分的物质前提,奠定了坚实的法律基础。也就是说,有了版权的产生,才会有版权贸易的萌芽和发展。国内外学者普遍认为,版权的产生和发展,是由印刷术的发明和推广带来的。远在人类文明早期,由于整个社会的经济、文化和技术水平较低,人们对文化产品的需求处在一个比较低的水平,加之印刷术尚未发明,书籍无法大量复制,全社会文化的传播只能通过口耳相传或手抄的方式来进行,而这种传播的目的也仅仅是为了政府发布公文、宗教宣传和个人学习,绝不是为了从中获利。因此,无论是作品的作者个人,还是政府部门,都没有颁布专门法律来保护作者权利的需求,版权贸易自然也就无从谈起。

随着印刷术的发明和推广,版权保护的意识也就逐渐产生了。印刷术的发明,使得对作品的复制变得非常容易,图书的生产成本迅速降低,进而进入商品的行列,并能为出版商带来利益。伴随着作品被大量地复制和传播,出版商慢慢意识到,仅靠自己的力量是无法控制自己的作品免遭侵权的,这就使得颁布法律给予出版商和作者以法律保护成为了必要。

自15世纪起,西方一些国家的出版商为了垄断某些图书的印刷和销售市场,向君主提出申请,以特许权的方式对他们的权利予以保护。1469年,威尼斯的出版商得到了为期5年的出版许可证,这是西方国家的第一个出版独占许可证。1534年,英国出版商从皇室获得特许,禁止外国出版物向英国出口,获得了对英国图书市场的专有出版权利。英国人的这种特许权在实质上只是一种出版的独占权利,并不是著作权意义上的财产权。

英国资产阶级革命后,为了顺应资产阶级废除君主特权的要求,1709 年,英国下议院通过了《安娜法》,这是世界上第一部关于版权的法律,可以说是版权发展史上的一个里程碑。该法律确认作者是法律保护的主体,给予作品自出版日起 21 年的保护期,如果到期作者仍在世,还可以再延展 14 年。这部法律的颁布,使得版权保护从过去主要保护出版者转向主要保护作者。

版权保护的产生和初步发展,催发了版权贸易的萌芽。然而,从 15 世纪到 18 世纪末,由于重商主义在国际贸易和国际收支理论方面占有主导地位,版权贸易作为国际贸易的一部分,刚刚萌芽就受到了极大的阻碍,这是因为重商主义主张扩大出口而限制进口。他们认为,货币是财富的唯一形式,出口贸易对一个国家来说是一件好事,因为它能够促进本国经济和产业的发展,并能够引导贵金属黄金和白银的流入。反之,进口贸易却是一件坏事,因为它减少了对国内产品的需求,并且导致黄金和白银的外流。在当时,各国的政府和商人都认为,允许外国商人进入本国市场,会导致本国金银的外流,因此,各国都制定了相应的政策,以此来限制外国商人的进入,保护本国商人的利益。这种行为,对整个国际贸易的发展来说,无疑是一种障碍,更不用说版权贸易了。

二、版权贸易的初步发展时期

18 世纪初产生的具有现代意义的版权法的雏形,经过 100 多年的发展,到了 19 世纪,导入了真正现代意义上的版权概念,版权制度的发展进入了一个新的阶段,版权贸易生存和发展所需的法律基础开始真正地建立起来。

此时,自由放任学派已经取代了重商主义在国际贸易中占据了主导地位,他们认为,在金本位制度下,贵金属的大量流入会导致本国货币供应量的增加,使国内的物价上升,导致本国商品的国际竞争力下降,反而会带来进口的增加。另一方面,贵金属的存量并不代表一国的实际财富,一国真正的财富应该是该国消费者的消费能力,因此,财富的增减,应是通过劳务和商品的流动来实现。基于这种认识,各国都大力地发展和扩大国际贸易,这也就为版权贸易的发展,提供了良好的国内、国际经济政策背景。

《伯尔尼公约》的颁布,标志着版权贸易的真正形成。1878 年,法国著名作家雨果组织了世界上许多国家的作家在巴黎召开了一个会议,并在会议上通过了一项有重要意义的决议：制定一个国际性的版权保护公约，以确保作家的作品在作家所在国以外的其他国家也受保护。1886年，该公约在瑞士的伯尔尼会议上被通过，全称为《保护文学和艺术作品伯尔尼公约》，这是世界上第一个版权保护的国际性公约。法国、英国、德国等欧洲国家都参加了这个公约，这就为版权贸易在欧洲的广泛开展提供了法律保障。这个时期，在版权贸易领域中，买断版权的贸易方式占据主导地位。

三、版权贸易的高速发展时期

随着《伯尔尼公约》的签订，版权贸易在欧洲国家间率先开展起来。然而，世界上另外一个主要国家美国并没有加入这个公约，而是在十几年以后，参加了1889年美洲国家组织签订的《保护文学艺术作品所有权公约》(简称《泛美版权公约》)。这个公约对文学艺术作品的保护程度是比较低的，但随着美国国家实力的增强，其文化产品也日渐渗透到世界各地，在这种情况下，美国意识到需要为他们的作品寻求国际保护。于是，1952年，美国组织世界上40多个国家签订了《世界版权公约》。到目前为止，世界上大部分国家都建立了版权保护制度，自此，版权贸易的发展进入了一个更广泛、更繁荣的阶段。

第二次世界大战以后，科学技术是生产力已经成为人们的共识，科学技术的飞速发展，使得世界各国在经济、技术上的联系越来越紧密，世界经济一体化已是大势所趋，国际贸易的发展进入了前所未有的繁荣阶段。然而，20世纪70年代以来发生在西方发达资本主义国家中的经济危机，导致了国际贸易保护主义的重新抬头，各国为了保护本国的利益，对于国际贸易，特别是进口贸易设定重重障碍。从早期的关税壁垒，到现在的绿色壁垒、进口配额、进出口许可证、外汇管制等措施，无不严重地影响着国际实物贸易的发展，这也在无形中助长了知识产权贸易的发展。

为了克服这些关税和非关税壁垒的阻碍，许多国家都纷纷调整了本国的出口策略，将发展的重心转向知识产权贸易，从而也就促进了版权贸易的高速发展和繁荣。在20世纪60年代中期，国际服务贸易额为700亿—900亿美元，到了80年代初，便增加到6500亿美元，进入80年代后期，年增长率达17%。国际服务贸易额已从1970年的1000亿美元增长至1990年的约10000亿美元，相当于世界贸易总额的1/4，其中以买卖版权为核心的国际版权贸易占据了不小的比重。1998年初，欧盟信息监测局公布的数据表明，全球国际版权贸易收入，估计达到 1100 亿美元左右,已大大超过全球图书产品直接贸易的总收入,成为世界出版贸易活动的主流。

第二节 欧美主要国家版权贸易的一般状况

版权贸易发展至今已有 100 多年,在一些欧美国家中,版权贸易这种贸易形式已经发展到了相当成熟的阶段。而在我国,版权贸易还是一种新兴的贸易方式,处在发展阶段。因此,我们非常有必要对一些版权贸易发展得比较成熟的国家的贸易状况作简要的介绍,希望对我国版权贸易的发展能够有所帮助。

一、欧美主要国家版权贸易的一般状况

(一) 英国的版权贸易

英国是世界上最早对版权实施保护的国家,开展版权贸易的历史也长于其他国家,可以追溯到 19 世纪末,并在 20 世纪后半叶逐步走向繁荣。据统计,英国那个时期每年的版权收入约在 180 亿美元左右。到目前,英国的版权代理机构已有 200 多家,版权输出也一直处于世界前列,是版权贸易十分发达的国家。

英国进行的版权贸易的标的物主要有以下六种:

1. 翻译权

与其他语种国家之间进行版权贸易,翻译作品是必要的。然而,在翻译过程中存在着难以控制和成本较高的缺点,因此,英国在开始进行版权贸易时,就将精力主要放在英语国家上,以出售畅销小说为主。近些年来,英国才开始花力气在其作品的翻译上,翻译权贸易收入不断增多。

2. 图书形象使用权

这是指出版者允许他人在其商品或其他产品上使用出版者拥有的作品中的人或动作形象的权利,英国每年从这种途径,在全球获得的版权收入均在几百亿美元。

3. 平装书版权

平装书是相对于精装书而言的。平装书最早起源于英国,1929 年,企鹅出

版集团的领导人艾伦·莱恩出版了一批定价仅为6便士的平装书,以满足普通消费者的阅读需求。此举一举获得了广大普通消费者的欢迎,也使企鹅出版公司获得了极大的成功,"企鹅"一词几乎成为了平装书的代名词。在英国,平装书与精装书一般是由不同的出版社负责出版,而且多是先出版精装书,后出版平装书,在精装书出版大约1年以后,进行平装书版权的买卖。像东欧、亚洲的一些发展中国家,由于价格的原因,出版社通常更愿意购买平装书版权,因此,平装书版权是英国版权贸易一个主要的贸易标的物。

4. 合作出版权

这是英国比较传统的一种版权贸易的标的物。合作出版权是指版权人将其作品的翻译权授予了合作人,并允许其使用作品的原文及其他内容,对于创作出来的新作品,双方共同拥有版权。英国出版商一般是将其图书的附属版权与他国出版商进行合作出版,并对收入进行分配。

5. 报刊连载权

这是指出版社在出版的同时,授权报刊社进行内容连载的权利。在英国,连载权收入在20世纪60年代到80年代一度达到高峰,在那时,报刊的连载权可卖到100万英镑。但随着报业竞争的日趋激烈,英国出版商在这方面的收入已经开始萎缩了,尽管如此,英国出版商通过这种方式获得的收入仍不可小觑。

6. 影视作品改编权

由于影视作品制作的高成本,使得在英国这种改编权贸易的量并不大,但一旦成交,每一笔交易的金额都是非常巨大的。例如,炙手可热的《哈利·波特》的电影制品,已经为作者J.K.罗琳和出版商带来了十分丰厚的收益。

(二)美国的版权贸易

美国是现代版权制度最为完善的国家。美国对于版权的保护始于18世纪,但对于外国作品的全面保护,则开始于其组织制定的《世界版权公约》之后。美国版权贸易的标的物包括翻译权、合作出版权、平装书版权等许多种,是目前版权贸易最为活跃的国家。据美国国际知识产权联盟的统计资料显示,1991年美国的录音和录像制品、动画片和电视片、计算机软件、报刊书籍四大类版权产品的对外销售和出口额为361.9亿美元,到2001年,这四大类版权产品的对外销售和出口额增加了1.5倍,达到了889.7亿美元,其平均增长速度为8.5%。[1]

---

[1] 尚永. 美国的版权产业和版权贸易[J]. 知识产权,2002-6:43-46.

美国的版权贸易之所以有如此迅猛的增长速度,自有其深层次的原因:

(1) 美国在世界文化产业中的地位发生了变化。19 世纪欧洲颁布《伯尔尼公约》时,美国没有参加。因为那时美国在世界文化市场中的地位比较低,需要大量使用别国的作品,而自己作品的输出是极其有限的,因此,美国在那个时候基本是没有版权贸易的,美国对所有外国作品的有条不紊的盗版整整进行了一个世纪,直到 20 世纪后半叶,美国的出版业开始了十分迅猛的发展,在世界文化产业中占据了越来越重要的地位,每年要向国外大量输出作品。于是,美国认为需要对其作品进行保护,也就是此时,美国的版权贸易才开始了大规模的发展。

(2) 美国的新经济形态为版权贸易的发展提供了较好的宏观经济背景。在新经济中,信息被作为基本的生产要素,由公共领域划归为私人拥有,这就是说,公众对于信息的使用是需要付费的。在这种大的经济背景之下,版权贸易的发展必然会受到重视,其大规模地开展也就毋庸置疑了。

(3) 美国发育十分成熟的市场运作机制,保证了版权贸易一经开展,就必然会迅速地建立起一整套较为完整的市场运行规范。并且,随着市场观念日渐深入人心,大家也都十分愿意,并非常自觉地按照这种规则来办事。所有这些,都保证了版权贸易的健康运行。

(三) 德国的版权贸易

德国也是世界上版权贸易开展得比较活跃的一个国家。德国的图书主要是在德国本土、瑞士和奥地利这些国家销售,对于其他语种的国家来说,主要是购买其图书的翻译权。购买德国图书翻译权的主要是英语国家和其他一些欧洲国家。近些年,德国输往中国的图书也在不断增多,到了 2010 年,输往中国的图书版权为 739 种,比上年的 693 种增加 6.6%。

在版权引进方面,德国每年引进版权的数量也很大。1996 年,德国共出版新书 71515 种,其中引进版权数量为 9791 种,约占出版新书总数的 13.7%。[1]在这些引进版权中,英语书占了很大比例,约为 75%,其他依次是法语、西班牙语、意大利语等。1996 年,德国引进的中国图书版权为 33 种,而到了 1999 年,引进数量则下降为 13 种。进入新世纪以后,情况有了很大改变,2009 年,德国从中国引进的图书版权为 173 种,比上年增加 80.2%,2010 年为 120 种。

---

[1] 辛广伟. 版权贸易与华文出版[M]. 重庆:重庆出版社,2003:130 - 132.

（四）法国的版权贸易

法国作为版权保护的最初倡导者，其开展版权贸易的历史也十分悠久。法语作品很有自己的特色，法国的作品通常会销往瑞士、比利时、加拿大这些国家。由于和英、美在文化背景、欣赏口味上的差异，使得它们之间在进行版权贸易时，经常会出现水土不服的状况。

二、欧美主要国家版权贸易的基本特征

（一）拥有一整套较完善的版权贸易保护政策

世界上主要的版权贸易国家，一般都拥有一整套系统的版权贸易政策。版权作为一种无形财产权，在注重保护私人财产权的西方，很早就受到重视。1709年英国《安娜法》的颁布，标志着对版权进行法律保护的开始。在发达资本主义国家，市场运作比较成熟，其中一个比较重要的标志就是国家不直接参与经济运作，而只是起着宏观调控的作用。宏观调控的一个重要的手段，就是各种法律和政策的制定。

版权贸易最本质的特征，是以版权的法律保护为基点，因此，欧美主要的版权贸易国家，一般都有一整套完善、系统的保护机制。

英国对版权保护的历史最长，并且保护得十分严格，自然也就是世界上版权贸易历史最悠久的国家，版权贸易每年都要为英国带来数百亿美元的收入。美国在自己的文化、科技地位迅速提升以后，也不断加强对版权的保护，世界版权公约组织的建立，使其对版权的保护达到了世界水平。美国对于自己文化、科技产品所涉及的权力范围，都给予了十分严格、全面的保护，这就使美国成为版权贸易开展得规模最大、也是最为活跃的国家。由此可见，版权贸易的顺利、健康发展，离不开国家在宏观上对版权贸易保护政策的制定。

（二）采用比较宽松的文化政策，鼓励创作

各个国家在文化上一般都采取了比较宽松的政策，允许各种不同宗教、民俗、艺术流派、学术思想的存在，并鼓励他们朝各自的方向发展。民众每天都会接受来自方方面面的信息，感受到各种不同思想的冲击，政府鼓励他们有自己与众不同的想法，有自己独特的见解，并把这些想法和见解表达出来，这就使得这些国家在艺术、文化领域十分多元化。这些不同文化、艺术的撞击，很容易产生优秀的文学与艺术作品，也就间接地丰富了出版资源，客观上推动了版权贸易的发展。

(三) 各个国家都在努力建立新的经济模式

这一点尤以美国最为突出,美国已经完成了新经济模式的建立,信息的商品化是这种经济模式最重要的特征,信息产业成为整个国民经济中支柱性的产业,出版业作为信息产业一个重要的组成部分,受到了很大重视,其发展也达到了前所未有的规模和水平。在这种经济背景下,版权贸易的顺利发展也就十分自然了,正由于如此,美国成为了目前世界上版权贸易开展规模最大的国家,虽然近些年美国总的经济发展趋缓,但其版权贸易的发展势头依旧十分强劲。

第三节 我国版权贸易发展的历史与现状[①]

一、版权贸易的萌芽期

伴随着印刷术的产生,我国出版业得到了很大的发展,但对于版权却一直没有给予相应的法律保护。直到1910年,我国才颁布了有史以来的第一部版权法——《大清著作权律》,这已经是1709年世界上第一部版权法——《安娜法》在英国颁布200年以后的事了。

1886年,《伯尔尼公约》的签订标志着版权贸易的诞生。在其后的二十几年里,版权贸易这种新型的贸易方式以不同的形式和途径传入中国,只是由于这一时期,我国没有版权法,对外又没有加入任何国际版权公约,国民的版权保护意识普遍较差,因此,版权贸易的开展,完全是处在一种无法律保护的状态之下,大多是以个体的形式出现,以个人为单位进行,且也不可能形成规模。辜鸿铭、张元济、严复等是这一时期的代表人物。

辜鸿铭是一位学贯中西的著名学者,他以英文写作和翻译中国名著而著称。1898年,他翻译的《论语》英文版由上海别发洋行出版发行。限于资料,今天我们已无法获知他当时是否从中获得报酬,或是是如何获得报酬的。但他的这种行为,已经十分接近真正的版权贸易了。

[①] 辛广伟. 版权贸易与华文出版[M]. 重庆:重庆出版社. 2003:11-31.

严复是我国近代著名的翻译家,曾经留学英国。学习期间,他就对英国的政治、法律制度极为关注,因此,一定会对欧洲的版权制度有所接触和了解。在他后来的编译出版活动中,对版权问题自然也就比较重视,并身体力行,坚持尊重作者的人身权,保护作者的财产权,并提出了著、译者的报酬和版税要求,同时还积极呼吁清政府建立相应的版权保护制度。这在近代中国,是十分难得的。

1899年,南洋公学译书院院长张元济与翻译家严复就出版严复翻译的《原富》一书达成协议,并签订了出版合同。该合同有效期为20年,双方在合同中约定,南洋公学译书院以2000元的价格买断《原富》的译稿,并在书籍出版后,将书价的二成作为版税支付给严复。这是我国有据可查的最早的、具有现代意义的版权贸易合同,严复也可以说是我国学者中要求签订出版合同,并要求支付版税的第一人。这个合同,在我国既无国内版权法,又未加入任何版权国际公约的社会背景下,体现了对版权和版权人的尊重,它的产生实属难得。

1924年,德国的欧根·狄特利希斯出版社在辜鸿铭的授权下,出版了由施密茨翻译的《中国人的精神》(《春秋大义》的另一译本)德文版,这大约是我国著作权人授权外国出版社翻译出版的第一部作品。

1933年,林语堂在美国著名女作家赛珍珠的邀请下,开始创作一部关于中国的书籍,由赛珍珠负责该书在美国的出版事宜。1935年,林语堂的 *My Country and My People*(《吾国与吾民》)由美国约翰－戴出版社出版,经由赛珍珠大力推荐,该书在美国获得了巨大成功,很快就登上了全美畅销书排行榜榜首,并在4个月内连续加印了4次,此外,还售出了该书在欧洲的多种文字翻译权。此书为林语堂带来了丰厚的版税收入,据统计,林语堂在1938年的版税总收入是3.6万美元,1939年上升为4.2万美元,到1940年,达到4.6万美元。

二、版权贸易的发展期

(一) 1949—1978年版权贸易的曲折发展时期

1949年10月1日,新中国成立。在新的政府机构中就有出版事务管理局,后改为出版总署,专门管理我国出版事业的发展。1954年11月30日,又建立了文化部出版事业管理局,取代出版总署来负责我国出版事业的发展。1949年12月,新中国政府成立了中国国际书店,在当时的出版事业管理局的领导下,专门负责我国内地的图书进出口贸易。

自新中国成立以来,我国政府就一直致力于颁布一部全国性的版权法,但由于种种原因,一直未能实现。由于这一时期我国还没有一部具体的版权法来保护作品的版权,因此,我国的版权贸易发展无法形成规模,仅和个别国家开展过一些贸易。例如,在1953年5月,与英国劳伦斯出版公司就《毛泽东选集》英文版达成协议,这可以说是新中国成立以来进行的第一次真正意义上的版权贸易。

在这个阶段,我国与苏联、朝鲜和东欧的一些社会主义国家间还进行了许多类似于版权贸易的贸易行为。我国政府曾与苏联和东欧国家间就图书、期刊的使用达成了一些协议:对于图书的使用,若这些国家的作者有要求,我国就与其签约并付酬;我国作者的作品被使用,作者自己可主动要求对方付酬。对于对方期刊文章的使用,我国会主动向对方付酬;我国的作品被使用,作者可主动要求对方国家付酬。此外,我国政府还与朝鲜就图书的使用达成了这样的协议:对于对方国家作者作品的使用,须经作者授权许可。

由于当时的国际局势,冷战使得社会主义阵营与资本主义阵营相互封闭、相互隔绝,我国与西方资本主义国家几乎毫无联系,版权贸易也就无从谈起。但也有一些个例,如1954年,我国的群众与主流出版社在美国新世纪出版社的要求下,就《杰瑞美明灯》的翻译权达成付酬协议,并赠书6本。由于没有签订授权合同,因此,这只能算是类似版权贸易的贸易行为。这在当时的社会背景下,已经是非常难得的了。

1966年至1976年间开始的"文化大革命",使得全国社会生活的各个方面都处于停滞状态,出版事业自然无法幸免。在此期间,我国没有开展过任何版权贸易活动。

(二) 1978—2000年以来版权贸易的快速发展时期

1978年,随着中共十一届三中全会的召开,党的工作重心重新转移到经济建设上来。随着改革开放的逐步加快,我国的出版业也得到了新的发展契机,版权贸易才真正开展起来,并进入了大规模发展的阶段。自1978年起,我国出版界开始在各个方面、通过各种渠道同外国同行进行频繁的合作。

1981年10月,国家出版局制定的《加强对外合作出版管理的暂行规定》明确规定,在与外国合作出版的过程中,要在获得作者授权的前提下,通过签订合同的方式,来维护我国作者和出版者的合法权益,给予作者按现行稿酬制度应得的稿酬。在国际合作出版中,要本着平等互利的原则,与此同时,还要尽可能地获得一定的经济利益。

自1978年起,我国开始组团参加国外的一些大型国际书展,其中包括法兰克福书展、新加坡书展、莫斯科书展等。与此同时，外国出版界也开始组团在我国举办各种规模的书展。1986年，新闻出版署、教育部、科学技术部、文化部、国务院新闻办公室、北京市人民政府、中国出版工作者协会联合在北京举办了第一届北京国际图书博览会。自此之后，每两年在北京举办一次，从2002年开始，由两年一届的办展周期缩短为一年一届，截至2011年，共举办了18届。这不仅结束了我国没有举办国际书展的历史，还为我国出版界与外国同行进行广泛联系、交流，为版权贸易的大规模开展，提供了一个直接交流的平台。

1987年11月，国家版权局颁发了《关于清理港、澳、台作者稿酬的通知》（已于2003年废止），该通知规定我国各出版社必须对在1980年7月1日以后使用的港、澳、台同胞的作品进行统计，凡未经授权使用的，应按现有稿酬标准付给作者相应的报酬，并将统计数据上交国家版权局。自此以后，对港、澳、台同胞作品的使用，必须经过作者授权，否则不得出版、发表。

同年，内地与港、澳、台地区的版权贸易也正式开展起来。台湾远见杂志社出版了已获得祖国大陆授权的《我们正在写历史》一书，台湾远流出版公司也获得祖国大陆《长城万里行》等书的授权。

1988年，台湾国际少年村图书出版社获得了少年儿童出版社出版的《十万个为什么》授权，台湾的锦绣出版社获得了祖国大陆《中国美术全集》的授权。

1988年，中华版权代理总公司成立，这是祖国大陆第一家版权代理机构，开创了我国版权代理机制的先河，促进了版权贸易的进一步发展。为进一步推动我国各个地区版权贸易的发展，国家版权局又在上海、广东、广西等地建立了版权代理机构。

1989年，我国台湾地区的出版业同行与祖国大陆的出版工作者开展了一次大规模的合作出版洽谈会，双方就合作出版、版权贸易等问题进行了广泛的交流。这次会议取得了非常丰硕的成果，这是祖国大陆和台湾地区进行的第一次成规模的洽谈会，为海峡两岸间版权贸易的发展，起到了非常积极的推动作用，标志着双方的合作出版、版权贸易进入了一个新的发展阶段。

1989年，莫托文出版集团（前南斯拉夫）的30多个出版公司应邀参加我国举办的国际合作出版洽谈会，在此次会议中，我国出版社向海外输出了一系列作品的版权，其中包括《中国工艺美术丛书》、大型画册《中国》等。

1989年，在莫斯科书展中，我国的现代出版社与苏联的行星出版社进行了一次较有特色的版权贸易合作，双方就现代出版社出版的《西藏风情》和行星出版社出版的《俄罗斯摄影创作艺术》两书达成了交叉许可协议，双方允许对方出版自己的图书,无须付酬,以自己出版对方的图书作为报酬。

1990年9月7日,《中华人民共和国著作权法》颁布,并于1991年6月1日起正式实施。这是新中国成立以来颁布的第一部版权法,它的颁布,结束了新中国成立以来长达41年对于作品版权没有相应法律保护的历史,结束了我国版权贸易开展无法可依的历史,为我国版权贸易的大规模开展,提供了正式的法律保护。

1992年10月15日,我国加入了《伯尔尼公约》,10月30日,又加入了《世界版权公约》。自此以后,我国作者的作品开始获得国际保护,版权贸易也开始在国际版权公约的保护下进行了。

自1993年始,国家版权局开始对全国图书的版权贸易情况进行年度统计,并形成制度。1993年到2000年的8年间,我国图书版权贸易总量达到25848种,其中引进21977种,占总数的85.0%,输出3871种,占15.0%。经过20多年的发展,我国在版权贸易领域获得了长足的进步。

三、新世纪以来我国版权贸易的巨大成就

"十五"和"十一五"期间,我国版权贸易取得了令人欣喜的成就。10年来,我国图书版权贸易总量达到133553种,其中引进114018种,占总数的85.4%,输出19535种,占14.6%(详见表3-1)。

表3-1 2001—2010年全国图书版权贸易数量统计　　　　　(单位:种)

年份	总量	引进	输出	引进输出比
2001	8861	8226	635	13.0∶1
2002	11532	10235	1297	7.9∶1
2003	13327	12516	811	15.4∶1
2004	11354	10040	1314	7.6∶1
2005	10816	9382	1434	6.5∶1
2006	13000	10950	2050	5.3∶1
2007	12826	10255	2571	4.0∶1
2008	18216	15776	2440	6.5∶1
2009	16017	12914	3103	4.2∶1
2010	17604	13724	3880	3.5∶1
合　计	133553	114018	19535	平均5.8∶1

从上表可以看出，我国的图书版权贸易不仅成就巨大，其中常为人诟病的版权引进输出比也在不断变化，从 2001 年的 13.0∶1 缩小到 2010 年的 3.5∶1。由于版权输出数量的大幅增长，我国版权贸易逆差现象出现了明显改观。

通观当今我国版权贸易的发展状况，主要有以下几个方面的特点：

1．版权贸易在业界受到更广泛的重视

越来越多的国内出版社尝到了版权贸易的甜头，已经把引进版图书定为本社新的经济增长点，通过实行拿来主义，增强竞争优势，扩展出版资源，提升出版社的出版品牌和市场占有率。

2．版权贸易的数量和效益显著增加

近年来，我国的版权贸易在数量上呈日趋增长的发展态势。版权贸易使国内不少出版社获得了可观的经济效益，大量引进海外出版物版权已形成趋势。在版权贸易中，出版社都努力尽可能地缩小出版时差，引进国外最新、最权威的著作，有的甚至做到了和国外同步出版。

3．与西方大型出版社进行大型项目合作

从 20 世纪 90 年代中期开始，国外大型出版社纷纷通过各种渠道探求在中国发展的方式，他们意识到，要进入中国的市场，必须依靠中国的出版社，采取合作出版方式。目前，这种合作方式已从单本书的合作延伸到大型项目的合作上，版权贸易从单本、小批量的简单贸易方式，向系列书、常销书的规模效益方式转变。这种转变表明我国的版权贸易正开始摆脱只注意短期经济效益的观念束缚，不仅注重短期经济效益，更考虑长期经济利益。

4．版权引进的品种日益丰富

版权贸易已从以引进畅销的文学作品为主，转向以优秀科技智力成果的引进和精品书的引进为主，版权贸易中盲目引进的状况大为改观。

5．版权贸易合作的地域范围越来越广

内地对外版权贸易刚起步时，合作伙伴还仅局限于我国港、澳、台和东南亚的一些国家和地区。到 20 世纪 90 年代，版权贸易的合作范围迅速扩大，现已遍及亚洲、欧洲、美洲等世界主要的国家和地区。

6．进行版权贸易的途径日益增多

版权贸易的"舞台"越来越宽，内地的出版社进行版权贸易可通过参加国际图书博览会，联合组团赴海外举办书展，赴海外参观、考察、交流访问，邀请海外出版商来国内洽谈等多种途径。版权贸易的渠道增多，合作方式日益多样化。

7. 版权贸易逐步走向集团化

内地出版社在现有基础上,逐步建立起有条件的、不同形式的联合,采取多元化的经营战略,组建起一些既有专业实力、又有规模效益的联合体或集团,比如凤凰出版传媒集团、中国教育出版传媒集团、中南出版传媒集团、中国出版集团等,参与国际市场的竞争。版权贸易由单兵小群体作战转向大兵团合成作战,集团化、集约化的版权贸易组织正在形成规模,并取得了较好的经济效益。

8. 版权贸易机制更加规范、成熟

在内地500多家图书出版社中,80%以上有开展版权贸易的经验,很多出版社还成立了专门的版权工作部门,由专人负责版权贸易。大型出版社一般有专门的版权部或国际合作部,中型出版社一般设立了对外合作室,小型出版社在总编室也有专人负责,从业人员具备了较高的专业素质。

9. 版权贸易服务体系正在形成

内地版权代理机构增长迅速,海外出版社和海外版权代理机构纷纷在国内开展版权贸易业务,民营文化公司和出版工作室也积极介入其中。目前,我国已经建立了5个著作权集体管理组织,它们在版权经营方面积聚了相当经验,运作也日益成熟,已经形成了初步的版权贸易服务体系,正在发挥越来越重要的作用。

10. 版权贸易服务平台已经建立

2004年底,上海版权研究中心和上海版权贸易中心同时成立,上海版权公共服务平台开通。新开通的上海版权公共服务平台,向社会提供作品版权登记、版权保护、产业信息等多项服务。经过一段时间调适后,将为企业和个人的作品版权登记提供一条更为便捷的通道,为版权人提供有效的行政保护和优质的民事维权服务,甚至可以为企业定制版权保护方案等多种服务。

2007年8月,中国人民大学国家版权贸易基地由国家版权局批复建设,这是中国第一家国家版权贸易基地。至今,我国已经建成多家国家版权贸易基地,以及版权交易中心、文化产权交易所等,目的都是为了搭设统一、专业的版权贸易服务平台。比如,2009年2月成立的北京东方雍和国际版权交易中心,由北京市东城区政府、中国版权保护中心和北京产权交易所三家合作共建,主要是为了开发版权等文化无形资产价值,建立健全规范、诚信、高效、有序的文化产权要素市场和文化金融服务创新体系,提供版权交易综合服务的"常态化"平台和场所。目前,正在建设的六大功能平台包括:国家级版权登记服务平台、国家级版权交易服务平台、版权产业合作交流平台、版权专家核心智力平台、版权法律保

护服务平台、版权投融资服务平台。

四、版权贸易发展中存在的问题

随着版权贸易活动的不断深入,我国出版界在进行版权贸易时,产生的各种问题也日益突出,需要各方努力,统筹解决。

(一) 人员素质较低

版权贸易是一项政策性、专业性很强,又具有一定实际操作性的工作,因而,要求从业人员必须具备较高的综合素质。从事版权贸易的人员,需要有多方面的知识和技能:

一是要具有熟练的出版业务知识,要掌握版权的基本知识和法规,还要有一定的书业进出口贸易知识;

二是要对西方主要出版国家的出版业、图书发行业、印刷出版行情和读者需求有所了解,并熟知各国进行交易的惯例;

三是至少要掌握一到两门外语;

四是要有较强的社交能力和沟通能力;

五是能熟练掌握和运用国际贸易谈判技巧。

国外出版社一般都有经验丰富的专职版权工作人员,这与他们版权贸易工作的高效率和市场份额的高占有率有着非常大的关系,而我国的版权工作人员大多为兼职,与他们相比,我国从业人员的素质和能力也都有待提高。

(二) 缺乏统一管理和计划,体制不健全

目前,我国版权贸易缺少统一的操作规范和行业规则,哄抬版税的恶性竞争现象依然存在,这种缺乏行业道德的做法,不仅会使国内的兄弟出版社和行业整体利益受损,同时也破坏了版权贸易市场的秩序和规范,阻碍了我国版权产业的健康发展。

(三) 版权保护力度弱,盗版现象依然猖獗

盗版是困扰国内出版社和国内外版权人的主要问题之一,也是制约我国版权贸易广泛开展的最大问题之一。许多外国出版商由于害怕卷入他们所不熟悉的中国的法律体制中进行诉讼,而拒绝对中国进行授权。这主要反映了出版社和版权人,特别是国内版权人还不完全具备运用法律手段保护自己正当权益的强烈的版权保护意识。此外,我们的版权管理和法制建设还不够完善,有关著作

权法等法律的宣传还不够深入,打击盗版违法活动还缺乏有效措施,打击力度也不够。

当年美国前第一夫人希拉里回忆录《亲历历史》在我国刚上市,就一举登上了京、沪、穗三地图书销量排行榜的榜首。但与此同时,据不完全统计,该书的盗版至少有 6 个版本,这 6 个版本既有平装本也有精装本。为了使盗版书能够顺利发行,有些盗版商甚至为销售盗版书的书店支付罚款,出版社为此蒙受巨大损失。

可以这么说,当今盗版书遍布全国,对正版书市场造成了强烈的冲击。我们知道,只有加强对版权的合理保护,才能保证和激发人类的创造力,促进社会各项工作的全面进步。因此,加强版权保护,是我国版权贸易工作得以顺利进行的关键前提。

(四)版权引进竞争日益激烈

国内出版业的不良竞争,扭曲了版权贸易市场的正常运行。如今,版权贸易以引进为主,这在无形中加大了版权购买的难度。国内的出版社从 1994 年以前的卖多买少甚至只卖不买,转而变为争相购进国外版权,这种急速变化使某些出版社缺乏必要的准备,往往在对国外图书市场和版权状况缺乏全面、深入了解的情况下,就一哄而上、哄抬报价,结果使国外版权代理商提出的条件越来越苛刻。

(五)版权输出困难

由于中西方文化存在着极大差异,认同起来有一定的难度,加上文字上的隔阂,使得我国的图书如果没有外文版,特别是通行的英文版,要向欧、美输出版权是非常困难的。

国内大多数出版社还不知道要定期编译适合版权贸易的图书目录,并根据海外出版商的特点和需要,主动地、有针对性地将这些书目发往海外,以拓宽接触面。此外,也不懂得利用各种机会向海外出版商广泛宣传自己出版社的实力,结果势必造成国内出版社缺乏品牌竞争力,很难获得畅销书和品牌书的授权。

从我国出版界参加国际书展的情况分析,中国展台与外国展台比较,存在两多两少现象:参展书多、参展人少;守摊人多、洽谈人少。尽管我们每年在国际书展上的版权贸易额都有所增长,但与国外大书展的交易量相比,仍然是太少了,究其深层次的原因,是因为我国出版业在规模上还处于"小舢板"状态,难以抵御大风大浪。

(六) 版权代理机构尚不发达

从事版权贸易代理业务，必须获得国家版权局的批准。目前在国内，共有20多家涉外版权代理机构。这些机构开展了一系列版权代理活动，但还远远不能满足国内市场的需求。其中，资金投入、信息服务以及代理工作也都还不完全到位。随着版权贸易日趋国际化，以及版权贸易量的增多，版权代理必定要走向专业化与规范化。因此，培育我国成熟的版权代理机制，也是亟待解决的一个问题。

(七) 缺乏知名国际出版品牌

品牌塑造在商业竞争中已经是企业不可或缺的元素之一，特别是在无国界的国际市场竞争中，一个好的品牌往往可以决定在国际竞争中企业产品的销量，甚至是企业的成败。与国外大型出版集团相比，我国的出版行业缺乏出版社和出版集团、专业出版、图书等的知名品牌。缺乏品牌效应已经成为我们难以打开国际版权市场的重要原因之一。

由于历史原因，我国出版社大多以所在省市名称、所属单位名称、出版图书类别等内容相结合的方法为出版社命名，进而形成了现在的出版社品牌。这样的命名方法，一方面可能局限了国外读者对出版社译名的理解，导致出版社品牌难以被记忆和接受；另一方面可能造成出版社的产品与出版社品牌之间的不对称局面，该出版社的优秀作品也就难以被国外出版社所接受。品牌的名称、标示、颜色等表象的东西，却常常可以成为读者接受一个出版社品牌最直观的媒介。以在我国有较高知名度的机械工业出版社为例，该社已发展为多领域、多学科的大型综合性出版社，涉及机械、电工电子、汽车、计算机、经济管理、建筑、科普以及教材、教辅等众多领域。但是直接通过其英文译名"China Machine Press"，难以被国外出版社和读者认可是一家有实力打造计算机类和经济管理类图书的优秀出版社。于是，该社于1995年与美国万国集团公司共同投资建立了华章分社，主要从事科技、经管、外语领域的图书出版和服务。华章分社的建立，使得机械工业出版社不仅在资本运营和学习国外出版社管理制度上获得巨大成功，而且在国内外计算机和经济管理类图书中树立了独有的出版社品牌。

五、解决我国版权贸易存在问题的对策

对于我国版权贸易30多年来发展所取得的成绩和存在的问题，国内学术界和业界已有了大致的共识。国内出版界应该积极吸收国外版权贸易发展的先进

经验,以此来促进我国版权贸易的快速、健康发展。

(一)国家制定优惠政策,建立国家扶持机制

国内出版社做版权输出往往要投入很大精力,费用支出较多,而且收益相对较小。因此,政府要通过宏观调控和政策倾斜,来加强对出版社版权贸易的扶持和引导,提供必要的资金支持,鼓励文化产品的输出。在国家扶持方面做得比较好的有韩国、法国等。比如韩国,1998年正式提出"文化立国"方针,推出了文化产品的研发、制作、出口等系统扶持政策,设立了文化产业振兴基金、信息化促进基金、出版基金等。法国政府出台了一项叫"傅雷计划"的政策,对法国文学和人文科学类书籍的翻译出版进行资助,加强图书的宣传推广。2004—2005年有100多部法文作品在"傅雷计划"的支持下被翻译成中文。德国通过在外交部设立翻译赞助项目、在联邦文化基金会设立 Lit rix 项目和设立专门机构"亚非拉文学促进会"3种形式来支持版权贸易。

我国可以仿照其他国家的经验,对输出版权进行物质上和资金方面的鼓励。比如,鉴于翻译费用是中国图书在海外出版的瓶颈,国家采取资助翻译费用的方式,推广中国图书。

(二)建立正常有序的版权贸易机制

加强管理,加强宏观调控,认真调研审核,合理统筹安排,避免资源浪费。国内出版业要增强版权贸易过程中的规范化意识,规范是发展的前提和保障,要以法规、制度作为规范版权贸易市场的保障,制定出一些符合我国出版业长远利益的办法,在行业内建立起行规、行约,并以此对业内的版权贸易行为加以限制。共同建立起一个跨地区、跨行业的统一、开放、竞争、有序的版权贸易交易市场。加强版权贸易的管理,建立、健全版权贸易保障体系。

(三)瞄准国际图书市场,提高版权贸易水平

出版社应该有冲出国门、走向世界的版权贸易意识,有开拓世界文化市场的决心和勇气,不断更新出版观念。出版社领导要重视外向型图书的出版工作,编辑要注重外向型图书的选题,要在全体从业人员中达成共识:组织出版外向型图书,不仅是出版社生存竞争的需要,同时也是塑造出版社自身形象的需要。

在处理版权贸易事务时,不应完全依赖出版社自身的对外交流与合作,而是要把版权贸易纳入到大的外贸体系中,充分发挥专业版权公司的作用。要把发展版权贸易放到走向世界、推进出版改革和培植新的经济增长点的战略高度,认真落实、抓好。

（四）尽快组建出版产业的联合舰队

版权贸易应是双向的，输出与引进均应平衡前进，共同发展。但由于我国出版业的"小舢板"式的经营模式，决定了其无法进行大规模的选题开发和投资，因而，也就无法策划出带有世界意义的、多文化背景的、且都比较关注和能够接受的选题，从而极大地制约了版权业的发展。

在一些发达国家中，出版商将版权作为一项非常重要的出版资源，大力开发和利用，版权贸易已成为出版物交流的主要途径。究其原因，这种反差的关键在于产业的规模。国际上能够在版权贸易中占有大份额的出版机构，无一不是大型的、多元化经营的出版集团公司。出版集团化，其实质和核心是追求出版的规模效应，要改变我国版权贸易的落后状态，必须实行出版产业的重组，使原来分散的单功能的专业出版社变成多功能的、经济实力雄厚的、内部调控能力强的、能发挥整体效应的出版集团。

（五）开展国际合作出版

在世界范围内，来自不同国家和地区的出版机构合作完成某一出版物的组稿、编辑、排版、印制、发行等全部工作，并分别在整个出版过程中承担其中某一个或某几个环节，这样的出版模式就是国际合作出版。

出版机构可以通过合作出版的方式直接获取其他国家的出版信息和市场的需求，了解国际出版界的新动向，并为我所用，推动我国出版产业乃至文化产业的国际化发展。只依靠自己的力量在其他国家出版和发行图书是难以成功的，而合作出版恰好能够使合作双方实现优势互补，达到双赢。因此，在合作出版还不是很成熟的我国，发展这种模式有利于我国版权出口贸易的发展。

（六）加强宣传[①]

图书版权贸易的宣传工作和图书的宣传工作有很大不同，它主要是指出版社以版权贸易为中心开展的图书营销宣传，包括出版社总体实力的宣传、出版社专业特色宣传和图书品牌的宣传，还包括寻找理想的版权代理，等等。我们可以通过采取以下宣传促销手段来推进国际版权贸易的顺利发展：

（1）参加国际书展。结交国际朋友，开阔视野，加强与外国同行的联系，了解他们在版权方面的购买意向，并以此来调整我们的出版重点。

（2）推出衍生版权产品，实现版权的梯度开发。

---

① 黄璇.西方图书版权贸易特点及对我国的启示[J].出版参考,2004(19):34.

(3) 媒体攻势。多样化的宣传促销手段使得图书更容易被人们发现,从而走向更广阔的国际出版市场。

(七) 充分发挥版权代理机构的桥梁、纽带作用

西方国家中,出版工作的许多环节都是委托给专业公司来完成,以此来降低出版成本。这些专业公司的主要职责,除代理版权业务外,还包括物色和培养优秀作者,并为之寻找合适的出版商等。截至目前,我国已有20多个版权代理机构,其主要业务是代表国内部分出版社从境外引进版权。但随着越来越多的中国出版社与境外出版公司建立了直接的业务联系,我国版权代理机构的前景不容乐观。因此,我国的版权代理机构要抓住机遇,调整角色,不能仅仅扮演中介组织和经纪人的角色,还应当介入选题的策划、出版、宣传和市场营销,与出版社、版权人的合作应向深度、广度推进。

(八) 提高版权贸易从业人员的综合素质

包括版权代理人、出版经纪人在内的版权贸易人员是一种高素质复合型人才,他们必须通晓外语,懂出版,熟练运用国内、国际的各种相关法规、公约,公关能力强。可以通过在高校的编辑出版学专业中增设相关课程,举办各种形式的研讨班、培训班,送优秀人才到国外出版企业和相关高校培训等形式来培训版权贸易人员,建立起一支高素质的版权贸易专业人才队伍。

(九) 促进我国版权贸易发展的一些微观途径

在提出了一系列宏观角度的政策建议之后,我国版权界的研究学者和从业人员根据在实际工作中所遇到的问题,又提出了许多微观的政策建议:

(1) 建立标准的图书信息总库,信息库应该与互联网联通。

(2) 国际版权贸易的操作规程应该共同制定和遵守,以此来简化贸易程序。

(3) 设立专门机构来监督交易规则的执行,推动国际版权贸易的良性发展。这个机构应该独立于政府,充分代表出版商和作者的利益。

(4) 为适应不断变化的市场,应该常设一个出版商协会,并不断补充新的成员,以方便出版商之间的思想交流。①

此外,我国出版社应该在可能的情况下,多参加一些有影响的国际书展,结交国际朋友,开阔视野,加强与外国同行的联系,了解他们在版权方面的购买意向,并以此来调整我们的出版结构。

---

① 该刊记者.电子时代版权贸易手段喜新不厌旧[J].电子出版,2002(6):43-44.

第四章

版权贸易发展的动因、经济效应及机制

任何一种贸易方式的产生和快速发展,都不是无缘无故的,其中必定蕴含着一定的原因,只要这些产生和发展的内外因素还存在,这种贸易方式就不会消失。在本章中,我们将对版权贸易得以产生和发展的原因和版权贸易对贸易双方所产生的经济效应加以分析和介绍,以便于更好地理解版权贸易这种贸易方式存在的必然性。

第一节　版权贸易发展的动因

任何一种贸易方式的产生和发展,都有一定的内在的或外在的原因。版权贸易得以产生和发展的原因,主要有以下七个方面:

一、优秀的科学、文学、艺术作品是全人类的财富

世界文化是丰富多彩的,不同的社会环境、文化背景、自然条件和语言,造就了各种各样、丰富多彩的文学艺术和科学技术作品。这些极具民族特点、地域特征的文化,是全人类共同的财富。

各国之间总是存在着文化上的差异,并且有学者认为,在不同的文化之间存在着二元结构,这就是说,文化产品总是从"中心"(文化强势国家)向"边缘"(文化弱势国家)转移,并且,"中心"会通过这种方式来控制或支配"边缘"。在通常情况下,人们总是对不同背景下产生的异域文化有着浓厚的兴趣,这就构成了强烈的文化需求,与此同时,许多文化强势国都希望能将自己的优秀文化、富有特色的民族传统和先进的技术传播到其他国家。这种强烈的社会需求,就构成了版权贸易发展的最初动因。

二、国际版权保护制度的建立和不断完善

版权贸易是随着国际版权保护制度的建立而产生和发展起来的,对于版权的国际保护,是版权贸易产生的必要条件。如果没有对于作品版权的尊重和保护,人人都可以不付任何报酬地随意使用版权,那么,版权贸易也就无从谈起了。

版权制度的建立始于欧洲。1886年,在法国巴黎通过的《伯尔尼公约》,标

志着对于版权的国际性保护的开端。自此之后,版权贸易在欧洲的一些国家间开展起来,直到如今,版权贸易在欧洲仍然是最为活跃的。

随着《世界版权公约》等一系列对于版权的国际性版权保护公约的签署,版权贸易在世界范围内更广泛地开展起来了。20世纪后半叶,由于世界各国对于版权的保护和版权的国际保护制度的不断完善,各类作品的版权收入不断增加,这也从另一个侧面反映了世界版权贸易的活跃。

三、与图书贸易相比,版权贸易有其独特的竞争优势

在版权贸易产生以前,如果想要阅读国外优秀的作品,只能通过国际图书贸易。随着版权贸易的产生和发展,国际图书贸易被大规模地取代了,之所以这样,是由版权贸易的优势所决定的。

1. 与图书贸易相比,版权贸易的成本较低

在图书贸易中,包括运输、交通的费用,以及关税和非关税壁垒等各种人力、物力、财力的高额投入,就使得每一本书的定价变得很高,严重抑制了人们的购买欲望。在版权贸易中,以上各种费用相对较低,并且可以利用当地出版商现有的发行网络和对当地情况的了解,使得图书更容易被大众所接受。

2. 与图书贸易相比,版权贸易的风险更小

在图书贸易中,长途运输使得书籍部分破损,甚至是全部破损。高额的运营成本使得图书贸易中的风险加大,版权贸易在这一点上的优势就十分明显了。

可以说,版权贸易正是因为具备了这些优势,才使其能在贸易领域中占有一席之地。

四、良好的经济效益

良好的经济效益,是版权贸易得以长期、快速发展的重要因素。尤其是在当今的知识经济时代,知识的价值日益受到人们的重视,随着版权保护制度的日益完善,一部有价值的作品能够为版权所有者和其国家带来长期的、巨额的经济利益,在这种利益的驱动下,版权贸易得以在更大的范围内开展。

五、国家间竞争的日益激烈

各国间的竞争,在第二次世界大战以后,更多体现在经济建设上,综合国力的竞争日趋显现,这其中就包括文化领域。许多世界上的强国,都会选择通过版

权贸易,将载有本国思想、意识和价值观的文化产品传播到世界各地,以期达到在思想、意识方面扩张的目的。基于这种目的,世界各国,尤其是强国、大国,都十分乐意开展版权贸易,因为这不仅有巨大的经济利益,还能产生许多社会、政治价值。

中国有着数千年的文化,作为四大文明古国之一,中国的文化精粹值得世界各国人民学习。然而,我国的版权输出对象国主要是韩国、日本等亚洲国家,对于欧美等国的输出实力较弱,因此,如何更加有效地使中华文化走向世界、提高中国的竞争力和软实力,是个亟待解决的难题。

六、延长文化产品的经济寿命

经济寿命是一项资产有效使用并创造收益的持续时间,经济寿命的结束,是指使用一项资产不再获利,或使用另外一项资产可获得更大的收益。世界各国对版权都有较长的法律保护时间,但实际上,版权的经济寿命要比法律寿命短得多,一般为1至2年。为此,当某种文化产品在本国的经济寿命已经完结,或是已经进入衰退期,就可以考虑是否能够促成该文化产品在国外被认可和购买,这样就能有效地延长该作品的经济寿命,为所有者和国家带来更多的经济效益。比如我国的四大名著,对于中国人来说是再熟悉不过的经典图书,年销售量保持平稳,并不会有太大的起伏波动。但在外国图书市场上,四大名著的重译、成功输出和推广活动可以创造新的销售业绩。

七、世界范围内对科学技术和文化知识的巨大需求[①]

世界范围内对科学技术和文化知识的巨大需求,为版权贸易的发展提供了广阔的市场。随着科学技术的发展,一国的经济振兴和发达,以及在国际社会竞争力的增强,不再是单纯地凭借其所拥有的自然资源和资金,更主要的是取决于运用科学技术的能力和水平。当今世界,各国对科学、技术、文化方面的投入不断增加,科学、技术、文化事业发展的规模日益扩大,从业人数和队伍不断壮大,美国几乎是每10年翻一番,西欧发达国家是每15年翻一番。据有关方面预测,到21世纪中叶,科学、技术、文化事业的从业人数将占世界总人口数的20%。这说明,丰富多彩的创造性智力活动,将在本世纪成为人类的普遍性活动。这些

---

① 蒋茂凝.国际版权贸易法律制度研究[D].武汉:武汉大学法律系.2001(18).

因素无疑为版权贸易的发展,创造了十分有利的环境。

此外,越来越多的关税与非关税壁垒,对普通商品的国际贸易产生的障碍和阻力,从侧面促进了版权贸易的发展,而跨国公司的迅速发展,也为版权贸易的发展拓宽了发展渠道。因此,在各种主客观条件日趋成熟和完善的过程中,版权贸易得以突飞猛进的发展是一种必然,可以预见,它将在 21 世纪成为主要的国际贸易形式之一。

八、国际化的文化交流趋势日益加强

21 世纪是"地球村"的时代,全球经济一体化深入发展,国与国之间的界限越来越模糊,伴随而来的是日益频繁的国家间的文化交流。当今,消除不同文化间的冲突和差异,已成为当代世界文化发展的主题,人们不再满足于本国文化,对外来文化的需求日益增长,而图书作为文化传播的媒介,在国际化的文化交流上发挥了不可取代的作用。美国 9·11 事件发生后,美国人在谴责恐怖势力的同时,也为自己不了解伊斯兰文化而深感惭愧,于是开始大量阅读关于伊斯兰文明的图书去寻求问题的答案。①

图书版权的引进和输出,使得各国的图书在世界范围内广泛流行开来。作为文化载体的图书,使得各国读者达到了精神的共鸣,各国读者从版权贸易中获得了自己需求的知识,实现了国与国之间的文化交流。

九、出版业的全球化发展

出版的全球化就是指用于出版的各种生产要素的跨国界流动和合理配置,出版业的全球化有三种方式:出版物的跨国贸易、版权贸易、出版机构的跨国经营。尽管各国的语言和文化存在着很大的差异,但现在各国对于图书的翻译和引进等工作已经达到了非常发达的水平。出版业不再局限于本国而是在整个"地球村"中互相交流合作,从而实现共赢。因此,出版业的全球化发展促使版权贸易的蒸蒸日上。

---

① 贺圣遂.出版经济应服务于出版文化[N].中国新闻出版报,2006-11-01.

第二节　　　　版权贸易发展的经济效应

版权贸易发展的经济效应,就版权输出国及其出版机构而言,可以获得经济收入,拓展国际市场;对引进机构而言,除了获得经济收入之外,还可以扩大竞争优势。

一、对版权输出国的经济效应

1．扩大对外贸易

版权贸易作为服务贸易的一个部分,在知识经济的今天,日益获得更加广泛的重视,尤其是一些发达国家,普遍重视版权的输出。资料显示,目前,居世界图书销售市场前七名的国家是美国(30%)、德国(15%)、日本(9.5%)、英国(6%)、法国(6%)、俄罗斯(5%)、意大利(4%)。①

此外,图书的版权输出还可以带动其他相关文化产品的出口。例如,一本图书版权的成功输出并被当地民众广泛接受后,如果根据该部图书改编成的电影也会引起他们的强烈兴趣,这就为该电影版权的成功输出,奠定了很好的基础。如《哈利·波特》系列图书作为一个版权个体,在版权贸易中,不仅图书的销售产生了利益,同时同名电影的制作商和影院等都获得了不菲的收益。

2．扩大出口市场,提高竞争力

世界各国的竞争主体已经从军事和经济的竞争转向了文化的竞争,谁的文化在世界上得到更多的认可,谁的软实力就更强,在世界舞台上就会站得更稳。版权贸易的良好开展,对于输出国来说,在巩固已有出口市场的基础上,能够扩大出口额,增加其在国际市场中的份额,并能开拓新的出口领域,扩大输出国在国际市场中的影响,提升输出国的国际竞争力。

3．改善国际收支

版权贸易的良好开展,扩大了输出国的出口份额,增加了外汇收入。大量外

---

① 胡知武.版权经济实务[M].北京:中国经济出版社,2002:204-207.

汇流入输出国国内,自然很好地改善了输出国的国际收支状况。

二、对版权输出机构的经济效应

1. 扩大出口,拓宽国际市场

版权输出所带来的版税收入,可以补偿出版机构在前期运作中的各种费用,包括出版策划、人员工资、各种经营、管理费用,交易过程中的费用等,并且还可以取得较高的利润。不仅如此,版权的输出,还可以带动更大规模的出口,如围绕该本图书的其他相关文化产品的出口,与该作品同一类型的其他产品的出口等。这样,一部作品版权的输出,既创造和扩大了需求,增加了销售量,又增加了出版社在市场中的影响,提高了出版社的竞争力。可以这么说,版权输出是出版社走向国际化的重要手段。同时,版权输出也避开了关税和非关税壁垒等贸易障碍对出口的限制,有利于出版社进入国外市场。

2. 降低出版成本,加速资金周转

出版社通过版权输出,可以获得比单纯在国内出版作品更多的经济利益,从而降低了出版社的出版成本,提高了经济效益。

出版社通过版权输出,还能更快地收回出版成本,并获得较大利润,这样就能加快出版社的资金周转速度,使其可以很快地投入到下一个选题策划和运作中去。

3. 延长作品的经济寿命

版权输出客观上延长了作品的经济寿命,使其得到充分地利用,增加了出版社的收益。

4. 增加信息获取途径

通过版权输出及在国外的运作,扩大了出版社的地理空间,增加了信息获取的途径。通过对多种信息的综合分析,保证了今后出版选题策划的准确性。

三、对版权引进机构的经济效应

版权引进拓宽了出版社的出版思路,有利于出版社做出更多有新意、符合市场需求的出版策划,增加经济效益,提升在行业中的地位,使其能在激烈的市场竞争中立于不败之地。同时,出版社引进国外优秀作品后,通过良好的市场营销,其产品被国内市场接受,这既丰富了自身的出版资源,又可以为出版社带来丰厚的经济利益。通过版权引进,可以与国外出版机构建立良好的业务联系,可

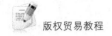

以通过他们向国外输出版权,扩大出口,扩大出版社在国际市场的影响,拓宽出版社的发展空间。

第三节 我国发展版权贸易的机制

伴随着世界经济一体化的进程,我国加入了世界贸易组织,与世界各国在经济、文化等各个方面的交流日益增强,版权贸易活动也呈现出了前所未有的繁荣景象。为了适应我国版权贸易的发展和满足人民大众的文化、科技需求,我国的版权贸易理应达到综合性、科学性、整体性和高效性的高度。而实现这一目标的主要途径,就是实现我国版权贸易的体系化,即建立并协调市场经济条件下的版权引进机制、引进版图书的营销机制、开发创新机制、版权输出机制及政府的宏观调控机制。

一、版权引进机制

建立一个行之有效、运行合理的版权引进机制,对于整个版权贸易领域是至关重要的。建立的版权引进机制是否合理,关系到引进的版权作品能否最大限度地促进国内的技术进步、满足广大人民群众的文化生活需求和推动国民经济的发展,关系到整个版权贸易系统的各个环节能否有效地运行,给贸易双方带来共赢的局面。因此,我们在建立合理的版权引进机制时,应该遵守下列这些基本的原则和要求:

1. 确保版权来源的多元

这是进行版权引进时应该遵守的一个基本原则。对于消费者来说,确保版权来源的多元性,能使我国的读者接触到世界上各种各样、迥然不同的文化作品,丰富大众的文化生活。对于版权引进机构来说,便于在引进过程中充分利用各国的不同资源。因为从国外引进版权作品,是国家之间文化、技术合作的重要内容,无论从哪个国家引进,都应坚持择优引进的原则,看其是否是进步的、是否有利于我国的精神文明建设,价格是否合理。

在国别上,应该采取全方位的引进战略。从整体来说,我国版权引进的来源,不能仅集中于少数几个国家。全方位引进既能丰富国民的文化生活,又能避免外来文化对我国精神、文化领域的控制,打破某些国家对我国版权许可的垄断限制,并消除其他苛刻条件。

2. 确保引进方式的多元

在我国的版权引进中,存在着多种贸易方式。如版权许可就包括专有许可、非专有许可等,版权转让也有多种方式。此外,我国在出版领域,还应与国外出版社广泛开展合作出版等出版方式。贸易方式的多样性,能够确保我国不同的出版机构可以根据自身的经济实力、出版特点等各种因素,选择适合自己的贸易方式,以保证每种贸易方式都能为适合使用的出版社带来最大的经济效益。由于每种贸易方式都存在着一定的优劣,因此,整个贸易系统所使用的贸易方式的多样性,就能够确保整个系统不会因为一种贸易方式的缺陷,而导致整个系统的非正常运行。

3. 正确地选择所要引进的版权作品

在选择引进的版权作品时,除了要考虑其内容的先进性之外,还要充分考虑所引进版权作品的"兼容性"和促进文化进步的关联作用。我国幅员辽阔,各个地区之间在经济、技术、文化及生活习俗方面都存在很大差别,加之人口众多,社会公众的文化素质、欣赏口味也存在着很大的不同。因此,在版权引进之前,出版机构要对自己所面对的消费市场进行充分的市场细分,考虑自身的实力、特点,选择最能发挥出版潜力的细分市场。同时,在进行版权引进时,还要充分考虑引进版图书中所包含的文化信息是否能为目标市场的消费者所接受和喜爱,此类文化信息能否在丰富大众生活的同时,促进我国民族文化的发展。

4. 对引进的版权进行充分的经济评估和财务评估

版权引进对于一个出版机构来说,是一种大型的投资行为,因此,版权引进项目必须要给出版社带来一定的财务效益和经济效益,不能产生财务效益和经济效益的版权作品,严格来说,是对国内出版机构的一种资源浪费。

财务效益评估是指版权引进项目在财务预算上可能达到的预期收益。经济评估是指版权引进项目在国民经济中的地位、作用和对整个国家的经济贡献。二者之间既有相同之处,又存在区别。

共同点是二者在评估形式上是相同的,都是利用综合衡量和鉴别的方式,来评估项目的总体费用和经济效益。不同点在于:财务评估只考虑机构本身的净财务收益或商业效益;经济评估除考虑该机构的财务效果外,更主要考虑的是项目对国家基本发展目标所作贡献的大小和对国家资源的有效利用程度。财务评估的范围只考虑项目本身所能获得的直接的、可以计算的货币效果或财务效果；而经济评估除考虑上述效果外，还要考虑间接的、外部的、连带的和不可以计算的各种效果。

二、引进版图书的营销机制

引进版图书的营销，是整个版权贸易过程中的一个核心内容和进行版权引进的终极目标。整个营销过程，可以区分为吸收和消化两个阶段。

所谓吸收阶段，就是通过对引进版图书的营销策划，使得该图书已经为目标市场的消费者所接受，但反应不强烈，只是将其作为众多图书中的一种，销售情况一般，这种引进实际上并不是十分成功。

所谓消化阶段，是指通过出版机构的成功运作，使得引进版图书在市场上的反响强烈，除了在目标市场上的销售情况良好之外，还吸引了许多非目标市场的消费者。消费者通过对该书的阅读，丰富了自身的文化知识，在完善原有知识系统的基础上，获得了提高和进步。此外，该书的引进，又对整个文化领域产生重要的影响。只有这种引进，才能算是成功的引进。

出版机构要实现引进版图书营销的成功，就要努力做到以下四点：

（1）在资金安排上，应将引进版图书的营销作为重点，给予资金上的重点投入和财务安排上的倾斜。

（2）在市场安排上，对于不同地区的销售市场，要进行严格的市场细分，针对不同地区的特点、不同市场的结构，制订出不同的营销方式和销售计划。

（3）对于引进版图书，多数要涉及翻译的问题。因此，在图书引进之后，要组织一批有经验或资深的翻译人员对引进版图书进行翻译。要做到翻译后的作品，既保持原著的本意和特色，还要符合我国消费者的阅读习惯。

（4）建立运行良好的销售体系，通过各种传播媒介，为引进版图书进行有效的宣传和推广。

三、开发创新机制

版权贸易对于出版机构来说，既丰富了出版机构的出版资源，给出版机构带来了可观的经济效益；同时，还能够增强出版机构的品牌影响力，提升他们的实力。然而，由于版权引进中要支付高额版税和与国外版权人的收益共享，致使每年都有大额的外汇流失，这无论是对出版机构，还是对整个国家来说，都是应该认真考虑的问题。因此,对于出版界来说,增强本土的出版实力、丰富本国的出版资源,是应该作为重点来抓的一项十分重要、又非常艰巨的任务。

引进国外的图书,在丰富大众文化生活的同时,更能够提高本国作家的创作实力,丰富本国的出版市场。从目前我国版权输出的整体来看,最大的版权输出国是我国的港台地区和韩国、日本等亚洲国家,向欧美等地的版权输出相对较少。因此,我国应该担负起更多的责任,把我国的文化和图书输出到欧美地区,争取扩大版权输出的范围和数量,达到增强出版创汇能力的目的。

我们必须清醒地认识到,版权引进是柄双刃剑,适度引进有利于我国出版业的发展,过度引进则最终将损害我国出版业的长远利益。倘若仅仅从眼前的经济效益出发,而不从长远发展的高度来看待文化创新对于产业发展的重要性,不花大力气来培育民族文化创新机制,最终将会造成原创能力的衰退。对文化的关怀应该是有内容的、负责任的、考虑后果的,应将民族文化成果通过不同的方式,直接地、间接地同产业发展结合起来,以进一步提高整个民族的文化水准和文化产业的经营能力。

四、版权输出机制

版权贸易的系统化,要求版权贸易要由单向的从国外引进,转变为双向的进出口贸易。建立版权输出机制,大致要做好以下几点:

1. 挑选合适的图书品种

以我国的传统的文化或一些具有国际因素的图书作品,作为我国版权输出的重点,以增强西方国家对中国文化的了解,为进一步的版权输出作好铺垫。

2. 搞好国际市场调查,确定国际市场上文化需求的特点和倾向

根据各国不同的市场需求,发挥自身在不同方面的出版优势,将不同的出版资源投放到最适合它的市场中去,多元地开拓和打入国际市场。

3. 采用多种版权输出形式

不拘泥于单一的版权输出形式,开发多种合作形式,包括许可、转让、合作出版等。

4. 推动各种版权代理机构的建立和发展,开辟和疏通各种输出渠道

逐步形成版权输出的销售网络和体系,健全销售机构,加强管理,提高效率。

5. 成立版权贸易协会,规范版权贸易行为①

无论是版权的引进还是输出,都会产生恶意抬价、恶意杀价等不公平竞争行为,除了各出版社加强自律之外,还需借助成立版权贸易协会,制定规则和章程,规范版权贸易行为。

五、宏观调控机制

市场经济条件下的版权贸易,是一个多层次、多环节的系统,只有建立起合理的宏观调控机制,整个系统才能高效运转。而这种宏观的调控机制,实际上就是行政手段、经济手段和法律手段的综合运用,并且是以后两种手段为主的混合调控机制。例如,国家制订总体的版权贸易发展规划,进行宏观指导;利用政治、外交手段,促进版权贸易的开展;宏观的出版产业政策与版权贸易相结合;利用金融、财政、税收等经济手段,进行调控;制定各种促进版权贸易发展的政策措施,如奖励文学创作、为各种文学研究机构制定倾斜政策;完善版权贸易中的各种法律、法规、政策,切实地保护版权贸易中的主要参与者,鼓励他们的合法活动,建立起一套与"版权引进—引进版图书营销—扩散传播—开发创新—版权输出"相关的法律制度。

---

① 李薇.我国图书版权贸易中的问题与对策[J].对外经贸实务,2007(12):55-57.

第五章

版权引进的信息获取途径与可行性研究

时下国内出版企业在资源上的竞争,很大程度上为版权之争,而版权之争又主要集中在引进版权的竞争上。版权信息是版权贸易流程的源头,出版企业对其把握的程度已经构成了在引进版权中的一种重要竞争要素。版权贸易成败的关键在于出版社如何搜集、管理和使用版权信息。当前,我国一些出版社在引进外国版权方面开拓了许多通道,在版权贸易的实践中也积累了一些有价值的经验。本章结合我国目前出版社的版权贸易实际状况,对版权引进的原则、版权信息的重要性及在版权贸易实践中所采用一些版权信息来源等问题作重点探讨。

第一节　版权引进的原则

各种优秀的文学艺术、科学技术作品,都有其产生的深刻的社会、地域和文化背景。在引进这些图书的版权之前,应该充分考虑这些作品的思想内涵是否能为我国的社会大众所接受,是否符合我国现阶段的基本国情。要经过认真的调研,实事求是的分析、研究,然后再决定是否引进。

在进行版权引进时,通常需要考虑以下几项原则:

一、消化吸收原则

版权引进,不是仅仅把外版图书投放到国内市场这么简单,同时还要做好引进版图书的消化、吸收工作,即引进版图书的营销。把引进版图书认真地介绍给国内的读者群,让大家了解这些图书,产生购买欲望,减少引进版图书"水土不服"的状况,这是我们在进行版权引进时应充分考虑的一个基本原则。

海外版权的引进不仅使编辑可以面向全球选题资源策划图书,更重要的是,通过运作引进版图书,打开国际视野,提升本版书的出版经营水平。

二、适销对路原则

文化和科学技术是有地域差异的,往往因为不同国家在社会、经济、自然环境等方面的不同而有所不同。因此,我们在引进图书时,需要充分考虑我国的国情,选择适应我国社会需求、满足市场需要的图书。

版权引进在一定程度上是在合作双方的资源、目标市场和策略之间进行匹配，因此，只有在合适的时机，以合适的策略建立起合适的合作关系，才能达到双赢。

出版社根据选题规划和战略布局，结合国际市场的资源格局，建立符合本社资源需求的海外合作伙伴网络和梯度版权购买计划。例如，大型教育类出版社可以构建这样一个合作网络：以培生、麦格劳-希尔、汤姆森、约翰-威立等国际商业性教育出版巨头为核心，周围是牛津、剑桥、哈佛、耶鲁等大学出版社及施普林格、爱斯唯尔等国际著名学术出版公司，外围是在各细分市场独具特色的一些中小公司，努力使引进格局和出版社作为学术、教育和科技社的产品定位一致。

三、量力而行原则

版权引进需要花费大量外汇，尤其是国外的一些畅销书，各出版社要根据本社的资金状况量力而行。当国内多家出版社共同争取一个图书版权时，该图书的版权费用往往会被哄抬得很高，大大超出实际价值。在这种时候，出版社要保持头脑冷静，看清这当中可能存在的巨大风险。如果不顾自身实力，一味地强行引进，使得自己无力进行图书的后期营销，就很容易导致失败，造成出版资源的浪费。这种情况如果出现，不仅会给自身带来十分重大的经济损失，同时还会使得出版社的对外形象大打折扣。因此，在引进版权时，还要考虑自身的资金承担能力。

四、合作共赢原则

对销售方而言，海外版权引进实际上是地区专有权的预先销售；而对于购买方，实质上是资源要素的预先投资。能否顺利使用版权获得收益，即使在合同签署后也面临种种风险，因此，双方的诚信合作显得尤为重要。比如，再版时的优先选择权就是一个明显的问题，有时一个出版社付出了很大的劳动，出版了一本书的翻译版，由于外方人员、版权归属或策略变动等原因，其修订版可能在竞争中卖给了另一家，使得原引进方的预期市场被侵占，这其实对合作双方都是个损失。此外，由于计算机图书版权竞争激烈和为了保证与海外公司同步出版，计算机图书长期以来形成了"隔山买牛"式的版权引进特点：即在外方选题策划阶段就从新书预告中早早圈定选题，在书出版前就签订合同，这样如果外方出版计划变动，势必造成版权落空。

即使在图书进入出版销售环节,仍然会遇到意外的情况。比如国内某著名大学出版社从一家外国出版公司引进了几十本优秀教材的影印版,由于价低质优,一些热销品种少量回流到香港市场,影响了外方在香港的原版书销售。权衡利弊之后,外方希望全面停签这些书后续印次的合同,并拒售一些新品种的影印权。考虑到国内很多院校已经采用了这些教材,如果后续图书停售,对我国读者的利益和本社的信誉影响都是巨大的。该大学社与外方进行了长时间的沟通,各部门配合拿出了令人信服的方案,最终说服了外方继续进行影印书的合作。同时,据理力争,拒绝了外方的影印版的加价要求。①

总之,诚信合作、积极应变是版权引进实践中的成功法则。

五、"双效"统一原则

出版社要做好规划,结合本社各方面的状况和未来的发展趋势,有针对性地引进图书版权。版权引进要重视经济效益,这是十分明确的,这个经济效益既包括本社的经济效益,又包括国家的经济效益;既包括近期的效益,又包括长期的效益。这就要求在进行可行性研究时,做到二者兼顾。同时,在进行版权引进时,还要考虑到社会效益,出版社作为文化机构,肩负着丰富大众文化生活,提高国民素质,宣传党的政策的重任。因此,在进行版权引进时,一定要充分考虑其带来的社会效益,要引进有利于我国社会健康发展的图书。

六、价廉物美原则

谈判是一种技巧,更是一门艺术,能够熟练地掌握和运用谈判技巧,就会为自己节约大量的资金。进行版权谈判,不仅要了解引进图书的内容及其价值,还要懂得一定的版权引进的法律和经济方面的知识,要有一定的外语水平,同时还必须了解谈判对手的心理、能力,努力做到知己知彼。

除了以上六大原则之外,出版社在引进版权时,要牢记不得违反《出版管理条例》所规定的"禁载条款",同时还得明晰本出版社的出版定位。因此,以下图书的版权是不宜引进的:

(1) 不符合我国的社会意识形态,有反动、色情内容的图书;
(2) 不符合我国国情及民族、文化、风俗的图书;

---

① 黄娟娟.海外版权引进的策略选择[J].科技与出版,2005(4):73-74.

（3）违反我国法律、法规的图书；
（4）不符合本社出版特点及未来发展趋势的图书；
（5）很难在国内寻找到目标市场，引进后难以销售的图书。

第二节　版权引进的信息获取途径

版权引进，首先应该明确引进信息的获取途径，选择正确的信息来源，能够帮助我们在版权引进的过程中少走弯路，为版权引进的顺利开展创造一个良好的条件。

一、版权信息的重要性

纵观版权交易的程序，一个完整的版权贸易流程主要包括信息源的获取、信息确认、获取样书和选题论证、通过选题、报价或询价、报价认可、合同草本的审定与合同签订、合同登记以及出版人出版及履约等。① 很显然，对信息源的把握，构成了整个版权贸易流程的起点，可以毫不夸张地说，版权信息的获取在此过程中处于"牵一发而动全身"的地位。比尔？盖茨说过：你怎样搜集、管理和使用信息，决定你的输赢。② 因此，对于国内出版社来说，争取版权引进的成功，首先就要争取版权信息把握的成功。

不论是从理论上讲，还是从实践上来说，版权贸易对于版权信息的质量要求都非常高，也非常严格。获取并利用好一定的版权信息，可以促成一次版权贸易的成功，甚至可以以"滚雪球"之势带动起出版企业后继的版权贸易的成功。反之，缺乏准确性、有效性、适用性的版权信息，抑或出版企业对于胜利在握的版权信息利用不利，都会导致某项版权贸易的失败，甚至会因此而丧失其他一些版权贸易的机会。所以说，版权信息的有效获取和利用，对于版权贸易的成功是至关重要的。

---

① 朱卫清.版贸流程[J].出版参考,2002(10):23.
② 比尔·盖茨.未来时速[M].北京:北京大学出版社,1999:1-2.

二、版权引进的信息获取途径

(一)相关的外文报刊及书目

外文报刊是出版社引进版权信息的重要来源,通过它我们可以更快、更直接地掌握国外出版与版权贸易信息。这类报刊有美国的《出版商周刊》、英国的《书商》杂志、法国的《图书周刊》、日本的《出版月报》、德国的《德国图书报》,等等。《纽约时报》、《泰晤士报》等几份重要报纸的书评版也是较为重要的外文出版资讯载体,此外,美、英、法、德、日等国每年出版的《在版图书》也是值得参考的资料。目前,我国的出版社对这些外文报刊还缺少足够的重视,这就使得原本已不充分的海外版权贸易信息渠道更加显得狭窄。

除了外文报刊之外,一些书目信息也应是出版社不可忽视的版权信息源。比如中国图书进出口总公司、中国国际图书贸易总公司等从事原版图书进出口贸易的公司提供的进口图书出版信息均较为全面,它们编发的新书征订目录也应是我们重要的版权贸易信息参考资料。此外,国外出版社发行图书时编制的新书目录,以及由国外同行寄赠的书刊目录,同样是我们直接获取图书出版信息的较好渠道。就拿后者来说,它曾被某些业界人士认为是版权贸易中的第一块敲门砖,人民文学出版社编辑叶显林当初就是在一本免费派送的书刊目录上看到《哈利·波特》的信息,最后导致巨大成功的。①

(二)国际书展

在现代出版业中,连接国内市场和国际市场的直接形式就是国际书展和现代互联网技术,国际书展已演变为促进图书市场全球化的主要形式。

版权贸易历来是国际书展的主要目的之一,而书展在现实中也已成为版权贸易的重要场所。参加书展,我们不仅可以探测世界出版气候、沟通出版信息、开发图书贸易市场、了解出版界的最新行业动态以及预测国际出版趋势,并且还可以获得丰富的出版与版权贸易信息。

参加书展是需要我们作出客观的选择的,因为国际书展几乎已经遍及几大洲,如著名的有美洲的美国书展(Book Expo America)、布宜诺斯艾利斯国际书展(Buenos Aires Feria Internacional del Libro Buenos Aires)、欧洲的法兰克福书展(Frankfurt Book Fair)、莱比锡书展(Leipziger Buchmesse)、都灵图书

---

① 李业顺.版权贸易,出版业的魔法石[J].中国投资,2002(8):76-77.

展（Turin-Fiera del Libro Torino），亚洲的北京国际图书博览会（Beijing International Book Fair）、世界书展（World Book Fair）、吉隆坡国际书展（Kuala Lumpur International Book Fair），非洲的开罗国际书展（Cairo International Book Fair）等。

各个书展的功能迥异，按交易形式主要可分为版权贸易型国际书展和展销型国际书展，前者以参展的出版商之间洽谈版权交易与合作出版业务为主，如法兰克福书展；后者则是前来参展的出版商向书商、图书馆、公众推销图书的图书交易会，如美国书展。但这种分类标准也不是绝对的，事实上，很多国际书展都是版权贸易与展销二者的统一体，比如巴西圣保罗国际书展、阿根廷书展、波兰书展等，这就需要我们在众多书展前进行慎重的抉择。

（三）版权代理机构

中外版权代理机构是出版社获得版权贸易信息的又一个重要渠道。他们一般都掌握有一定作者和出版者的相关信息，甚至还经常拥有一些作品在某一地区授权的优先权。我国目前经国家版权局批准成立的版权代理机构已达28家，他们一般可向国内（包括我国港、澳、台地区）和国外著作权人和作品的使用者提供有关版权转让或版权许可的咨询服务，同时还向社会各界提供版权信息、资料和法律咨询服务等。比如辽宁版权代理中心就定期发布相关的版权贸易信息，与之联系便可得到某本书的详细信息及样书，它还可根据我们的要求，提供相应的版权信息。

（四）网络

网络作为一种信息沟通的工具，在出版界的版权贸易中已经崭露头角。海外的重要出版公司大多都设立了自己的网站，通过他们的网站，我们可相当轻松地获得相关的出版与版权贸易信息。另外，上述的许多外文报刊也都部分或全部地将自己的内容上网，通过它们的网络版来浏览获得其中的版权信息，要比查阅国内购买的种类不全且数量有限的纸质版快捷和方便得多。

需要注意的是，网络版存在一个定期更新的问题，即它的数据更新可能很快，且一旦更新，就不能通过免费浏览的途径来获得，而是需要以用户的身份来进入查阅，因此，及时跟踪对于出版社而言是非常有必要的。比如，译林出版社出版的畅销书《午夜日记》，就是源于编辑从英文网站上了解到俄罗斯前总统叶利钦准备撰写回忆录的信息。

(五) 书评

在国外,书评被视为一种最有效的畅销书营销手段,据称,美国书评至少可以使一种书多销售 2000 本。美国的书评历史悠久,已经有 100 多年,不管是全国性还是地方性的报刊,大都拥有专门的书评栏目,其中以《纽约时报书评》和《出版商周刊》为代表。以前者为例,1896 年《纽约时报》"星期六书评版"刊载书评,创办《纽约时报书评》。每年 16 位编辑选评 2000 本图书,由于书评公正,所以在读者中有较高威信,经其评论的图书销量往往直线上升,成为美国相当部分畅销书的起飞基地。现在美国人已经养成了先看书评再买书、读书的习惯。《纽约时报书评》挑选书籍很严格,主要选的是社会科学类的书籍,且面对的是广大普通读者,而非专业人士。据悉,它上面的文章绝不参与炒作,主要是从文化、学术的高度对书籍进行评论,并介绍一些新的思想和学术动向,使读者能挑选到好的书来阅读。因此,出版社在版权引进时,多注意参考一下国外的这些知名书评,对本社的引进是有着一定的参考、引导、推荐价值的。

美国除了上述两种影响最大的综合性书评之外,还有《华盛顿邮报图书世界》、《芝加哥太阳时报》、《洛杉矶报书评》等。另外,纯书评刊物《纽约书评周刊》、《图书目录》和《选目》,以及其他的一些刊物如《时代》、《新闻周刊》、《美国新闻和世界报道》、《华尔街杂志》和《人物》上的书评,都应是我们在引进版权时可以多加留心、研究、参照的信息来源。

(六) 专家、学者的推荐

一些专家、学者经常出国进行学术访问或参加国际性会议,他们在探讨学术问题之余,通常也会交流专业文献出版方面的信息,互相推荐本专业的好书,并获取一些图书征订单。此外,他们一般都很了解本学科的历史、渊源、变迁、各国研究现状、发展趋势,以及本学科的学术带头人等,所以,他们推荐的图书是比较有价值的。因此,常与一些专家、学者联系,是出版社获取一些图书版权信息的较为重要的信息渠道。不过这条渠道也存在一定的局限性,那就是他们所提供的版权信息大多是有关学术方面的,我们只应将它作为引进版权信息的重要参考。

(七) 合作出版社的间接提供

和国外出版社合作成功的出版企业,会使它在国外其他出版社眼中产生良好的印象,这就有利于该社以后的版权引进工作的开展。此外,在我们目前出版信息不足的状况下,还可以透过港、台这两座桥梁,间接取得国际畅销书版权。

近年来,一些国外大型出版社或者国际版权代理商纷纷在中国设立办事处或分支机构,比如培生、汤姆森、牛津大学、剑桥大学、麦格劳－希尔、多林－金德斯利等,其主要任务就是加强与中国出版社的联系,进行版权贸易。此外,安德鲁·纳伯格联合国际有限公司、美国国际版权代理公司、英国版权代理公司等都和中国的一些出版社以及版权代理机构有着长久的合作关系。

(八) 各种驻外机构

许多外国驻华机构中都有文化官员,他们对本国的文化、科技状况都十分了解。此外,许多我国驻外使、领馆或其他驻外机构的相关人员,对于当地的文化、科技状况也很熟悉。通过他们,我们能获得很多有用的信息,通过他们与外方联系,既便捷,又减少了我方的很多成本。

三、对排行榜的有效利用

畅销书排行榜反映了一定时间之内读者对书籍的接受和喜好程度。一般情况下,通过排行榜,我们可以直接获得在榜图书的作者与出版公司信息,以此为线索,我们可以进一步获得更多相关的信息,比如说版权信息。如果版权掌握在作者或出版公司手里,那么利用这种途径来获取版权信息,是最直接便利不过的了。前些年,由于我国的出版社在引进版权时对国外排行榜过分地非理性依赖,而在出现国外畅销、国内滞销的情况时,又产生了对国外排行榜怀疑甚至排斥的心理,致使排行榜作为一种版权引进信息的身份被质疑。事实上,如果过于批判排行榜的缺陷,而对自身各方面的原因并未深加检讨,则会使自己失去一种绝好的版权引进情报源。排行榜理应是我国出版企业引进版权的重要信息源之一,原因在于:

其一,引进版权首先要了解海外的书市情况,而畅销书排行榜则是反映书市情况、及时获得国外畅销书有关信息的最为直接的途径;

其二,经过多年的市场考验和检验,现存的国外畅销书排行榜在书业界的权威性已经不容置疑;

其三,网络技术的飞速发展,为国内出版社获得相关的畅销书排行榜提供了最为经济的条件,从而基本排除了经济上的障碍;

其四,畅销书排行榜提供的连续性信息,便于国内出版社及时地跟踪国外畅销书的动态,同时也为我们系统分析和研究排行榜提供了有利的条件。

总之,国外畅销书排行榜是版权贸易中最为重要的信息来源,了解它们对于国内成功地引进版权是很必要的,将会对出版社的版权贸易发挥着不可小视的影响作用。

如今在国内的书店中随处可见封面上打着"国外畅销"的图书,如《关键时刻的提醒》标有"《纽约时报》、《华尔街日报》、亚马逊网上书店3个榜的榜首畅销书",《要金钱还是要生活》是"《纽约时报》、《商业周刊》最新超级畅销书",《上帝国家可口可乐》被视为"《纽约时报》年度畅销书"[①],堂·米格尔·路易兹的《让心自由:托尔特克智者的四个约定》也打着"《纽约时报》畅销书排行榜第一名、《出版商周刊》畅销书排行榜第一名、亚马逊书店畅销书排行榜第一名"的宣传旗号。在引进的这些外版书的封面上赫然打上如此"国外××榜首畅销书"的招牌,实际上是对该书在国内运作的一种二度炒作。这也从另一个角度说明了国内出版社在引进外版图书时是很关注和看重其在国外的畅销成绩的。换言之,国外的畅销书排行榜在某种程度上影响着国内出版社引进外版书的选择,一个很明显的例子就是中信出版社在2002年10月的福州书市上,其展示的产品有很多都是《纽约时报》分类排行前30名中的图书。[②]

1994年,《廊桥遗梦》在美国已经发行了400万册,当时人民文学出版社只是抱着尝试的态度引进了该书,却未料这本只有157页的小书,竟然在1995年以连印5次、发行超过60万册的成绩而成为中国版权引进书的一个代表作。之后,大批的外国畅销书受《廊桥遗梦》畅销声势的影响,也开始陆续进入中国。其中较有影响的有作家出版社的《苏菲的世界》、《英国病人》和《马语者》等,上海译文出版社的《相约星期二》,湖南科技出版社的《时间简史》,北京大学出版社的《未来之路》,海南出版社的《数字化生存》等。

这种畅销的声势随着出版商引进意识的加强,也呈现出愈演愈烈之势,如人们已经耳熟能详的《哈利·波特》系列,当初中国内地众多出版社在看好其中文简体字版的版权时,该书已经在全球发行超过了3500万册,《纽约时报》还专门为其开辟了儿童类畅销书排行榜。世界图书出版公司于2000年9月在国际书展上推出的《富爸爸,穷爸爸》系列丛书,在美国面市当年(1999年)销量就超过了100万册,而在随后的2000年初,紫色封面的《富爸爸,穷爸爸》系列又先后登陆欧洲、大洋洲和韩国等地,连连创下销售新高,并在亚马逊网上书店、《商业周刊》、《纽约时报》、《华尔街日报》等权威媒体上持续上榜,被国际书业界戏称为

---

① 陈汉辞,李瑛.国内图书盯牢《纽约时报》排行榜[N].北京娱乐信报,2003-07-23.
② 严博非."中信现象"之所以可能[N].中国图书商报,2003-05-14.

席卷全球的紫色旋风。除此之外,《谁动了我的奶酪》《亲历历史》等书亦有着同样的国外、国内榜上双双有名的不俗表现。从这些最典型的例子来看,位居国外畅销书排行榜中的畅销书,的确对国内的版权引进有着很强且难以抗拒的吸引力。

国内出版社需要巧用国外的畅销书排行榜来改善我们的版权引进工作,但前提是需要先对国际出版市场做到心中有数。国际图书市场瞬息变化,但终有规律可循。分析即将上市的新书,即可从某种程度上预见未来的流行动态。畅销书的读者群体很庞大,众口难调,想在其中找出规律实非易事,但英、美国家的书市在多年正规的市场运作之后,规律已经可循,只要我们从中找寻,就不难发现其未来的流行动态。

为何在这里只着重地强调英、美国家,原因是目前许多国家的大众阅读兴趣都主要是为英、美畅销书所左右的,出版社要想推测未来畅销什么,首先要了解过去畅销什么。一本书的畅销自有其独特之处和原因:要么是名家之作,要么题材符合大众口味。越是名家的作品越容易畅销,越是题材合乎大众口味的越容易畅销,依据这些规律来实施我们的版权引进计划,其成功的可能要大得多。所以说,利用畅销书排行榜来预测未来的畅销规律,对我们的版权引进具有很大的指导意义。

国内出版社在引进版权的过程中,面对浩繁的外版图书,最先吸引我们眼球,也是我们接触最为频繁的就要数海外的各类畅销书了,由于获知它们的信息较其他图书来讲更为便捷和直观,再加之其在国外的畅销知名度,因此,这些畅销书更易成为我们引进的目标。通过畅销书排行榜,出版社可以获知上榜书的基本版权信息,比如作者、出版公司等有关著作权人的信息,即使所需作品相关的经济权利现不一定在作者或通常认为的出版公司手里,出版社也还可以通过"顺藤摸瓜"的策略,来找到最终的该项权利的归属人。这是由于版权法系不同,不同国家对作品的经济权利是否可以永久转让(卖断)就有着不同的规定或习惯。所以,出版社在引进版权之前,一定要弄清相关经济权利的归属问题,避免发生不必要的版权纠纷、延误版权引进的速度。

除了这些基本的版权信息之外,通过对畅销书排行榜的深层分析,国内出版社还可以得到其他一些类型的版权引进信息,这些版权引进信息并不一定是直观的版权归属信息,但也可以帮助出版社达成版权引进的意愿,即它们是从另外一些视角来辅助出版社获取所需图书的相关信息的。

第一,如前所述,通过榜单分析得出的畅销规律,有助于出版社采取前瞻性的引进策略，这是一种出于长远引进的考虑。

第二，通过畅销书排行榜，依据其作品占据畅销书席位的比例，出版社可以分析出畅销书的作者群，如丹·布朗、约翰·格里森姆、詹姆斯·帕特森、丹妮尔·斯蒂尔、斯蒂芬·金和玛丽·希金斯·克拉克等都是现今频频出现在榜中的知名作者。国内出版社经常关注一下这些名作家的作品，对引进版权是不无裨益的。

第三，借助排行榜，还可以分析出初次登场就取得很好榜单成绩的畅销书都有哪些，这些书的作者应该说也是很有潜力的。加强对此类信息的把握，对于出版社引进一些比较有新意的畅销书是有着相当参考价值的。

第四，通过排行榜，还能够分析出垄断畅销书出版的出版公司大致都有哪些，比如美国现在大部分的畅销书都被企鹅、兰登书屋、阿谢特、西蒙-舒斯特和哈珀-柯林斯五大出版集团所控制，以2000—2009年这十年为例，它们的上榜图书就占了上榜图书总品种的77%。这一数字足以客观地说明这些大出版公司的出版实力，而我们从这些公司适度地引进相关的版权，其质量应该是有所保障的。

综上所述，国外畅销书排行榜不仅对国内的图书版权引进曾经和正在发挥着重要的作用，并且，透过我们的深入分析，它还将对国内出版社的潜在版权引进产生不可低估的影响，从而使得国内的版权引进更具针对性和前瞻性。

第三节
排行榜对国内图书版权引进影响的实证分析

一、畅销书排行榜对国内出版业的影响

回顾近20年中国版权贸易的发展历程，我们可以直观地发现我国的版权贸易特别是版权引进呈现出一种持续增长的态势。从1990年335种的版权贸易成交量，1995年迅速上升到1664种，2000年其数量已达到7981种，2002年我国版权引进数量首次突破了1万大关，而2008年更是达到创纪录的15776种，比上年增加50%以上。这些数字透露给我们一个信息，就是我国的出版业已经或

正在被打上"加速版权引进"的烙印。而引进速度的加快、引进数量的递增，无疑从另一个层面说明了版权贸易之于我国出版业的重要性。

从国家版权局公布的 2008—2009 年全国图书版权引进情况的统计来看，美、英继续保持我们最大版权引进地的地位，且呈现有增无减之势。2008 年我国从美国和英国分别引进版权为 4533 种、1847 种，2009 年的这一数字分别为 5284 种、2429 种，分别比上年增加 16.6%、31.5%。从这两个国家引进的版权数量已经远远超过了随后的韩国、日本、德国、法国以及我国的港台地区等。

由此我们可以得出一个结论，近 10 年来我国的版权引进呈现出了一种以美、英为主要引进对象而持续发展的态势。那么，在这种大的背景之下，排行榜在版权引进中对国内出版业的影响又有多大呢？

国内出版社对于外版图书的引进行为，经历了一个由盲目走向相对理性的过程，而作为对这种引进行为曾经起着主导作用的国外畅销书排行榜，对国内出版业的影响也就相应地经历了一个由"主流"向"支流"进行角色转变的过程。

前文中我们曾经介绍过，自 1995 年引进版《廊桥遗梦》在国内引起畅销轰动以后，国内就掀起了一轮引进外版畅销书的高潮。一时间，国外畅销书排行榜上的图书成了国内出版社追逐的目标，甚至为此拼得鱼死网破、你死我活也在所不惜。在引进的作品当中有相当成功的案例，但也不乏因水土不服等因素而以失败告终的例子，像《马语者》、《挪威的森林》、《生命中不能承受之轻》、《麦田守望者》、《哈利·波特》以及《魔戒》，都属于极为成功的案例。而像《炼金术士》、《米克》、《遗嘱》、《汉尼拔》(《沉默的羔羊》的续集)、《惊与颤》等市场反响与销售预期则相差甚远。于是，在对国外畅销书排行榜上的图书盲目崇拜的热情降低过后，面对那些因不假思索而匆匆引进，以致在国内运作失败的例子，出版界开始静下心来总结经验，分析引进失败的原因，进而在成功与失败的磨炼中，逐渐探索出了一条趋向理性引进的道路。

与前些年不同，近几年国内出版社对版权贸易的热情开始建立在对国内图书市场的理性分析之上，引进行为已经初现理性曙光。出版社在引进外版图书的时候，逐步改变了以前较多关注引进的国外畅销书排行榜的上榜图书，热销的生活、传记、经管、计算机等图书的状况，一些其他领域的优秀图书也开始被引入国内，如《第一推动丛书》、《爱因斯坦文集》、《动物世界的奥秘》等具有较高价值的社科类、学术类图书。这些图书不但丰富了国内的出版市场，补充了读者在这方面的需求，同时也进一步提升了引进版图书的总体质量。但这并不是说国外的畅销书排行榜在我们的版权引进中就不再扮演任何的角色，实际上，它仍然是出版社引进某本书时的重要依据,只是引进的主体改变了以往那种不论青红皂白、见是上榜图书就引进的鲁莽做法,而是面对诱人的畅销书榜,更多了一分理性,换言之,国内出版社在引进前对国内外迥异的文化背景和人文环境已经开始作客观的分析。

由于地域的不同,其文化背景就不同,而不同的文化背景又决定了读者不同的阅读倾向,只有那种符合中国读者需求的海外图书才能在国内得到良好的销售业绩。国内出版社开始不仅要对意欲引进的图书在国外畅销书排行榜上停留的时间、至今发行的册数进行必要的了解和关注,而且也要对其在国外畅销的原因,如国外出版社对该选题的把握、对图书所作的包装宣传、对图书所采取的多种营销手段等进行密切的考察和调研,再结合自身的实力及国内对此类选题和读者的调查结果,最终作出是否引进的决定。

综上所述,通过近年来国内引进国外畅销书榜上的图书而在国内再度实现畅销的事实来看,国外的畅销书排行榜对我们的版权引进仍有重要的参考价值。这些外来畅销书实际给出版社带来了丰厚的赢利,促进了国内经济、科学技术、教育和文化学术的建设,拓宽了国内读者的阅读视野,进一步推动了我国出版业的发展和繁荣,为其更快地融入国际出版大市场创造了机遇,营造了氛围。

然而,目前国内虽然对排行榜已开始持有理性的态度,但也还存在着一种较为极端的观点,就是认为畅销书排行榜不可信。持有这种观点的原因大致有二:一是因为前述国内版权引进失败的事例,使得国内某些人士对国外畅销书排行榜的可参考性产生了怀疑,甚至存在一种排斥的心理;二是因为一些对国外畅销书排行榜不甚了解的业外人士,会以对国内排行榜的认识和了解来看待国外的畅销书排行榜。

目前国内的畅销书排行榜确实普遍存在着可信度较低、共性不足、缺乏权威性和普适性、制作趋于简单和欠科学等问题,自然会影响外界对其价值的客观评价,甚至有人在对中国图书排行榜的分析结果中得出过"排行榜具有误导性,除起到促销作用之外,不具有书业的其他价值"的结论。国内某些人士持有的这种极端的观点,很大程度上是因为国内排行榜自身存在的这些问题,对其造成了负面影响。

对于国外畅销书排行榜,我们既不能盲目地遵从,也不能主观地摒弃和排斥它,而是应该针对自身的经营状况对其加以理智地对待。作为一种有效的版权引进信息源,出版界不仅应该从态度上重视排行榜,更应该加强对它的研究,了解它、认识它,达到为我所用的目的。

二、国内出版社通过排行榜引进图书的实证分析

我们利用《纽约时报》、亚马逊网上书店(同时参照了《出版商周刊》和BookSense 网站)提供的 2000—2002 年的畅销书排行榜,分别从它们各自的所有上榜图书中,抽取了上榜次数至少在 5 周以上的图书各 300 本,鉴于资料提供的各榜中所列图书种类的差异,因此,在抽样数据中只选择了 2 个畅销书排行榜的共性:分为小说类、非小说类(不分精装书和平装书),而对于其中的个性,如所查资料中《纽约时报》畅销书榜还提供有儿童读物类,为了使二者的最后查询结果对比起来更为客观,则没有采用。同时,我们还利用了国家图书馆的联机公共目录查询系统,对这 600 种(因上 2 种榜单之中必有交叉重复的图书,故此 600 本中不排除有相同图书的存在)外版书进行了查阅,其结果如下:

(1) 统计显示,所抽取的《纽约时报》畅销书排行榜中的 300 本畅销书中,有 24% 被我们翻译引进了国内;亚马逊网上书店畅销书排行榜中同数量的畅销书中,有 23.6% 被我们翻译引进了国内。

(2) 翻译引进这些外版书的出版社主要集中在北京、上海、南京以及台湾、香港等地,如北京的人民文学出版社、世界知识出版社、新华出版社、社科文献出版社、群众出版社、昆仑出版社等,上海的上海译文出版社,南京的译林出版社、江苏人民出版社,台北的天下远见出版公司、时报文化出版企业公司、皇冠文化出版公司、大块文化出版公司、联经出版事业公司等,香港的博益出版公司、万里书店等。此外,天津的百花文艺出版社和新蕾出版社,长春的吉林人民出版社,海口的南海出版公司,长沙的湖南文艺出版社等虽然在引进数量上不如前述几个地区,但亦有很好的表现。显然,这一结果与我国版权贸易绝大多数集中在经济较发达地区如北京、上海以及沿海城市的现实相符合。

(3) 从检索得到的结果来看,很多在国外刚刚畅销不久的图书就已经被国内出版社引了进来,如于 2002 年 12 月 1 日初次登上《纽约时报》畅销书排行榜的非小说类 *Who Says Elephants Can't Dance?* 一书,被中信出版社于 2003 年翻译引进国内(译名为《谁说大象不会跳舞?》)。这表明我国对于国外畅销书的引进速度,已经呈现出一种不断加快的趋势。

(4) 比较两个畅销书排行榜,发现其榜单的内容大体很接近,这说明国外的畅销书排行榜具有一定的可信度,与国内的情况恰好形成鲜明的对比。

从上述的统计结果来看,国外畅销书排行榜上的图书我们引进得并不是很

多,分析其原因,大致有以下几点:

1. 对利用排行榜来引进图书重视还不够

利用排行榜作为引进图书的主要依据,是需要担负一定风险的。因此,出版社在考虑引进图书的途径时,总是要权衡一下各种途径的风险度,而这种权衡的结果,往往会将排行榜排除在外。此外,根据统计结果来看,这些引进版图书的出版社基本集中在台北、北京、上海和南京四处,这几个地区都是版权贸易开展得比较好的,由此我们可以得出另外一个结论,即我们大部分出版社对排行榜还是不够重视。

2. 由于排行榜更新速度比较快,出版社未能及时跟踪

鉴于国内很少订购发布版权信息的外文报刊(据辛广伟调查,1997年《出版商周刊》在内地订阅的只有16份,《书商》更少,只有4份,且多数为出版研究单位所订①),故而,出版社获取版权信息的最简捷,也是最经济的办法就是跟踪相应报刊的网络版。然而,网络版的更新速度是很快的,一般来说是一周更新一次(有的是每天更新,甚至每小时更新),但更新的日期可能不一样,比如《出版商周刊》网络版是每周六更新,亚马逊网上书店是每周三更新。可是,有的排行榜一旦更新,就不再提供回溯检索服务,比如亚马逊、巴诺书店、《今日美国》、《华盛顿邮报》等,除非登陆交费它才提供相应的服务。因此,为了减少不必要的麻烦,我们最好对国外的排行榜进行及时的跟踪。如未及时跟踪,必然导致上述版权信息的丢失,从而进一步阻碍引进版权的流程。

3. 没有专门的机构对国外排行榜信息进行管理

目前我国图书版权贸易普遍采用分散管理方式,全国尚未形成一个完整的、权威性的、资源共享的图书信息网。② 出版社在根据排行榜进行版权引进时,由于"不知彼"的缘故,导致浪费了大量时间不说,而且很容易造成重复引进,甚至盲目竞争,致使"渔翁得利"。因此,设立一个专门的权威机构或组织,对版权贸易进行统一管理,对于我国的出版界来讲,已经是势在必行。

4. 国外引进的图书出现"水土不服"的现象

中西方文化的差异及双方读者在阅读喜好、观点认识上的不同,无形中增加了引进图书的难度,因为此时对读者阅读品味的把握,比关注此书在国外的销售成绩更为重要。比如,斯蒂芬·金的恐怖小说在国外极为畅销,可以说是出一本

---

① 辛广伟.版权贸易与华文出版[M].重庆:重庆出版社,2003:110.
② 潘文年,张歌燕.论出版社怎样建构版权贸易竞争力体系[J].出版发行研究,2003(2):44-48.

火一本,而在中国,他的小说则没有达到相应的发行效果。此外,在全世界发行超过 191 万册的《炼金术士》一书,被国内出版社引进出版,首版印刷 1 万册,经过 3—4 年的销售,还剩下 3000 多册压在库房里。这一切除了文化差异这个比较客观的原因之外,出版社自身的问题诸如翻译质量不容乐观、营销策略的失误等,都是可能造成"水土不服"的原因。

当然,由于国家图书馆图书收录不全,从而导致部分引进的图书未被反映出来也是原因之一。有鉴于此,相应的对策依次为:

首先,应该在思想上重视排行榜。为了更顺利地开展版权贸易,出版界应该高度重视任何一种版权引进的信息途径,已经重视的应该继续重视,未曾引起足够重视的,应该加强对它们的重视,尤其是排行榜,因为它们是重要的版权信息来源。

其次,应该在行动上关注排行榜。国外的排行榜是我们引进版权书时的一种重要参考,正是它们提供的那些信息,才得以使我们"顺藤摸瓜",找到适合自己的版权信息。实际上,信息源牵动着版权贸易流程余下的任何一个环节,因此,排行榜这个信息源不可不关注。

再次,应该注意引进版图书的汉化过程。将国外很好的图书引进来,并不代表它在国内同样会得到与国外同等的待遇,事实上,它们也需要有一个适应的过程。适应得好,则会呈现同等的辉煌;否则,"水土不服"造成的恶果,有可能会毁掉一本很好的书。为了避免这一现象的发生,引进版图书的汉化过程不可忽视,而且应该将其放在一个极其重要的位置来考虑。

最后,应该注意引进版图书的营销策略。恰到好处的营销策略是出版社推销自己任何一本图书不可或缺的程序,对于引进版图书而言,则更需要做得谨慎。因为引进本身就已经承担了很大的风险,而适当的营销过程在某种程度上可以缓解这一风险度。营销牵着好书与读者,这在业内已是共识,但在引进版图书上,却未能普遍实施,不能不说是个值得关注的问题。

第四节　版权引进的可行性研究

版权引进的可行性研究是版权引进工作中极为重要的一个环节。通过采用科学的分析方法,对拟引进版权的经济性、合理性和适用性进行分析,有助于提高版权引进的科学性,减少盲目性,避免版权引进的失误。

一、可行性研究的定义

可行性研究是指在预投资期对一项投资或研究计划作全面的调查、研究,运用定性、定量的方法来判定:是放弃这个项目还是在下一个阶段继续进行工作或支付费用。简言之,是关于"投资是否值得"和"在各种可行方案中,何者为最佳选择"的研究。

所谓版权引进项目的可行性研究,就是指在进行版权引进之前,对其进行分析、对比,并研究其先进性、经济性和可能性,弄清这个版权引进项目有多大的经济效益和社会效益,并通过对相关情报、信息、资料以及数据进行分析、研究、论证,最终选择最佳方案的一种方法。具体地说,就是在预投资期,通过对拟引进的项目进行认真的调查、研究,运用定性、定量的方法,对实施的可能性、内容的适用性和经济的合理性进行全面的分析,论证各种方案的经济效益和社会效果,为引进项目的投资决策提供依据。

版权引进的可行性研究是在对各种经济情报、信息、数据分析的基础上进行的,一般是从以下几个方面进行分析、研究:

1. 市场研究

根据引进版图书的市场需求和同类图书的竞争情况,对引进版图书的价格和印刷数量进行分析和预测,主要是分析图书的细分市场情况、竞争情况、市场行情、政策和市场预测、图书的销量预测等。

2. 社会文化研究

研究我国目前所处的社会阶段、文化传统,拟引进图书所反映的社会文化背景与我国的差距,我国消费者对拟引进图书的接受能力,着重研究拟引进图书的适应性,国内市场对其的消化、吸收能力。

3. 资金条件和实施条件分析

资金条件分析主要包括对资金来源、币种、图书定价、理论成本、预计成本和成本回收期的论证;实施条件分析主要包括采用什么手段具体实施,出版计划、进度,人力、物力的组织方式等的分析论证。

4. 综合经济效益分析

主要包括对人力、物力、财力利用的综合经济效果,理论经济效益和经济成本,图书利润和出版社利润的分析论证,同时还要与国家的社会、文化发展目标结合起来,分析、论证、研究该项目对社会、政治、经济等宏观方面的可能影响。

二、可行性研究的意义

版权贸易的可行性研究,对具体的版权引进项目来说,是对该版权引进项目能否取得成功而进行的分析。分析的目标是研究能够使该版权引进项目成立的条件和引进机构现有的条件,以及可以发生改变的条件。这些条件可能涉及经济、政治、文化、法律等社会生活的各个方面。因此,必须对各种细节进行认真的、反复的比较和分析,最后选择最为可行的一个方案。可行性研究分析的准确与否,对版权引进项目能否成功有着非常重要的意义。

首先,可以得到最佳的版权引进方案。可行性研究,应该对版权引进项目成立的条件进行全面的分析、研究,对所涉及的各个领域进行仔细的调查、研究,继而有根据地选取最佳的可行性方案。

其次,作出可行与否的决策。版权引进的可行性分析,是从社会、文化、经济、市场等方面进行分析、比较、平衡、评估和预测,从而获取版权引进可能产生的综合经济效果的大致评价,对于正确作出决策,有很大的帮助。

可行性研究是版权引进项目在准备阶段中最为重要和关键的一个环节,可行性研究应尽可能地完善与准确,因为通过可行性研究,能够把问题暴露并解决在准备阶段,这样,才能使引进项目的实施更加顺利和成功。如果可行性研究做得不细致,就容易把问题隐埋下来。如果在项目的实施过程中再来解决这些问题,就可能会给引进机构带来巨大的浪费,甚至导致项目的失败。

三、可行性研究的四个阶段

一项完整的可行性研究通常包括四个阶段:机会研究、初步可行性研究、正式的可行性研究和评价决策。

(一) 机会研究

机会研究又称投资机会论证、鉴别投资机会方案论证。出版社在引进图书版权之前,首先要对有潜力发展成为引进项目的投资机会进行研究。机会研究主要是从项目的背景、基础、条件等方面进行一般性的调查、研究。要弄清楚的问题主要有:预期引进图书成功的社会和文化背景,过去同类图书的引进情况和此类图书的未来走势,对社会生产和生活的正效益,所需资金的粗略估算等。

机会研究阶段大致是比较粗浅的,目的是分析可能的投资方向。此阶段的重点是分析投资的可能性,通过粗略的经济估算,形成大致的投资建议。

(二) 初步可行性研究

项目正式的可行性研究,是一项既费时,又费力,并且需要很大资金投入的工作。因此,我们在开展正式的可行性研究之前,应该先进行初步的可行性研究。

初步可行性研究又称项目初步选择阶段,是指在机会研究的基础上,通过对引进项目进行初步的文化、经济分析,确定是否有必要进行正式的可行性研究,需要对哪些问题进行辅助的专题研究,并为拟引进的项目寻找经济、合理的方案。

初步可行性研究是介于机会研究和正式的可行性研究之间的一个环节,它与正式的可行性研究的区别只是所获资料的详细程度和研究的程度不同,但结构基本相同。如果机会研究做得比较细致,初步可行性研究是可以省略的,即可直接进入正式的可行性研究阶段。初步可行性研究的目的有三:

(1) 判断该项投资是否有获利前途。应对收集的资料进行详细的分析和研究,以决定是否有深入研究的必要性,如果确定项目的设想是不可行的,就不必继续进行工作了。

(2) 判断影响项目是否可行的关键因素,决定是否对这些关键因素进行进一步的专题或专门研究。

(3) 判定现有资料是否可以证明项目的可行性,对出版社是否具有足够的吸引力。

(三) 正式的可行性研究

正式的可行性研究又称项目拟定阶段,是对项目的可行性进行的深入、全面的研究,是项目投资决策的基础。正式的可行性研究是确定项目投资是否可行,从各种方案中选出最佳的,为投资决策提供可靠的依据和建议的重要阶段,是项目投资准备过程的核心,目的是减少投资风险,避免失误,保证版权引进后能得到预期的经济效益和社会效益。正式可行性研究的内容大致有以下几个方面:

1. 项目的总体分析

项目的总体分析是对项目的背景、概况、目的、意义和总体规划所作的分析和评价,目的是从总体上论证项目是合理而可行的。

(1) 项目的背景情况。这是对该项目的历史陈述,包括该类型图书在我国以前的引进情况、销售状况、被社会大众的认可度、市场的饱和度等。

（2）项目的社会环境状况。即我国政府对该类图书的引进是否有政策限制、社会大众的欣赏口味、我国的税收状况等。

（3）项目的总体规划、布局。这是对该项目引进的总体设计，包括引进的总体步骤、时间安排、销售渠道、方式等。

（4）人员、组织及出版社管理的确定。包括确定机构的设置、人员的配备、经营管理的目标、经营管理的费用等。

2．市场需求和满足需求能力的分析

市场需求是可行性研究的重要内容，通过对市场的调查、研究，确定市场有效需求的规模和构成，以估计图书未来的市场占有情况，并在此基础上，确定出版发行的规模。可行性研究成功与否，很大程度上取决于市场需求分析的精准程度。市场需求分析一般包括三个方面的内容：

（1）市场调查。即对现有市场与潜在市场的调查，以及分析图书的定价、广告、营销手段、渠道等因素，包括对市场销售活动影响的调查与分析。

（2）市场预测。包括市场需求的规模、市场结构，其他同类书籍出版社的情况，市场需求发展的趋势及图书预计的销售状况等。

（3）出版、发行数量的确定。即对市场状况、本社的资金状况进行分析，以确定出版、发行的规模。

3．内容分析

进行内容分析，对拟引进图书的可行性分析来说，是十分重要的。只有拟引进图书的内容符合先进性、适用性和经济合理性的要求，实施该引进项目才具有现实意义。内容分析大致有以下三个方面：

（1）对引进图书的文化水平的分析。包括拟引进图书在内容上是否具有先进性，是否有利于我国的社会主义现代化建设，有利于丰富社会大众的文化生活，有利于建设社会主义精神文明等。

（2）拟引进图书的版权来源和引进方式的确定。确定可供选择的同类图书出版社的范围、条件及其理由，确定是全部引进还是部分引进，以及采用何种方式来引进。

（3）引进效果的分析。采用何种方式让该种图书被市场消化、吸收，对转让或许可费用进行估算，对引进后可能产生的积极效果和可能出现的不良后果进行分析。

4．财务和经济分析

完成以上各方面的分析以后，我们还要从财务和经济的角度来看这个项目是否可行,要对总的投资费用进行估算。并对生产图书的总成本、资金的来源状况、投资利润率、成本回收期等方面进行分析。

(四)评价决策研究

经过上述三个阶段的可行性研究,对多个引进项目进行综合的评价和决策,以确定最终的引进方案。

评价决策要从经济和社会评价两个方面来考虑。经济上,既要考虑本出版社的经济利益,也要考虑项目对整个社会的经济价值;社会评价上,要充分考虑拟引进项目所能产生的社会效益。

第六章
版权贸易的引进程序

版权贸易作为一项较为复杂的系统工程,涉及政治、经济、文化、法律等多个方面。因此,为了保证版权贸易的顺利、有序地开展,我们需要建立并遵守一整套严格的业务程序。本章将对版权贸易的引进程序作详细阐述。

第一节　版权引进的程序

版权贸易作为一种新兴的贸易形式,实质是一种知识产权贸易,所涉及的是文学、艺术和科学技术作品的作者、使用者之间的经济贸易关系,是通过作品版权中经济权利的转让或者许可使用而获取相应经济收益的交易活动。由此可见,版权贸易是一项内容涉及多个方面的复杂的系统工作,为了保证版权贸易工作的质量,需要建立一整套完整、严格、科学的贸易程序。因版权贸易的标的物和引进版权的方式不同,版权引进贸易的程序和做法也就有所不同,但就其主要程序而言,则是大同小异,大体可以归纳为三个阶段:

一、版权引进交易前的准备

通过版权进口贸易将更多更优秀的作品引入国内,需要做好严密、认真的前期准备工作。前期的准备工作是否充分,关系到交易成败和收益高低。

(一) 收集信息

要选择合适的版权引进,就必须拥有充足的信息来源。了解世界各国的出版情况,了解各出版社和作者拥有版权的情况,这都需要做大量的案头工作。总的来说,版权引进的信息来源主要包括作者、出版社和版权代理机构、国际书展、各种驻外使领馆机构和各种相关的网站等。对于这些信息来源,我们在第五章中已经详细地进行了论述,在这里就不再作过多的重复。

(二) 市场调研

随着版权贸易的广泛开展,其中蕴含的丰厚利润已为各出版社和版权代理机构所认同。在利益的驱动之下,各出版社竞相引进版权,或将引进版权作为新的经济增长点,这就不可避免地在版权引进上造成一定程度的混乱,包括同一版权的重复引进。此外,在市场不明确,对目标版权了解甚少的情况下,往往是购得版权后,再考虑为作品寻找市场,十分盲目。这种盲目做法的风险很大,因此,在进行版权引进时,首先应是确定要购买什么样的版权,要做到这一点,进行市场调研就显得十分必要了。

市场调研不仅要通过市场预测向未来的国外合作出版社提出引进该作品的可行性,而且要明确不同国家或地区的政治、经济、文化和贸易政策等方面的情况,根据市场调研的结果,结合出版社自身的特点,然后决定到底要引进什么样的版权。

(三) 选择引进的对象

经过对国外版权信息的搜集和对国内市场情况的调研,根据我方的需要,筛选出可能引进的版权。版权的引进应从微观和宏观两个方面进行考虑,既要考虑出版社的利益,也要考虑国家的利益。版权引进的过程实际上是一个决策的过程,只有作出正确的决策,才能取得良好的效果。选择引进对象的参考依据主要有许多,诸如图书作者(包括其是否在国内已经出版过作品以及知名度)、销售量等均是。

(四) 明确版权的所有者

在确定了引进的对象以后,需要明确我们想要引进版权的真正拥有者。对于教育和学术图书来说,版权通常控制在出版社手中;对于小说类和非小说类图书来说,作品的版权通常由作者保留,但有时作者会将翻译权委托给出版社,或是委托给版权代理公司处理。许多西方出版社由于其出版物的版权为他人享有,会在其书目中插入一个"版权表",提供每一选题版权所有者的详细情况;还有的会将版权所有的信息印在每一选题条目的旁边[1]。

(五) 对供应方的调查和选择

版权贸易的供应方是指版权的所有者,它是版权引进方的合作出版者和贸易伙伴。因此,供应方信誉度的高低,不仅对顺利达成协议或合同有着密切的关系,而且对顺利完成版权的许可或转让,圆满履行合同规定的责任和义务都有着重大的关系。因此,在谈判之前,我们需对供应方的情况进行详尽的调查,进行明智的选择。

一般来说,对供应方的调查,主要包括以下两个方面:

---

[1] 莱内特·欧文.中国版权经理人实务指南[M].北京:法律出版社,2004:31-32.

1. 对供应方版权方面的调查

（1）供应方是否独占版权，或者说，供应方是否为版权的真正所有者；

（2）当需引进版权的构成比较复杂时，要确定这个版权项目是否为供应方全部拥有，是否有他人的版权，供应方是否有权转让；

（3）供应方的版权市场前景如何，是否能为本国大众所喜欢，经济价值如何；

（4）供应方所在国对版权输出的有关规定。

2. 对供应方信誉度的调查

（1）供应方的资本额及其财务状况；

（2）供应方的业务能力及出版社的发展前景；

（3）供应方的商业道德、经营方针和经营手段。

对供应方的调查应通过多种渠道进行，包括外国银行或商行、我国驻外机构、国际性咨询机构及商会或同业协会、我国从事对外版权活动的机构、各种刊物、样本及展览会等。

（六）向版权所有者发出申请函

在明确了版权真正的所有者，并对其进行了版权和商业信誉度的调查以后，就可以对其发出申请了。通常来说，在第一封申请函中要包括这样一些内容：

首先，要询问对方该书的版权是否可以授予，并索要样书，通常样书是免费的；

其次，要明确向对方表示自己想要获得的版权的类型，在第一章中，我们已经介绍了版权贸易的几种类型，出版社应该根据自己的需求和实际情况进行慎重的选择；

再次，如果是首次与对方联系，还应该在申请函中向对方介绍我方的情况，如果我方曾和该国其他出版社有过版权合作，就应在申请函中将我方曾获得版权许可的情况作介绍。

（七）可行性研究

版权所有者在收到我方的申请函并明确版权是可以授予时，会给我方寄来样书，并且明确该图书版权的选择期限，通常为三个月。在这三个月中，我方要对引进该书的市场前景进行充分预测，也就是要做好版权引进的可行性研究。版权引进的可行性研究是版权引进工作中极为重要的一环，可行性报告如果做得不够精准，导致决策错误，所造成的损失将是巨大的。因此，我们在进行版权引进时，一定要给予可行性研究充分的重视。

（八）对外询价

对外方询价是版权的受让方公开把自己的购买意图告诉版权的供应方，要求对方在一定时间内，根据询价的要求，向受让方提出版权的报价。向外方发出的询价书应做到内容明确、要求具体，要把受让方的具体条件介绍清楚，主要内容包括版权要求和商务要求两部分。

（九）版权比较和价格比较

1. 版权比较

版权比较是把各出版社所拥有的类型相近的版权进行比较，根据我方的要求，做出比较表，以此来研究各出版社的版权哪个具有更高的经济效益，为版权谈判做好准备。

2. 价格比较

价格比较，也就是比价。比价是把外国出版社的报价同当时的国际市场价和历史价格进行比较，主要包括：

（1）不同出版社的报价比较；

（2）历史价格比较；

（3）地区价格比较：比较外国出版社对不同国家地区的报价；

（4）相同价格比较：比较外国出版社在相同时间内对我国不同出版社的报价。

比价是在同类版权比较的基础上进行的，不能简单地比较，而要根据实际情况进行研究和推算。比价是为谈判做准备，因此要做好比价表。

二、对外谈判与签订合同

版权引进合同的谈判和签订，是版权引进工作的一个重要的环节。一般来说，一项版权引进合同，需要谈判双方进行反复磋商才能最终达成协议。谈判的过程就是双方消除分歧、求同存异的过程。谈判后形成的合同，是双方在贸易过程中都必须遵守的法律文件，对双方均有约束力。

三、履行合同

版权合同签订后，受让方应统筹安排，加强与供应方的协调，并按照合同的

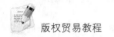

规定,按时履行合同。因版权引进的方式不同和合同的标的物不同,履行合同的步骤和需要做的工作,也就不尽相同。

第二节 版权引进的谈判

版权引进合同的签订和生效,要经过周密的谈判,因此,版权引进合同的谈判是版权引进工作中相当重要的一个环节。谈判不仅是一门科学,更是一门艺术,做好版权贸易的谈判工作,对于版权引进工作的顺利开展,有着非常重要的意义。

一、谈判前的准备

(一)成立谈判小组

由于版权贸易涉及文化、经济、法律及国家政策等多个方面,因此,谈判的步骤要比一般的商品贸易复杂。为了保证谈判的顺利进行,保证质量,需要组建一个强有力的谈判班子。谈判小组一般包括以下几方面的人员:

(1)项目主持人。项目主持人是谈判的主要发言人和负责人,要对引进版权的经济核算问题、商务问题、法律问题以及国家政策有一个清楚、全面的了解,全面负责合同的谈判。项目主持人应具有复合型人才的素质,一般是由出版社的负责人来承担。

(2)项目的经济负责人。项目的经济负责人应具有从事版权贸易经验,熟悉版权贸易的相关经济问题,负责对外商务谈判。通常是由财务方面的专家担当,其中包括营销专家。

(3)项目的法律负责人。项目的法律负责人应精通有关版权贸易的法律和惯例,为合同谈判提供顾问咨询,通常由熟悉知识产权保护法和国际惯例的法律顾问或律师担任。

(4)翻译。在版权贸易中,翻译应由具有版权贸易背景知识、外语水平较高的人员担任。翻译不能对具体谈判直接参与意见,而必须将双方的意愿准确地传达给对方。

谈判小组的人员应该相对稳定,特别是项目主持人不要轻易更换,以保证谈判的延续性和质量。

(二) 制订谈判方案

谈判就是要解决双方在贸易条件中的不同意见,各方的意见均是建立在有利于本方利益的基本点上的,谈判的成功应是"双赢"的,是对双方都有益的。为了达到这个目的,取得较好的谈判结果,就需要制订一个谈判的方案。

谈判方案主要包括:

拟定谈判的方针和策略,确定谈判的关键点,拟订所需要谈判问题的先后顺序及问题的分寸,以及具体的版权谈判和商务谈判的方案;

要准备谈判的合同文本,力争以我方提出的合同文本作为双方讨论、签订版权合同的基础。

谈判方案要尽可能简明、具体、灵活,以便于谈判人员记住要点,易于与对方周旋。

(三) 评估自身实力并设法了解对手的情况

评估自身实力是一个"知己"的过程,高估自己和低估自己都会对谈判产生不利的影响,因为高估自己会轻敌,而低估自己则会怯场。了解对手的情况,是一个"知彼"的过程。要了解对手的真正需要和个人属性,可通过以下三个途径:

(1) 向曾经和他打过交道的人打听。这样做含有双重风险:其一,和他交过手的人所提供的信息可能夸张不实,含有偏见;其二,对方可能会怂恿与对方交过手的人故意提供不确定的情报来误导你。因此,为了避免这种风险,应对所搜集的信息进行审慎的判断。

(2) 搜集并研读谈判对方的书面文字,特别是他本人的谈话记录或著作。

(3) 在谈判过程中,仔细地观察对方,并倾听对方的意见表达。

(四) 进行谈判演练

组织好谈判班子,制订好谈判方案后,为了更直接地预测到谈判中可能出现的各种问题,对于重大谈判,还应进行谈判过程的模拟,用以检查谈判方案的可行性和针对性,并训练谈判人员的反应能力。

二、谈判的程序

（一）版权谈判

版权谈判的主要内容是确定所交易版权的内容、范围、交付方式、途径和时间，版权的使用权和使用范围，有关作品的销售权和版权转让权等条款。版权谈判的关键是确定引进版权的质量，因此，版权谈判所达成的条件必须全面、完整、准确无误。

（二）商务谈判

在版权谈判的基础上，按照国际商务的一般惯例，要进行商务谈判。

商务谈判的内容涉及价格、支付方式、税费、使用法律、仲裁、保证和索赔、版权保护、不可抗力、合同生效等。商务谈判的中心环节是价格。在明确要转让或许可的版权后，成交价格是个关键。与商品贸易相比，版权贸易的伸缩幅度要大得多。因此，这里我们主要介绍商务谈判中价格谈判的过程和各种相关的注意事项。

价格谈判一般包括询盘（inquiry）、发盘（offer）、还盘（counter-offer）和接受（acceptance）四步。

1. 询盘

询盘又称询价，是指交易的一方，询问购买或许可使用某项版权的各项或主要交易条件而发出的口头或书面的表示。

在版权贸易中，版权引进采用直接询价的方式。买方在版权引进前，对潜在的版权来源，选择几家版权供应商，以书信、电报、电传、传真、电子邮件或口头等方式，将本方的要求告诉对方，请其提出建议和报价。

询价往往不只一次，有时询价的目的也不一样。确定谈判对象前的询价，是为了摸清供应方的情况；开始版权引进时的正式询价，则要比前者的目的更为明确。在询价中应注意的问题主要有：

（1）询价是一项严肃的工作，应该认真对待。在询价书中，应清楚明确地说明有意向的版权条件和要求，还要明确相应的商务条件及应包括交易的主要条件，如价格、支付条件、仲裁、索赔等。

（2）询价对象的数量应该适宜。询价的范围不能太宽，也不能太窄。因为外商在接到询价后，会组织相当的人力，花费大量的时间和财力去准备报价，询价对象过多，不仅会增加引进方的工作量，还会增加外方的负担，容易引起外方的不满。另一方面,如果询价对象太少,范围过窄,会影响到日后的比价和合同的谈判工作。因此,询价对象的数量应该适宜,做到针对性强,目的明确,便于比价。

(3) 询价的时间。详细的询价,应是在版权谈判后进行。因为,经过版权谈判,双方已经对对方的意图有了明确的了解,此时再进行详细询价,能够做到有的放矢,获得较好的成效。

2. 发盘

发盘是指供应方根据受让方的询价要求,向受让方提出许可使用该项版权的各种交易条件的一种表示。发盘中的交易条件包括版权条件和商务条件。发盘既是一种商业行为,也是一种法律行为,在发盘的有效期内,发盘的外商要受到发盘内容的约束。因此,在发盘中除了要详细规定相关的版权条件和商务条件之外,还要明确规定发盘的有效期,以明确报价人受其约束的时间、范围。

发盘通常分为实盘与虚盘两种。

实盘的特点主要有:

(1) 实盘的内容是明确肯定的,是愿意与受盘人签约的条件。

(2) 实盘的内容是完整的交易条件。

(3) 对实盘应规定有效期。只有在有效期限内接受发盘,该接受才有效,对发盘人才具有约束力。若是过了发盘的有效期,发盘即失去了对发盘人的约束力。实盘在法律上属于一项要约,发盘人不得随意撤销或修改发盘内容。

虚盘的特点主要有:

(1) 虚盘对发盘人没有约束力,发盘人可随时撤销或修改,即使收盘人接受了发盘的内容,仍必须经发盘人确认后,才能达成交易。在法律上,虚盘是一种要约邀请。

(2) 虚盘中通常规定保留条件。

(3) 虚盘中没有有效期限。

(4) 虚盘中的内容可繁可简,不受限制。

3. 还盘

还盘是指受盘人收到发盘后,虽对发盘有兴趣,但不同意或不完全同意发盘人在发盘中提出的条件,从而提出了自己的条件,这实际上是对发盘提出修改或变更的一种口头或书面表示。

还盘不仅可以就价格的高低提出意见,也可以就交易的其他条件提出意见。在国际贸易中,一笔交易通常要经过还盘和再还盘,才能达成交易。还盘是对原发盘的拒绝,还盘一旦发出,原发盘即失去效力,发盘人不再受其约束。

4. 接受

接受也称承诺,是指受盘人在发盘的有效期限内无条件地同意发盘的全部内容,并愿意按这些条件与对方签订合同的一种肯定的口头或书面的表示。一方的发盘一经另一方接受,交易即告成功,合同即告订立,双方当事人就应分别履行其所承担的义务。构成接受的条件一般有以下几点:

(1) 接受必须由受盘人作出。接受必须由受盘人作出,才具有效力,其他人即使了解发盘的内容并表示同意,也不能构成有效的接受。这并不表示发盘人不可以和受盘人以外的第三方进行交易,只是说,第三方作出的接受,不具有法律效力,对原发盘人没有约束力。

(2) 接受必须表示出来。接受应由受盘人通过一定的方式表示出来,缄默或不行动本身并不等于接受。表示的方式可以是口头的,也可以是书面形式的,还可以根据交易双方习惯的做法进行。

(3) 接受的内容必须与发盘相符。原则上,接受的内容应该与发盘中提出的条件完全一致,这才表明交易双方就有关问题达成了一致,只有这样的接受,才能导致合同的订立。

(4) 必须在有效期内接受。发盘中都规定了一个有效的期限。这一期限的规定,一方面,约束了发盘人,强调了发盘人应承担的义务,在有效期限内不得随意撤销或修改,过期则不再受其约束;另一方面,发盘的有效期限也约束了受盘人,只有在有效期限内作出的接受,才具有法律效力。

三、谈判中的策略

(一) 意见统一,一致对外

在谈判过程中,应先在组织内部达成共识,统一组织内部的意见,使大家的谈判目标一致,对外的口径一致。统一计划,统一行动,团结一致,共同对外。

(二) 充分利用竞争,货比三家

引进版权,要货比三家,不能只认准一家。应该充分利用供应方之间的竞争,使之相互角逐,以利我方择优引进。

(三) 平等互利

只有相互平等对待,才能为谈判创造一个共同的基础,谈判才有可能达成共

识。买卖是为了利,但只有互利,达到"双赢",才能达成交易。互利是谈判获得成功的重要保证。

(四) 相互尊重,讲求诚信

一项交易的成功,取决于双方的共同努力。在谈判中,双方应该创造一种互相尊重、以诚相待、精诚合作的气氛,使双方都对谈判的项目充满信心,并给予成功的希望。这也有利于双方互让互谅,克服谈判中出现的种种困难。

(五) 抓住关键,灵活掌握

谈判要着眼于大局,抓住关键,坚持条件,当机立断。切忌纠缠细节,对次要问题要灵活掌握,有得有失,欲擒故纵。

(六) 引而不发,要有耐心

在谈判中,不要轻易亮出底牌,动机和目标尽量不要让对方摸清,对自己提出的条件和构思要坚持,不能急于求成。

(七) 留有余地,出其不意

提出的条件和要求,应该留有让步和妥协的余地。谈判条件的突然增减,态度和语气的突然变化,往往都可能使对方措手不及。

第三节　合同的签订与履行

一、合同的签订

经过版权谈判和商务谈判,双方应将经过反复磋商达成的协议整理成合同的最后文本,这时就要履行签订合同的手续。合同一经签订,并在有关部门进行版权登记以后,就具有了法律效力,当事人双方必须全面履行合同中规定的义务。

合同文本包括正文和附件两大部分。正文为合同的商务条款和主要的版权方面的条款;附件主要是版权附件,还包括合同的银行保函或信用证格式。为了表示对合同的重视和合作的诚意,合同的签订一般都邀请合同双方的首席代表或更高层次的主管出席签订仪式,以示郑重。

签订版权引进合同，应该注意以下两个问题：

1. 合同文本的内容应该具体、完整

合同具有法律效力，用词应该准确，切忌含糊不清、模棱两可，对双方的权利、义务和违约的责任，应该作清楚详尽的规定，以免在执行合同时产生争端。同时，还要注意合同条款之间、正文与附件之间的一致，不能相互矛盾，自相冲突。

只有在合同中作出明确的规定，才能尽量避免日后发生冲突，降低双方遭受损失的可能性。一个比较典型的例子就是我国某出版社出版希拉里回忆录中遇到的关于修改权的问题，美国的西蒙-舒斯特出版社已经收回《亲历历史：希拉里回忆录》的中文版版权，这是因为我国出版社拒绝恢复被删节的部分，但是，美国出版商却坚决要求出版社出版完整的译本，双方协商不成，导致了美方出版商收回了该书的中文版版权。这个事例提示我们，在进行版权贸易谈判时，应充分考虑到可能出现的对不适合内容进行修改、删减的情况。在双方谈判阶段，就应对诸如此类的问题作出明确的规定，并在合同中明确地表达出来。只有这样，才能使我国出版社在版权贸易中尽量避免受到这样的损失。

2. 明确双方当事人的法律地位

双方的签约人应是法人代表，如果当事人不具有法人资格，但有法人委托的正式书面授权证明，也可作为代理人签约，否则，所签的合同不具有法律效力。

二、合同的履行

合同签订后，双方就要按照已签订的合同的条款履行各自的义务和权利。同时，双方还应在执行合同条款后注意保护自己的合法权益。履行合同是一项繁杂的工作，也是版权贸易取得成效的阶段。为了执行好版权引进合同，首先应熟悉合同的内容，严格遵守合同的各项规定，坚持做好执行合同的记录，技术处理执行合同中出现的问题。

1. 履行合同的内容

（1）对引进图书的翻译或编译的工作，应该组织有一定专业水平的翻译或编译队伍。

有些出版社在花费了大量人力、物力，把图书引进后，就以为大功告成了。其实恰恰相反，图书出版的工作才刚刚开始。因为，图书后期制作的成功与否直接决定了引进作品的品质高低以及市场销售前景的好坏，进而影响到国外合作伙伴的收益,甚至会影响到此次交易以及以后合作机会的成功与否。因此,"翻译质量是引进图书的生命"①,不能以"应付"的心态随便找人翻译。

在翻译队伍的选择上,出版社一定要不惜重金,物色高水平的译者,组织起一支有一定专业水平的翻译或编译队伍。首先,要在相关领域内寻找那些专业技能和外语知识均擅长的专业人才;其次,要留有充裕的时间给译者。翻译并不是简单、机械地把外文直接翻译成中文。在一定程度上来说,翻译,尤其是文学类图书的翻译,也是一种再创作。当然,留有充裕的翻译时间最好,如果时间紧张,一定要向译者交代清楚,在保证翻译质量的前提下提高工作效率。出版社一定要衡量好翻译质量和时间速度这个天平,万万不可因一头的失误而导致整个工作的失败。

(2)对翻译或编译后的作品进行排版,这是进行批量复制的基础。

一般来说,当书稿终审完毕,编辑的使命也就完成了,对于作品的排版或一些后续工作,都不会再过问。但实际上,很多版权引进合同都对版式设计和封面设计作了详细的约定。如,有要求使用原书封面的,有严格限制国外出版公司商标的位置、大小颜色的,有要求书名和作者名的字体、字号的,有要求封面文字和作者名的字体、字号的,有要求封面文字和封面主图案的等。② 因此,版权人员或编辑这时一定要和美术编辑等人员及时进行沟通,因为多数美术编辑通常都是根据自己对这本书的理解进行的设计,是否符合原书的内容及定位将很难把握。关于作品的排版和封面设计等,国内出版社要在尊重合同的基础上,认真对待,避免由失误引起的不必要的麻烦和不愉快。

(3)印刷或影印的准备,包括印刷计划安排,印刷工艺、印刷工作的组织,生产原材料的安排等。

这也是将作品进行复制印刷的一个非常重要的环节,要本着求精、求稳的心态,组织好相关设备和原材料的购买、运行工作,以确保作品能够正常付印。

(4)正式投产,按合同规定进行批量复制,即开机印刷。

这期间,要注意一个时间问题。一般而言,版权合同中都会明确提出引进作品必须在授权合同签署之后的一年到一年半内出版。提出这样要求的原因,是为了让作品如期面世后,国外出版社就可以及时收到版税。当然,有一些出版社事先收取了一部分预付金,然后再按照图书出版之后的销售册数来支付另外一

---

① 陈昇.成功版权引进"三部曲"[J].出版科学,2007(3):63.
② 陈昇.成功版权引进"三部曲"[J].出版科学,2007(3):64.

部分版税，但仍有一些出版社并不收取预付金，而是按照作品的印数收取版税。对于它们而言，作品的及时付印就显得很重要了。

(5) 配合发行部门做好销售工作。

图书卖得出去，获得了市场和读者的认可，并产生了良好的社会效益和经济效益，这才是版权引进的最终目的所在。在销售阶段，如果销售人员对作品内容及有效卖点掌握不足，常常会导致销售时的盲目被动，最终使该作品的引进出版功亏一篑，图书面临被书店下架或退货的悲剧。虽然作品销售情况并未在合同中具体涉及，但如果作品销量不好，一定会直接影响到双方将来的合作关系。因此，版权人员还要配合发行部门做好图书的营销和销售工作，使图书在最大程度上销售出去。这样做的结果，除了会使合作双方获得一定的经济效益外，也会有助于国内出版社在国内外树立良好的品牌形象，在巩固与现有国外出版社的合作关系的同时，也为将来与更多的出版社合作打下坚实的基础。

2. 履行合同的支付义务

支付是几乎贯穿于合同执行全过程的问题。合同开始执行，就会发生预付的问题，随着合同执行的进度，还会有其他分阶段的支付。如果合同采用的是版税的支付方式，在整个合同的有效期内都应及时对此加以关注。

要认真履行合同的支付，需要注意以下几点：

(1) 认真审单。认真审单是正确支付的前提。在审单时，首先应该审核单据是否齐全，看外商是否按合同规定的内容和份数提供了全套的单据，特别是合同规定要附有银行保函时，是否提供了保函。除此之外，还要审核单据是否准确，如汇票的金额与合同规定的应付金额是否一致。

(2) 按期支付。审单无误后，应按合同规定的期限对外承付。在一般情况下，既要防止过早支付，也要避免迟延支付。过早支付显然会发生利息损失，于我不利；迟延支付要承担违约责任，还可能因汇率的变化而造成汇率损失。

(3) 准确支付。在对外支付时，应按照支付单据所记载的正确金额对外支付。如采用付版税的支付方式，应按合同规定的方式核查账目，准确地计算版税支付金额。在支付时还要注意核查是否将预提所得税或许可方应承担的违约赔偿金扣除。为了防止错付、漏付或重复支付，应熟悉合同的支付条款，对合同规定的付款时间和金额要做到胸中有数，并建立详细的支付明细记录。

第七章

版权贸易合同

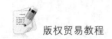

版权贸易合同,是贸易双方为实现版权许可或转让的特定目的而签订的规定双方权利、义务关系的法律文件。版权贸易合同,是由多种合同形式组成的集合体,在版权贸易实践中,版权贸易合同的形式也是多种多样的。本章中,我们将对可能涉及的主要的合同形式作重点介绍。

第一节　　版权贸易合同的基本知识

版权贸易作为一种特殊的贸易方式,由于贸易双方权利、义务的复杂性,使得合同在版权贸易中的地位相当重要。因此,要做好版权贸易,就必须对版权贸易合同有一个全面、详细的了解。鉴于此,我们首先介绍一些版权贸易合同的基础知识。

一、版权贸易合同的相关概念

版权贸易合同,是指版权所有人或代理人与作品使用人之间,就实现某部作品版权中的一项或几项权利(作品使用权)的有偿转移而达成的书面协议,其中规定了双方的权利和义务。也就是说,版权所有人(代理人)以订立合同的方式,允许使用人在一定期限内享有对作品中的某些权利的使用权。

版权贸易合同的主体,即签订和执行合同的当事人,一方为供应方,又称输出方,是作品权利的所有人或其代理人;另一方为需求方,又称输入方、引进方或受让方,是作品权利的需求人。供需双方可以是自然人,也可以是法人,但由于版权贸易合同关系到某种权利的使用权的转移,比普通的商品买卖合同要复杂得多,因此,在目前的版权贸易中,合同的主体大部分都是法人,而非自然人。在实践活动中,也有一些国家的政府机构,作为主体参与版权贸易。

版权贸易合同的客体,又称合同的标的物,主要是指作品财产权,即作品的使用权。至于版权当中的精神权利或作品的人身权,比如署名权、发表权等,还未见有关国家规定,可以在版权贸易中成为合同的客体。

二、版权贸易所涉及的合同种类

根据不同的划分标准,版权贸易合同可以分为多种类型:

(一) 标准合同与具体合同

这种分类是以合同制定主体为标准。标准合同文本是指两个国家的版权局或出版协会,根据各自国情,共同协商所制定的用于指导两国出版机构进行版权贸易活动的规范合同样式。实践中,常常存在一个国家的版权局根据已有的版权贸易的特点,拟定标准合同的现象,比如我国国家版权局在 1990 年下发的《对台港澳版权贸易示范出版合同》。

具体合同是指实际从事版权贸易的出版机构或版权代理公司,在标准合同的指导下,结合本次版权贸易的实际情况所签订的合同,每一次版权贸易,都会产生一份具体的合同文本。

(二) 许可合同与转让合同

这种分类是以版权贸易所涉及的权利性质为标准的。许可合同是指版权所有人将其享有的专有作品财产权中的一项或多项内容许可他人使用的法律形式,包括独占许可合同和普通许可合同两种。

转让合同是版权贸易双方为实现作品的专有使用权在法定有效期内的转移而签订的合同,理论上包括全部转让合同和部分转让合同。

(三) 一揽子合同与单一合同

这种分类是以合同涉及的版权数量为标准。一揽子合同是指版权贸易双方,就一系列作品版权转让或许可而缔结的合同。

单一合同指仅仅就一种作品的版权转让或许可使用而签订的贸易合同。在版权贸易实务中,这两种合同形式都非常普遍。

(四) 国内版权贸易合同与国际版权贸易合同

这种分类是以版权贸易的标的物是否跨越国籍来划分的。贸易双方都是同一国籍的,签订的合同自然就是国内版权贸易合同;如果贸易双方不属于同一国籍,则称为国际版权贸易合同。在此说明,本书所讲的版权贸易合同,一般是从国际的角度而言的。

(五) 现实版权合同和将来版权合同

这种分类是以版权贸易的标的物是否已经现实存在为标准来划分的。现实版权合同是指就目前已经存在的版权进行转让或者许可方面的协议;而将来版权合同,则是指版权购买方与版权人就其将来创作完成的作品或者将来能够获得的版权达成协议,实现将来版权转让或者许可的合同。随着版权贸易的迅猛发展,这种版权贸易合同的数量在不断增加着,很值得业内人士的关注。

此外,还有多种合同类型,如根据合同的法律效力,版权贸易合同可分为主合同和担保合同;根据文学、艺术作品的不同表现形式,版权贸易合同可分为出版合同、表演合同等。

三、版权贸易合同的基本特征

与普通商品买卖合同相比,版权贸易合同通常具有以下几个基本特征:

(一) 时间性

任何版权贸易合同都要规定一定的期限,即有效期。它是指被转让或被许可使用的版权在时间上的效力,一般来讲,版权贸易合同比普通商品合同周期要长,许多国家都对其期限作了一定的限制。

(二) 地域性

地域性是版权贸易合同的一个重要特征,任何版权贸易合同都只能在其规定的国家或地区范围内发生效力。在版权贸易合同中,通常都要明确规定被许可或被转让的版权在地域上的效力,即规定地域性条款。

版权贸易合同的地域性主要体现在以下两个方面:

1. 当事人双方的权益要求

版权贸易合同涉及的是作品使用权的转移。对于供应方来说,首先要在一定的区域内具有这样的权利,才能向受让方授权;对于受让方来说,得到供应方授予的使用权后,目的是要利用这种授权去获取利益,受让方的利益也要受到地域的限制。只有当获取利益的地域与授予权利的地域一致时,受让方的权益才能得到法律的保护。因此,当事人双方的权益均要求版权贸易合同具有地域性。

2. 合同价格的要求

在版权贸易合同中,输出方出让版权的目的是为了从引进方那里获取转让或许可费,而转让或许可费的高低,一般是与转让方允许引进方使用其著作权的地域范围的大小成正比的,即地域范围越大,需要支付的费用越高。因此,引进方就不能任意扩大其适用范围,在选择地域范围时,必须考虑自己的经济实力,尽量以合理的价格,得到较大的地域范围。从这个意义上说,价格是决定版权贸易合同地域性的重要因素。

(三) 法律性

版权贸易合同具有严格的法律性。不论是合同内容,还是在执行合同的过程中,都会涉及诸多法律。从法律的渊源来看,涉及国内立法、国际条约和国际惯例;从法律门类来说,涉及合同法、买卖法、国际贸易法、知识产权法、国际公法和国际私法等。就我国而言,版权贸易合同可能涉及的法律,主要有《合同法》、《对外贸易法》《著作权法》,以及有关涉及增值税、消费税、营业税、所得税等的法律。

(四) 复杂性

版权贸易合同比一般有形商品贸易合同的内容更复杂,综合性更强,涉及面更广。常见的版权贸易合同,内容除了基本合同条款外,往往还涉及价格、税法、外汇等问题。

(五) 多样性

由于不同国家对版权贸易所作的相关法律、规定不尽相同,合同涉及的版权种类也有许多,再加上作品使用方式的多样性和各国贸易惯例的不同,版权贸易合同呈现出多样化的特征。

第二节　版权贸易合同的条款

版权贸易中,双方当事人会根据不同的作品、不同的要求等具体情况而签订不同的合同,这些合同的条款肯定是千差万别的。但一般来说,版权贸易合同大多包括以下一些共同性的条款。

一、一般性条款

(一) 合同名称

合同名称应能确切地表明版权贸易合同的性质和类型,反映合同的内容,如"××版权许可贸易合同"、"××版权转让贸易合同"之类。如果是独占许可、或非独占许可,也可以直接表明许可的类型。

(二) 合同编号

合同编号是识别合同的特定符号,它反映版权供应方的国别、受让方的名称、合同的年份、先后的顺序等。合同编号便于双方联络,当事人来函、来电及单证的内容可以简化,此外,还有利于立案归档和查阅,有利于向省级版权局报批。当然,合同编号并不是必要条款,不是任何版权贸易合同都会有的。

(三) 签约时间

签约时间即双方正式签字日期。如果双方的签字日期不同,一般是以最后一方签字日期为签约日期。版权贸易合同的签约日期不一定是合同的生效日期,但与合同的生效有密切关系,如在签约后一段时间内生效。

签约日期还涉及版权贸易合同的适用法律问题。如果该版权贸易合同是在一种新的法律公布实施日期之前签订的,一般适用原来的法律,或经双方协商一致,适用新公布的法律;如在新法律公布实施之日后所签订的,除合同另有约定外,一般适用新公布的法律。

签约时间一般都在前言中表明,但有时也可放在合同末尾各方签字下面(或上面)。如果前言的签字日期与末尾签字日期不一致,则以末尾签字一方签字日期为签约时间。

(四) 签约地点

版权贸易合同往往写明签约地点,签约地点可与签约日期联写,如"×年×月×日于中国上海签订"。签约地点是法院或仲裁机构选择适用法律的依据之一,如果版权贸易合同中没有明确规定适用哪个国家的法律,则根据国际私法惯例,合同签约地的国家法律即为该合同的适用法律。

(五) 版权贸易双方名称及住所地

输出方和引进方是版权贸易合同的主体,是合同所规定的权利、义务和一切法律责任的承担者。合同中的全部条款都是围绕着这二者来制定的,只有完整、明确地写明其名称,才能表示出当事人是法人还是自然人,以及其作为法律实体的性质。

强调当事人双方住所地条款有两点意义:第一,有利于识别当事人。在版权贸易合同中,写明住所地有利于区分签约的当事人是母公司还是子公司,便于函电往来和合同的履行。第二,关系到法律适用地问题。在出现版权贸易合同纠纷时,根据一些国家的法律规定和国际惯例,原告或被告所在地是确定法院管辖权和适用法律的重要依据。

二、主要条款

（一）转让或许可的权利性质

这是版权贸易合同中的授权条款。版权是一种复合财产权,它的授权可以是统一的,也可以是分开的。在版权贸易合同中,转让或许可的作品财产权可以是一项,也可以是多项甚至全部,因此,一定要明确约定权利的性质。

在版权许可合同中,要明确规定允许对方以什么样的方式进行使用,比如,授予翻译权,应明确授予何种文字的翻译权;授予改编权,应明确改编为何种新的作品形式。再比如,版权许可贸易合同要写明许可使用的权利是专有使用权还是非专有使用权,由于这两种许可方式对于交易双方的权利和义务有很大的区别,因此,在签订许可合同时,一定要明确规定到底是专有许可还是非专有许可,这对许可人和被许可人都是十分重要的。

凡是在合同中没有明确规定是何种许可方式,一律认定为非专有许可。只有在签订合同时明确约定许可权的性质,才能保障引进方的正当利益。

（二）转让或许可权利的地域范围与期限

版权供应方和受让方在版权贸易合同中,要对转让或许可使用的权利在地域上进行限制,即规定其地理区域上的效力,比如作品出版、发行的范围,翻译权的范围等。此外,版权所有人一般还要限定转让或许可的权利在时间上的效力,即引进方在什么时间范围内拥有或可以使用某著作财产权。通常版权贸易合同的有效期不超过 10 年,一般为 3—5 年,时间太长,会给版权所有人带来损失。更不能把版权卖绝,这会有损国家利益,一般不会被法律允许。

（三）报酬的确定和支付条款

这是版权贸易合同中的付酬条款,对于有偿版权贸易合同来说,付酬条款的存在是必需的。获得报酬是对版权拥有者转让或许可版权中的经济权利的一种补偿,是他的经济权利。

版权贸易合同中,要明确版权引进方向输出方所支付费用的确定标准和方法。该报酬的确定和构成,与普通商品的价格构成相比,有很大的不同,二者的影响因素也有很大的差异。在制定版权转让和许可合同中的支付条款时,要明确考虑作品的质量、替代作品的有无与数量、授予版权经济权利的多少、许可使用的方式如何、许可使用的地域范围和时间长短,以及市场竞争情况等。因此,在版权贸易合同中规定报酬金额时,不能照搬一般商品的价格确定方法,要考虑到版权贸易本身的特殊性。

关于报酬支付的具体方法,是现金支付还是票据支付、是一次总付还是分期支付等,也要根据贸易双方的意愿和实际情况,在合同中作出明确的说明。此外,如果采用货币支付方式,还要明确支付货币的种类,比如是贸易双方某一方的货币还是可兑换的国际硬通货。如果采用票据支付,则要规定折算的标准。

有关版权贸易合同中报酬的确定和支付,将在本书其他章节中进行详细说明,这里不再赘述。

(四) 违约责任

违约是指买卖双方中的一方没有履行合同中规定的义务,或是没有按照合同中规定的方式来履行合同中的义务,这就构成了对合同的违约。

版权贸易合同是对双方当事人都有约束力的法律文件,也就是说,合同中确立的权利和义务关系是受法律保护的,双方必须严格履行。然而,在版权贸易活动中,常常不能避免当事人一方或者双方违反合同约定这类情况的发生。因此,在版权贸易合同中,就应该包括违约条款,规定没有按照合同约定履行义务的违约方应当承担什么样的法律责任,是进行民事赔偿、支付违约金、采取可能的补救措施,还是继续履行合同。

规定违约责任,是保证合同签订双方履行合同的手段之一,这样做能够在一定程度上防止违约行为的产生。在版权贸易合同中,双方通常要经过协商,确定违约金的支付金额和比例,以及违约赔偿金额的计算方式。而损失的赔偿,则要根据实际情况确定,在合同中不便写明。

(五) 合同的适用法律

所谓适用法律即"准据法",是指合同的条款解释应遵循的法律,也就是双方当事人的权利、义务应以何种法律为准。版权贸易合同的主体来自不同的国家或地区,因此,签订的合同就有一个适用法律选择的问题。是依照双方中某一方所在国的法律,还是采取某个中立国家的法律作为评判的依据,需要双方协商确定,并在合同中写明。法律的选择,对合同的顺利履行以及纠纷和争议的正确处理,都有很重要的意义。根据我国最新颁布(自2011年4月1日起施行)的《中华人民共和国涉外民事关系法律适用法》规定,知识产权的归属和内容,适用被请求保护地法律。当事人可以协议选择知识产权转让和许可使用适用的法律。当事人没有选择的,适用本法对合同的有关规定。

(六) 争议的解决方式

在版权贸易合同的执行过程中,当事双方难免发生争议。因此,在合同中应事先写明争议的解决方法。一般来讲,发生争议后,可以通过协商、调解、仲裁和司法诉讼。对于一些小的争议,一般可以通过协商或调解得到解决。如果双方对合同的解释或履行存在很大的争议,协商和调解都不能起到作用,则可以向仲裁机构申请仲裁,或向法院提出诉讼。

协商和调解的方式是多种多样的,可以由双方临时决定,不需要在合同中作出专门的规定。而仲裁和诉讼,则需要按照一定的法定程序进行,因此,在合同中要明确规定地点、机构、程序、结果的效力、相关费用的支付等方面的内容。

(七) 双方认为需要进行约定的其他内容

版权贸易双方约定或者一方要求必须订立而对方也接受的条款,也可以成为合同的主要条款,比如变更或终止合同的条件等。

三、普通条款[①]

普通条款是对版权贸易合同的成立和效力的发挥没有实质影响的内容,但其对维护版权贸易的安全,减少合同纠纷等也具有重要的作用。一般来说,普通条款包括以下两部分:

(一) 有关法律、法规明确要在合同中必须履行而无须合同特别约定的内容

按照我国著作权法的规定,这类条款主要有:

(1) 合同中版权所有人未明确规定许可或转让的权利,未经版权所有人同意,另一方当事人不得行使。

(2) 依照著作权法取得版权使用权的,不得侵犯版权所有人的署名权、修改权、保护作品的完整性和其他著作财产权。

对于这些内容,版权贸易的当事人可以依据有关法律、法规的要求,对本合同应当履行的义务作出更为明确、具体的规定。

(二) 双方当事人在合同成立后约定的其他条款

诸如出版合同中向作者赠送样书的数量,以及作者购书的优惠办法等,属于此条款的内容。

---

① 刘春田.知识产权法[M].北京:中国人民大学出版社.2000:114-120.

第三节　　版权贸易合同双方的义务

一、版权所有者的义务

在版权贸易中,版权所有者既可以指作品创作者,也可以指版权许可人,根据版权合同和合同法等相关法律规定,版权所有者有如下义务:

(一)按合同约定交付作品

按合同规定交付作品主要是指作品创作者,按照合同规定的时间内交付作品,同时要保证作品的质量也符合双方的约定。但应该注意的是,版权贸易的特殊性,决定了贸易并不是通过作品实体的传递来完成交易,而是通过原件作为载体交付版权权利,因此,一般情况下,只要保证版权原作品的完整信息都传递给版权购买者,并不一定要交付作品的物质实体。

(二)作品和作品权利的质量保证

关于作品的质量保证,前文已述,指作品创作者在交付作品时,要保证其作品符合合同中关于质量的约定,如要保证作品的原创性,保证没有剽窃、抄袭等侵犯他人权利的行为等。

关于作品权利的质量保证,则主要是指原版权所有者保证自己将要许可或者转让的版权符合合同和相关法律的规定,如保证自己有权将该版权进行许可和转让,保证自己不向版权购买者以外的第三方进行"双重授权"等。

二、版权购买者的义务

(一)按规定支付价款

当原版权所有者按照规定交付了作品,或者转移了版权时,版权购买者有义务按照合同的约定支付价款。同时,在数额、时间、地点、方式上要符合相应的合同约定或者法律规定。通常情况下,版权贸易的支付都是采用按比例提取版税的方式,这就要求版权购买者按照市场的实际销售情况进行版税的支付,不能弄虚作假,从而保证版权所有者获得其应得的利益。

（二）合理使用版权

合理使用版权，是指版权购买者必须严格按照合同和相关法律规定的方式和范围内利用版权，比如购买者利用版权不能跨越约定的地理界线；购买者不能自行转让或者许可第三方使用版权；购买者不能跨越约定的使用权限，比如作品的附属权，必须经过原版权所有者授权后才可以利用。此外，对版权的合理利用还要求版权购买者有效利用版权，如果购买者对作品的发行、销售无作为，致使在购买者的活动范围内作品的销售情况无法令版权所有者满意，版权所有者有权在合同到期后改变合作者，或者经过与版权购买者协商，提前终止合同。

第四节　签订版权贸易合同应注意的问题

一、需要注意的事项

（一）与国际接轨

由于我国已经加入了世界贸易组织，因此，在开展版权贸易活动、签订版权贸易合同时，要遵守国际惯例，符合《伯尔尼公约》、《世界版权公约》、《与贸易有关的知识产权协议》等国际公约的相关规定。

（二）坚持预付版税

签订版权贸易合同时，版权的引进方应该向输出方预付一定的版税，这是国际惯例，它对于约束引进方顺利履约有很重要的作用。因此，我国出版单位在向外方输出版权时，应该在合同中写明预付版税的条款。一般来说，预付数额为应付版税的一半左右，如果对方违约，这部分预付版税不必退还。

（三）谨慎签订"一揽子"输出合同

为了有效地维护版权所有者的利益，在向外方输出版权时，最好是做到一份合同仅仅涉及一部作品的版权，不要签订"一揽子"合同。

（四）有效地保护原稿

在版权贸易过程中，由于会涉及作品使用权的转让，因此，会出现原稿的递交与归还的问题，从而涉及对作品原稿的保护。按照惯例，一部作品的原稿在对方不支付一笔保证金的情况下是不能完全交付的,并且,出版行为发生后,版权所有人应及时收回原稿,若原稿有坏损或丢失,应该要求对方赔偿。

(五)内容完整、一致

在签订版权贸易合同时,对合同内容要字斟句酌,保证其完整性。合同条款要具体、明确,文字要精练,条款之间、合同正文与附件之间的内容要一致,不能自相矛盾,给合同的履行造成困难。

(六)邻接权要明确

要明确合同所涉及的版权的哪些邻接权是可以利用的,如相应的电子出版物出版权、其他文字或语种的出版权等,这些邻接权最好一次与版权所有者或其代理人谈判商定,在合同中写明。

(七)法律适用问题

签订版权贸易合同时,应该选择我国法律或者与我国有司法协助关系的国家或地区的法律作为适用法律,这对于维护我方的权益有十分重要的意义。如果采用其他法律,我方难免会因不熟悉其法律规定而遭受不公正待遇或产生损失。

二、案例分析[①]

以菲利普诉中国某影音出版社音像制品出版合同案为例。

(一)案情

原告:菲利普(法国公民)

被告:中国某影音出版社(以下简称影音社)

案由:音像制品出版合同纠纷

1993年8月11日,菲利普与影音社就合作出版、发行专辑录音带《大公鸡与小狗汪汪》(以下称专辑)签订了协议书。协议书规定:菲利普负责双方确定的曲目内容录制专辑,并负责全部录制费用,本协议生效后30日内完成专辑的录制。影音社为本专辑的独立出版人,菲利普不再与任何单位进行任何形式的出版活动。影音社负责对专辑的曲目内容、盒带封面、宣传广告画、有关的图片、文字进行审定,负责选定并委托专辑盒带复录生产厂生产所需的录音盒带,并决

[①] 余鹏翼,姚钟华.国际技术贸易操典[M].广州:广东经济出版社.2002:93-94.

定生产量、支付生产费用。双方共同确定出版、发行的宣传计划,包括确定电视、无线电广播的节目宣传计划及广告推出计划,文字、图片宣传计划以及宣传投资计划,其中包括分别举行新闻发布会和有部分中外使节参加的小型座谈会。每盒专辑菲利普提取版税 0.5 元,影音社有权获得扣除菲利普版税后的全部合作出版受益。影音社保底发行数量为 5 万盘,若因故未能销至此基数,亦应按此数量向菲利普结算。自专辑出版发行之日起,每 3 个月结算一次利润分配。自影音社正式出版专辑之日起 2 年内,菲利普不得再另行发表或出版该盒带中的任何曲目。

　　同年 8 月底,双方共同签字的"作品使用授权书"中规定,影音社负责作品的宣传、推广。双方还共同商定专辑的曲目单,其中 A 面最后一首是《大公鸡(伴奏)》,B 面最后一首诗《快乐的海滩(伴奏)》。

　　签约后 10 天左右,菲利普向影音社提交了自己录制的专辑母带。影音社于同年 11 月、12 月委托某印务公司印刷专辑封面 5 万个,委托某音像出版社复录专辑录音带 5 万盒,并于同年 12 月完成复制。

　　1993 年 12 月 8 日,影音社将生产出的样带交给菲利普,样带中无《大公鸡(伴奏)》、《快乐的海滩(伴奏)》,而磁带的 AB 贴、小招贴上载明磁带中有该两首伴奏带。菲利普当即向影音社提出此问题。影音社对《大公鸡与小狗汪汪》专辑录音带的样带未作修改,复制后于 1993 年底开始公开对外发行,专辑曲目与 AB 贴、小招贴标明的不一致。附在磁带盒内的小招贴注明:本歌集内作品之版权为出版社及作者所共有。该录音带共销售 4000 余盒,其余的已由影音社作消磁处理,影音社未向菲利普支付版税。

　　双方在合同中还对宣传计划有所商定,但未订立书面合同。原告菲利普诉称:1993 年 8 月 11 日我与被告影音社签订音像制品出版协议。我依约履行了义务,但被告生产出来的样带无伴奏曲目,违反了双方的约定,并与磁带印刷品显示的内容不一致。被告还违背协议的约定,屡次以种种借口推托,一直未举办盒带首发式。盒带公开发售后,被告从未支付原告版税。被告的行为违反了著作权法第 28 条的规定,请求判令被告:依原协议第 9 条、第 13 条规定,至少支付原告 25000 元的版税及利息;支付因其违约给原告造成的直接损失 58763.5 元;停止销售尚未售出的所有磁带,交法院进行消磁并销毁封面;在有关新闻媒体上向原告公开致歉,以消除因此案给原告将来磁带发行所带来的不良影响;终止原协议书;承担原告的律师费、调查取证费共计 3 万元。

（二）审理结果

法院经过审理，判决：

1. 解除原告菲利普与被告影音社已签订的协议书、曲目单、作品使用授权书。

2. 被告影音社应支付原告菲利普版税 25000 元及 1994 年 4 月 1 日到执行日按同期银行活期存款利率计算的利息（于判决生效后 7 日内支付）。

3. 被告影音社应赔偿原告菲利普损失 21338.5 元（于判决生效后 7 日内支付）。

4. 驳回原告菲利普的其他诉讼请求。

（三）分析

本案的关键在于双方约定的所谓审定权是否包括删除约定曲目的权利。我们应根据合同本身来确定"审定权"之所指。

双方签订的合作出版、发行合同约定，影音社负责对专辑的"曲目内容、盒带封面、宣传广告画、有关图片文字"进行审定。影音社在答辩中称，要不要伴奏带是影音社的审定权范围内的事，同时又承认自己已答应重新印刷时再加上。而实际双方签约时对专辑的曲目是共同商定的，还将 A、B 面最后一首曲目确定为《大公鸡（伴奏）》、《快乐的海滩（伴奏）》。合同所附带的曲目单是合同的一部分，删减曲目是对合同的修改，应当征得菲利普的同意，或事后得到菲利普的追认，方为有效。当影音社将生产的样带交给菲利普时，样带中没有上述两首曲目，而磁带盒的 AB 贴、小招贴上载明磁带中有这两首伴奏带。菲利普马上提出异议，说明不论是删减曲目前，还是删减后，影音社既未与菲利普取得合意，也未取得菲利普的追认。这样，在一没有法律对"审定"一词的界定，二没有双方合意的条件下，影音社认为自己有权删减曲目的抗辩就无法成立。如果影音社认为自己拥有的审定权包括对曲目的删减，并曾经决定删减上述两首曲目，那么，至少生产的样带应该是磁带上的曲目与磁带盒内的 AB 贴、小招贴一致，这说明影音社并没有认真实施自己的审定权，也可称为不适当履行，影音社的履约行为不符合合同要求。"审定"一词不具有法定含义，双方未在合同中约定其具体内涵，影音社把审定解释为包括删减曲目就缺少法律和事实依据。履行合同中发生的上述事实，则证明影音社不是在行使审定权的过程中将上述两首曲目删减，而是履行合同义务时有失误，所以才答应在重新印刷时再加上。

(四) 启示

合同义务一经约定,必须严格履行,否则将承担违约责任,并赔偿对方的损失。在国际知识产权合同当中,当事人无论是在国内还是国外,都应恪守诚信原则,完全、适当地履行约定的义务。

第八章

版权价格的确定与支付

在版权贸易中,版权的价格是一个相当重要又非常复杂的问题。说其重要,因为价格条款是版权贸易合同的核心条款之一,直接关系到双方当事人的切身权益;说其复杂,因为版权作为一种特殊商品,有着独特的计价原则和支付方式。价格条款无疑会成为每一桩版权贸易合同谈判中争论的焦点问题之一,当事人双方能否在此问题上取得一致,往往成为能否缔约的关键。

第一节　版权价值评估

如何确定版权的价格？什么样的版权价格是我们能够接受的？要回答好这些问题,首先就要对版权的价值作出准确的评估。

所谓价值评估,是指通过一定的程序,运用一定的规则,对某项资产的货币价值进行评价,并给出意见。由于版权价值评估的基本原则和方法不是十分完善,因此,我们在对版权进行价值评估时,需要借鉴一些对知识产权进行评估的原则和方法。

一、版权价值评估的基本原则

我们在对版权进行评估的过程中,应该始终坚持一些基本的评估原则,这些原则主要是一些影响无形资产价值的经济因素,主要包括:供求关系原则、替代性原则、期望原则、最大使用价值原则、变化性原则、一致性原则和相关性原则等。

(一) 供求关系原则

供求关系原则是我们在进行价值评估时首先要考虑的基本的经济原则。

所谓供求,包括供给与需求两部分。供给是指生产机构投放到市场上的产品数量,需求是指消费者准备、愿意和能够购买的产品的数量。需求不同于需要,需要是消费者想要购买的产品的数量,而需求则仅仅是消费者有支付能力的那部分。

市场是由卖方和买方,或可称为供给一方和需求一方共同组成的,产品的价格也就自然是由供给和需求双方的行为共同决定的。供给与需求是一对相反的作用力,当供给与需求达到了平衡、不再变动,就形成了产品的价格。这个产品的价格与市场的供给成反比,与市场需求成正比。双方当中任何一方的变动,都会带来整个市场价格的变化。价格上的变化,会直接影响到该种产品的获利状况,进而影响到对该产品进行的价值评估。

(二)替代性原则

所谓替代,是指在市场上存在着两种或两种以上极为相似的产品,它们的功能几乎完全相同,并且能够在市场上相互取代(例如,牛肉和羊肉),这些产品就是互为替代品。我们假设市场上只有两种可以相互替代的产品甲和乙,当其中甲产品的价格提高,根据供求原则,就会导致市场对这种产品的需求下降,人们就会考虑选择它的替代品乙来代替它,此时,就会引起市场对乙的需求上升。这说明,当市场上存在着几种类似的产品可以购买得到,那么,消费者往往会选择其中比较便宜的那一种。同理,也可以适用于版权领域。一个精明的买主购买一项版权的出价,绝不会高于他在市场上获得其他同样能够满足要求的类似版权的成本。如果在市场上有可供选择的相互替代的作品,版权的价值就会受到影响。

(三)期望原则

买方之所以愿意以支付高额版税的代价,来获得对版权的使用或拥有该项版权,其根本目的,也就是主要的经济动因,是期望通过对版权的使用,来获取收益。对版权能够带来的未来收益的预期,是评估一项版权价值的重要依据。

预期收益是对未来可能获得而现在还未实现的收益进行的估算,估算的准确与否,直接关系到出版社是否购买,以及会对该版权支付什么样的价格,以及与版权人进行价格谈判时的立场、坚持的程度等。

(四)最大使用价值原则

市场对产品的需求是不断波动的,大多要经历投入期、快速成长期、成熟期和衰退期四个阶段。从长远看,当产品处于成熟期,得到最大、最彻底地使用时,它才能够实现其最大的价值。这对于版权作品也是一样的,因此,当我们在对一项正在投入期和成长期的产品进行价值评估时,应该充分地考虑到它在成熟期得到最大使用时所能够产生的经济效益,而不仅仅是看它现在的使用情况。

(五)变化性原则

社会是在不断发展变化的,任何一种产品都不是脱离社会单独存在的,政治、经济、文化等各方面因素中的任何一种变化,都会给产品的供给、需求带来变化,进而影响到产品的价值。当我们进行版权价值评估时,应该充分考虑到各种因素变化的趋势和方向,及其对版权产品未来价值的影响。

(六)一致性原则

一项无形资产的价值应该与外部环境相一致,保持一定的合理性,才能够使资产的价值实现最大化。例如,在我国神舟系列卫星发射成功之前,对宇宙、航天给予关注的群体是非常有限的,在对这类图书进行价值评估时,就应该充分地考虑到它的发行量再进行定价。而自我国神舟五号发射成功以后,带来了全国范围的航天热潮,人们急切地想要了解关于宇宙、航天的相关知识,以及我国神舟系列发射前后的故事,此时再对这类图书进行价值评估,就应该充分考虑到这种社会状况,提升对这类图书的价值评估。

(七)相关性原则

一个大的资产项目中,总是包含着若干子资产、子项目,而每个子项目之间都是不同的,都有其自身的特性。一项优质资产会具有较高的价值,而一项劣质资产的价值通常都比较低。在一个大型的资产项目中,很难保证每个子项目都是优质资产,肯定是有好有坏。当优质资产与劣质资产一同使用时,劣质资产会影响对优质资产的价值评估,使优质资产的价值下降;但当劣质资产与优质资产一同使用时,优质资产会提升劣质资产的价值。因此,我们在进行价值评估时,应充分考虑到资产的组成情况,以避免评估价值与实际价值存在过大的差异,而给购买机构带来不必要的损失。

二、版权价值评估的特殊原则

版权作为知识产权的一个组成部分,由于其存在着区别于一般知识产权的独特性。因此,对于版权的价值评估,还存在着一些独特的评估原则。

(一)兼顾经济与社会价值

图书产品作为商品的一种,我们在对其进行价值评估时,首先就要考虑它的经济价值。一本图书只有拥有一定的经济价值,存在着社会需求,能够为出版社带来一定的经济效益,才有被出版社开发的价值。然而,出版社出版图书的目的不仅仅是为了追求经济效益,还要考虑到它的社会价值。因为图书作为文学艺术作品,存在一定的社会价值。一部好的作品能够激励人、鼓舞人,带来巨大的社会效益。因此,我们在对版权进行价值评估时,就不能单纯考虑它的经济价值,还要充分考虑它所蕴含的巨大的社会价值。

(二)兼顾多种影响因素

由于版权自身的复杂性,决定了我们在对版权进行价值评估时,要充分考虑各种影响因素。

1. 作者自身的情况

一部作品作为作者的劳动成果,与作者之间有着千丝万缕的联系。作者的声誉、学术水平、社会地位等都会对作品版权的价值造成影响。我们在进行版权价值评估时,需要充分地给予考虑。

2. 对作品的利用方式

对于同一部作品,利用方式不同,决定了对作品价值评估的不同,评估出来的价值也会大相径庭。

三、版权价值评估的主要方法

版权价值评估的过程,就是确定一部作品价值的过程,也是一个对这种价值的量化的过程。

作品的价值是指某部作品能够为其所有者带来的收益,即未来收益的现值。这种价值的表现形式是多种多样的,它可能是投资某项动产、不动产,或是许可、转让他人使用作品而带来的货币形式的收入,也可能是服务形式的收益,或是像住房一样的使用形式的收益,或是像精美的工艺品那样带来的以享受形式出现的收益。当给作品进行价值评估时,我们应该充分考虑到这种收益的形式对评估的影响,并按照获取收益的不同形式进行计量。

在任何一种评估方法中,我们都要考虑这样一些问题,其中包括与价值相关的评估折旧问题、未来收益的持续时间以及需要花去多少时间才能够达到作品的最大价值,还有就是这些未来收益的获取方式等。例如,这种收益是否稳定,是每年给所有者带来的收益基本相同还是主要的收获期在前而往后不断递减,抑或是所有者要等待很长时间才能够获得较大的收益。人们在论及评估程序时,总是试图将价值评估与评估折旧分为两个步骤,但在实际操作中,这两个部分往往无法区分,必须同时予以考虑。

目前,公认的评估方法主要有以下几种:

（一）市场法

市场法是这些评估方法中最为直观、最容易被人理解的一种方法，可是，市场法并非是放之四海而皆准的一种评估方法。运用市场法进行价值评估，需要满足这样一些条件：首先，在市场类型方面，必须是一个公开的、活跃的、完全竞争的市场，对于任何一方都不存在信息不完全、不对称的情况；其次，在这个市场中，必须存在着类似的、可比较的版权交易案例，可作为本次版权价值评估的参考。

在市场法准确有效地发生效应的条件中，要求所考察的市场是一个信息完全的且完全竞争的市场，但在实践中，这种市场是根本不存在的。因此，我们在运用市场法进行价值评估时，往往要加入很多个人的主观判断，这在不同程度上影响了市场法的准确性和可靠性，这就使得我们想要运用市场法对版权进行价值评估时，存在着许多限制。

1. 交易活跃的市场条件

运用市场法对版权进行价值评估时，需要市场中存在着较多类似的、可比较的版权交易的案例。然而，由于版权的独特性，使得现实中很难出现非常相似的版权案例，单个案例是不能形成市场的。没有可比性案例的存在，市场法的准确性就要大打折扣。

2. 信息完全的公开的市场环境

运用市场法进行价值评估，需要了解和掌握市场交易所需考虑的各种因素，需要能够及时、准确地掌握市场信息，要求市场上的任何信息都是公开的，是可获取的。例如，在外汇市场中，各国的外汇牌价都是在不停地变化着，市场参与者需要对这些信息进行分析，才能进行投资，并从差价中获利。可这在版权贸易中几乎是不存在的，想要了解某部作品的成交价格是十分困难的。这是因为，在版权贸易中，双方的交易价格往往会涉及交易双方的财务安排等方面的商业秘密，因此，交易双方往往都会采取对交易内容进行保密的态度。在这种情况下，想要就某部作品准确地进行评估，几乎是不可能的。

3. 对差异因素的调整

运用市场法进行版权价值评估，对类似或相近作品版权相关信息的搜集是非常必要的。然而，当这一点无法做到时，评估人员就需要对获得的信息和初步评估的结果进行不断地调整，以达到在最大限度上接近评估客体的目的，以便为评估提供价值上的参考。对于运用市场法进行版权价值评估的人员来说，这种调整是更为复杂、更为困难的过程。

4．时间因素的影响

对于运用市场法进行版权价值评估的人员来说,获得即时的市场信息的机会是十分稀有的。大多数的情况是,他们获取的类似版权交易的信息都是过期的。对于这种情况,评估人员就需要对这些信息中的数据,根据时间的变化进行调整,以获取变化后的当前价值。要做到这一点,就需要对特定地区最近时期版权的价格变动进行专门研究,以便将数据调整到合适的数值,作为参考之用。

由此可以看出,在市场极为活跃、存在大量类似的版权交易,并且还是一个信息完全的市场情况下,市场法是非常直观、准确的评估方法。与此相反,当市场中极少出现或根本没有可供比较的、相类似的版权交易,并且市场的信息不完全的情况下,运用市场法进行评估的误差就会较大。

(二) 成本法

成本法是指在进行版权价值评估时,以获取该版权所付出的货币成本(也就是成交价格)作为评估的基础,用它来代替评估版权未来的获利潜力。成本法成立的一个前提条件就是:假设取得的新资产的成本与这项资产的获利能力是相当的。例如,当某部作品的售价高于它能给买者带来的潜在的价值时,这部作品就无法销售;相反,当某部作品的售价低于它能给购买者带来的经济利益时,这部作品就会供不应求。市场的销售状况是成本法成立的最好证明,因此,在通常状况下,作品版权的售价应该与它的实际价值相当。

运用成本法进行评估时,还需要充分考虑到损耗的问题。这种损耗包括经济性损耗、物理性损耗和功能性损耗三种。因为运用成本法进行评估时,总是要考虑折旧对作品价值的影响,而折旧主要是由这三种损耗带来的,因此,运用成本法时,应该考虑这种影响。

成本法应用于版权价值评估,存在着一定的局限性。首先,在版权价值评估中,版权的损耗多是无形损耗,而无形损耗的数量是较难进行确定的;其次,在版权的构成成本中,作者的脑力劳动占有较大的比重,对于这部分价值也是比较难于评定的。当然,当版权的成本构成比较容易确定,比较明晰时,成本法还是比较适合用于对版权的价值评估。

(三) 收益法

收益法是与成本法相反的一种评估方法和思路。收益法并不考虑购买作品需要付出的成本问题,而是关注作品未来的获利能力、它能给购买者带来的潜在的利润。这是因为，获取该资产的成本仅是该项资产现有的价值，但是市场是变化莫测的，未来经营管理中潜在危险的存在，使得作品的现有价值很难反映出它的未来价值。所以，对作品收益的评估，反映的才是一部作品真正的价值。

运用收益法对作品进行价值评估时，首先，要明确货币的时间价值和货币的现在值两个概念。货币的时间价值是指未来获取的同样数量的同种货币的价值，要低于现在获得的同等数量的货币的价值。货币现在值是指将未来获得的一定数量的货币，通过计算利率来得出它相当于现在多少数量的同种货币。

在收益法的使用中，应该考虑到这样一些因素：首先，该资产产生的收益，除去成本后的净流量；其次，这种收益净流量持续的时间；再次，所有者获取这些收益所应该承担的风险。

这些因素的关系可以通过一个简单的公式 $V = I/r$ 来表述 1①：

V——归属于版权收益净流量的价值。

I——运用作品版权所获取的收益，代表着现金流入与流出的净值。

r——资本化率，它反映了所有经营的、经济的和政策的条件，这些条件影响着与运用作品版权和实现预期收益相联系的风险。

例如，假设永续年金收入是 100 元，资本化率是 10%，则这项收入的价值是：

$$100(元)/10\% = 1000(元)$$

显然，这是最简单的例子，在实际生活中并不会发生。所有者不可能奢望一部作品会永久地产生收益，通常计算总是复杂得多。决定合适的资本化率，同样更加复杂。

一般而言，拥有资产最根本的目的就是获取投资回报，因此，收益法是分析这类资产价值最有效的方法。预计资产未来的收益量以及确定合适的折现率有很多方法，至于预测收益净流量的期限，则可以依赖某项资产的经济寿命通过分析三种折旧形式来确定。

从以上的介绍，我们可发现，收益法最适宜用于对合同、专利、商标、版权、证券、许可和特许使用等方面的资产价值评估。

市场法、成本法和收益法都是对资产进行价值评估的工具。从理论上来讲，这三种评估方法应该适用于任何一种资产的价值评估，因此，当我们要进行版权

---

① 俞兴保，朱厚佳，潘银，冯道祥.知识产权及其价值评估[M].北京：中国审计出版社.1995：76 - 77.

价值评估时,应该考虑综合使用这三种方法。

由上述分析我们可以看到,每一种评估方法都存在着一定的缺点和局限性,单独运用这三种方法对同一种资产进行评估,所得到的评估结果之间肯定是有差异的。综合运用这三种方法,会增加我们评估结果的准确性。

第二节　版权的经济寿命

版权作为一种无形财产权,对它的价值评估要比对普通商品的价值评估复杂得多。而在这个评估过程中,对版权经济寿命的充分估计,对于版权的价值评估,有着非常重要的影响。由于我国开展版权贸易的时间不长,对版权经济寿命评估的经验不多,因此,我们将从对经济寿命和知识产权经济寿命的介绍开始。

一、经济寿命的概念

资产的寿命包括经济寿命和使用寿命两种。

资产的经济寿命是指所有者将其资产进行有效的使用,并从中获取收益的延续时间;资产的使用寿命是指所有者将其资产投入使用,直到最终报废,丧失物理功能的延续时间,并不考虑资产是否还能够为拥有者创造收益。

资产的经济寿命与使用寿命是不同的,一项资产经济寿命的结束,并非是以其丧失物理功能、完全报废为终点,而是指所有者通过对这项资产的使用无法再获得收益,或是如果所有者使用别的资产能够给所有者带来更多的收益。

一项知识产权的经济寿命,是指这项知识产品正式投入使用,并从中获得收益的持续时间,这种持续时间涉及权利人的经济效益和对这项知识产权进行的价值评估。需要强调的是,对知识产权经济寿命的充分估计,对于其进行价值评估,起着非常关键的作用。

与有形资产的经济寿命相比,知识产权的经济寿命更具有独特性。

(一) 知识产权的经济寿命与其契约寿命及法律保护寿命是不同的

绝大多数的知识产权都是会受到相关法律的保护,包括商标法、专利法、著作权法及一些国际公约。在这些法律和公约中,对每种知识产权都给予了一定时期的保护期,超过了这个阶段,法律对这些知识产权的保护就将消失,知识产品将自动进入公共领域,这也就是宣布了该项知识产权法律寿命的结束,任何人对它的使用,都不会再造成侵权。这既是一种保护,同时也是为了社会的整体利益,防止权利人对知识产权进行垄断。以版权为例,我国对版权作品的保护期限是作者有生之年加上死后50年,美国是作者有生之年加上死后70年,德国和英国、法国也是作者有生之年加上死后70年。

之所以要规定知识产权的法律寿命,就是要协调知识产品的社会权益与所有者权益之间的矛盾与冲突。当知识产权所有者将其所拥有的知识产品许可或转让给他人时,通常双方会签订一个合同,在合同中会对许可或转让的时间作一个限定,这样,通过合同的方式,知识产权就又拥有了一个契约寿命。通常情况下,契约寿命是要短于知识产品的经济寿命和法律寿命。

在知识产权的这三种寿命中,法律保护的寿命最长。往往一项知识产权已经无法再给其所有者创造任何收益时,它的法律寿命还在延续,因此,现在各国都在尽量减少对经济寿命不断缩短的知识产品所给予的法律保护时间,但尽管如此,法律保护的寿命还是要比经济寿命长许多。其次是经济寿命,知识产权的经济寿命往往是要长于它的契约寿命。契约寿命只是被许可人或被转让人可以使用或拥有知识产权的时间,契约寿命一结束,即使该知识产品的经济寿命还没有结束,原来的被许可人或被转让人都不可以再使用。

然而,并非所有的知识产品都会获得法律的保护,并拥有法律寿命。在工业产权领域中的专有技术(Know-how),由于它自身的特点,许多专有技术的拥有者都不对专有技术申请法律保护,同时,有些专有技术虽不具有获得知识产权保护的资格,但出于其自身的特点,只要不被其他经营者了解,就能为所有者获利。大多数专有技术的所有者都是自己对专有技术进行保护,一旦专有技术泄密,他人就可以毫无限制地对其进行使用,它的经济寿命也就宣告结束了。最有代表性的例子就是美国可口可乐公司的关于可口可乐的配方和制作技术,这项专有技术自1885年就已经存在,一直处于保密状态,已经为它的所有者带来了巨额的经济效益,它的经济寿命可谓相当地长,并且还在延续。

一项知识产权的经济寿命要受很多因素的影响,我们在进行评估的过程中,要充分考虑到每种因素,并对它所产生的影响,进行充分地评估。

(二) 无形损耗对知识产权经济寿命的影响

在资产的存续时间内,它的经济寿命主要受到两种损耗的影响:

首先是资产的有形损耗。有形损耗是指一项资产在投入使用后，在物质形体和功能上的损失，给资产价值带来的损耗，这种有形损耗对资产的价值和使用价值都存在着很大的影响。

其次是资产的无形损耗。造成无形损耗的原因要比有形损耗复杂一些，主要有两个方面：一种是出现了更新、更高的技术，在性能上、功能上完全强于原有的技术，并且能够完全取代原有的技术，这就使得原有技术丧失了价值，宣布了经济寿命的终结；另一种是在生产技术、生产工艺上的改进，使得生产同种产品的成本大大降低，从而给资产带来的贬值。无形损耗对资产的价值会产生比较大的影响，但对资产的使用价值没有多大的改变。

无论是由于有形损耗还是无形损耗，只要使得资产的价值为零时，就是宣布了该项资产经济寿命的结束。一项资产是受有形损耗的影响大还是受无形损耗的影响大，主要取决于该项资产的技术密集程度，即当该资产是技术密集型资产时，对它经济寿命的影响主要来自无形损耗；而当该资产是劳动密集型而非技术密集型资产时，它的经济寿命主要取决于有形损耗。

无形损耗与资产的技术密集程度成正比。例如，自1946年电子计算机诞生以来，电子技术的加速度式的发展，使得电子计算机的成本下降到不到原来的万分之一，而在纺织业、矿业等一些传统产业中，市场价格的变动就不大，这说明无形损耗对这些产业的影响是非常有限的。

当某项资产从拥有一定的物质载体到转变为完全的知识、技术，那么，它的经济寿命就完全取决于它的无形损耗了，因为知识、技术是没有有形损耗的。

（三）知识产权经济寿命日益缩短的趋势

随着人类社会进入知识经济时代，信息作为商品能给所有者带来巨大经济利益的属性日益被人们所认知，大量的商业机构投身到信息的生产、加工和销售领域，使得人类社会拥有的信息量前所未有地膨胀起来。大量信息的出现，除了给人类带来了巨大的信息危机之外，还使得知识产权的经济寿命不断缩短。虽然所有者采取了各种方法，来延长知识产权的经济寿命，以从中获取更多的经济利益，但在社会加速前进的脚步面前，这一切都变得徒劳无功，知识产权的经济寿命还是在不断地缩短。

造成这种局面的主要有这样两个原因：

1. 科学技术的不断进步,信息的大量产生,使得知识产权的更新速度在加快

近一个世纪的发展和变化,比过去 500 年的变化还大。整个 16 世纪,世界各种重大的发明创造和历史性的发现只有不到 26 项,17 世纪,上升到了 106 项,可仅 20 世纪上半叶,世界上的各种重大的发明创造和历史性的重大发现,就已经达到了 691 项,比过去几个世纪的总和还多。

最有代表性的例子就是电子计算机技术的产生和发展,1946 年,电子计算机在美国诞生;第一代的计算机被第二代所取代,几乎只经历了 12 个年头;而第三代只用了 7 年的时间,就取代了原有的第二代计算机。电子计算机从 286、386、486、586 到奔Ⅰ、奔Ⅱ、奔Ⅲ、奔Ⅳ,是以加速度的形式推进的,每一代的电子计算机的经济寿命都在不断地缩短,第一代有 12 年,到了最近几代,就只有几年了。据技术专家估计,今后每隔大约 5—8 年,计算机的运算速度将提高 10 倍,成本将降低十分之九,体积缩小十分之九。①

2. 各国间技术转移速度的加快,缩短了知识产权的经济寿命

随着各种通信手段、交通工具的快速发展,大大缩短了各国在时间和空间上的距离,也为各国间进行技术转移提供了许多便利,加快了技术转移的步伐。16 至 19 世纪上半叶,各国间技术转移的平均周期是 100 年,而从 19 世纪到现在,国际间技术转移的周期已在 10 年以下。技术转移速度的加快,使得一国开发出来的先进技术,在很短的时间内就会传递到别的国家之中,从整体上提高了全球的技术水平,加快了全球技术更新的速度,促进了全社会的技术进步和社会产品的更新换代,在客观上也加快了知识产权经济寿命缩短的步伐。

二、版权经济寿命的特征

在世界各国的版权法中,都给予了版权人较长时间的保护期。例如,我国著作权法中规定,版权人拥有的版权保护期为作者有生之年直至作者死后 50 年。因此,一般来说,作品的法律寿命是比较长的,可实际上作品能为其权利人创造经济效益的时间并不长,这就是说,版权作品的经济寿命一般都比较短,并且,与其他一些工业产权相比较,也是比较短的。一般一项工业产权的经济寿命会有五六年左右,但一般一部作品的经济寿命要短得多,基本上只有一两年。当然,

---

① 俞兴保,朱厚佳,潘银,等.知识产权及其价值评估[M].北京:中国审计出版社.1995:158–159.

随着版权作品类型的变化,其经济寿命也是有所不同的。另外,值得强调的一点是,版权作品,如书籍和音乐作品,可以被人们以别的方式使用。例如,书籍被改编为电视剧等,这样就会无形中延长了版权作品的经济寿命,版权作品又重新为版权人带来经济效益。

如前所述,对版权作品的评估,还存在着许多不确定性,难以简单表述,但值得强调的是:

1. 同工业产权相比,版权作品的再利用率较高,再利用的范围也较广泛

版权作品的经济寿命是不规则的,难以用一种简单的模型来描述,书籍中的一个人物可能会被广泛地使用在各个方面,如各种传播媒体、旅游服务或产品中等。

2. 许多版权作品缺乏时间性

很多年以前的一部电影或一首老歌,按照经济寿命规律推算,它早已经丧失了经济效能,结束了经济寿命,但是在多年以后,它又可能被人们重新想起、再次使用,版权人又可以从中获利了。

第三节　版权价格的确定

通常所说的版权价格,是受让方为取得版权使用权所愿支付的,供应方可以接受的使用费的货币表现,主要是指版权贸易合同中所规定的版权需求方向供给方所支付的全部费用。对于供给方即权利人来说,这是版权使用权的出卖价格;对于需求方来说,则是版权使用权的支付价格,即使用成本。这个价格,对于双方来说都是极其重要的,它是双方能否盈利的一个最重要的基础。

一、版权价格的特点

与一般商品的价格相比,版权价格具有许多自身的特点,具体表现为:

(一)版权是一种无形商品,其价格的确定,要比有形的商品困难

一般商品价格的确定,是根据成本加利润的方式,而版权价格的形成,却不同于一般商品。虽然版权价格是可以通过成本加利润的方式来确定,但版权的

成本却无法像有形商品那样,可以简单地通过劳动加设备折旧来计算。究其原因,主要有以下几点:

1. 版权具有独创性,无法批量生产

虽然图书这种载体可以大批量地生产,但它们的版权却是唯一的。例如,《哈利·波特》的图书可以大规模地印刷,在全世界范围内销售。然而,无论印多少本,它们的版权只有一个,不能重复和批量生产。

2. 生产版权的劳动是创造性的脑力劳动,它的劳动价值是无法用社会必要劳动时间来评定

所谓社会必要劳动时间,是指在社会平均的劳动熟练程度和劳动强度下制造某种使用价值所需的时间,由于版权商品的独特性,无法批量生产,因此,对于版权这种无形商品来说,是不存在社会必要劳动时间的。

3. 从实际情况来看,一项版权价格的高低,是由使用该版权所能带来的经济效益决定的

使用该版权所能带来的经济效益越大,它的价格就越高;而使用该版权所带来的经济效益越小,它的价格就越低。由此可以得出,版权的价格不是以版权的价值为基础,而是以版权的使用价值为基础。

(二) 版权价格的构成与一般商品的价格构成不同

在一般商品的价格构成中,成本所占的比重很大,大到能够弥补生产中的所有耗费。与成本相比,利润所占的比重就要小得多,仅是整个价格构成中很小的一个部分。可在版权价格的构成中,就完全不一样,在版权价格的制定过程中,并不要求这个价格能够涵盖所有的前期费用。

首先,在出版社向外授权之前,该作品的前期成本可能已经在国内的销售中得到了部分或全部的补偿,因此,无需通过对外授权来弥补成本。

其次,版权是一种无形商品,无需批量生产就可以多次受让,也就是说,版权所有人可以在同一时间内向多个引进方授权,每一个引进方仅承担了成本中的一部分,而不是全部。因此,版权输出方没有必要从和一方的交易中收回所有的成本。

再次,版权的成本和版权的定价是非比例关系,也就是说,不是投入的成本越多,作品就越受欢迎,版权的定价就可以越高。决定版权价格高低的是作品在社会上的受欢迎程度,受欢迎程度越高,版权的定价就可以相应地提高,反之,版权的定价就应降低。由此亦可以看出,版权的定价与创作的成本关系不大。

(三) 版权价格的支付与一般商品价格的支付不同

一般的商品的支付,是采用固定价格的方式,贸易双方通过价格谈判,商定一个固定的价格,无论是总付费,还是分期付款,购买方所支付的费用是固定不变的。可版权价格的支付,则一般是与引进方所获的经济效益相挂钩,一般采用的是入门费加提成的方式,这就是说,引进方所获的经济效益越大,向输出方支付的费用也就越多。由于很难事先作出准确的估计,因此,引进方能获得什么样的经济效益,也就无法预期,版权的价格也就无法固定。

二、版权价格的构成

版权是一种十分复杂的商品,具有非物质属性,它的价格不能够直接地反映它的价值。一般来说,版权价格的构成,主要有三个部分:

(一) 基础费用

基础费用是指创作版权作品过程中的各种消费和开支,这些消费和开支,应该包括作者在创作过程中投入的时间、体力、脑力和各种生活消费,出版商编辑、审定、印刷等各种费用。这部分费用主要发生在版权作品的创作期,在各种消费中它的数目最大,也是出版商在日后销售中最急于弥补的部分。

(二) 为版权许可、转让而发生的直接费用

这些费用包括可行性研究的费用、项目联络的费用、谈判过程中的各种费用等。在这部分费用中,可行性研究费用的比重最大,出版商为了确定项目的获利能力,往往要进行详尽的可行性研究,会花费出版商大量资金,这就需要在制定价格时,将这部分费用计算在内。

(三) 版权许可方的预期收益

版权的许可方之所以愿意将版权作品许可、转让出去,就是希望能够从中获得收益,在制定价格时,出版商就会将自己的预期收益计算在内。这部分的确定是没有固定依据的,而是由供受双方通过谈判协商而定。

版权的价格可以理解为上述各种费用的总称,也可以称为版权使用费。在我国,版权价格往往是采用入门费加提成的形式来收取的。通常情况下,提成的比率,也就是版税率是在3%—10%之间,而以5%—8%的情况居多。在一次版权贸易中,版税率通常也不是固定不变的,通常是随着引进方印数的增加而逐渐上调。

三、影响版权价格的因素

在版权贸易中,影响价格的因素会有很多,即使是同种因素,在不同时期,也会有不同的表现形式。按照对于价格影响的作用大小,可以分成标的物本身的影响因素、贸易环境因素、贸易双方因素三种。

(一)标的物本身因素对版权价格的影响

标的物本身对于价格的影响是内因,是影响版权价格的主要原因,也是最后价格构成的重要因素,主要包括如下几个方面:

1. 作品的生命期

版权像其他有形商品一样,其本身也存在着成长、发展、成熟、衰退这样一个寿命周期。在引进版权的过程中,仔细分析其所属的生命期阶段是十分必要的。版权处于不同的发展阶段,其产生的效益不同,价格也会不一样。

(1)成长期。一般而言,一部作品刚刚在市场上流通,处于成长期,了解作品的人不多,品鉴的人就更少,基本上处于一种萌芽状态,商业价值不明显。此时,其版权价格会较低,但贸易的风险非常大,需要对作品内容和需求趋势有非常好的把握,同时也要意识到,购买方若是将作品完全商业化直至产生利润,仍旧需要投入大量的经费。

(2)发展和成熟期。这个时期的作品,价值逐渐被公众认识到,越来越多的人希望得到该作品。主要反映在作品的发行量增大,相关的评论增多,社会影响力逐步扩大。这种情况会一直持续到成熟期。发展期和成熟期的作品,商业价值最高,此时作品常常被持有人垄断起来,以许可形式转移出一部分财产权利,版权价格要比成长期高出许多。

(3)衰退期。成熟期过后,作品会逐渐转入衰退期。随着时间的推移,当这部作品随着社会发展,逐步失去存在的意义,或是其中包含的知识已经被社会淘汰时,作品生命也就终结了。此时,作品的价格也从成熟期的最高点不断下降,直到超过法律保护期,价格最终为零。各国的法律对作品的版权都有较长的保护时间,但事实上,版权产生经济效益的时间比其法定的保护期要短得多。

然而,从实际的情况来看,并不是一切作品的版权交易价格都遵循这样一个由高至低的规则。比如有些版权作品在逐渐销声匿迹的同时,又无意中被以其他方式重新利用,书籍可能被改编成电视剧,音乐作品可作为广播、电视节目的背景音乐,一本小说中的人物或故事可以成为电子游戏、旅游项目的主要内容,等等。这样,一部作品的版权贸易价格就会重新提高,作品本身也就获得了新生,其生命期必然会随之获得了一定的延续。另外,优秀作品是人类智慧的结晶,反映和表达的是人类社会永恒的话题,这些作品即使在社会不断发展,也仍然具有其存在的价值,它们的生命期实际上非常长,价格也会存在某种程度上的刚性,很难下降。

2. 作品的创作和开发费用

每部作品的创作、开发都需要投入大量的人力、物力、财力和时间,而且还要承担着巨大的市场风险,因此,版权的原始持有人或称为最初的创作组织和个人,试图开出的价格总是包含大量的心理成本,实际上这时的价格,已经远远高于作品的成本,只是心理因素在起作用。解决这个问题,需要耐心地谈判和一定的沟通策略。

3. 版权贸易费用

版权贸易过程中,需要耗费许多人力、物力、财力,这些都是版权贸易价格的加价砝码。版权贸易过程中产生的所谓交易成本,主要包括:

(1) 转让(许可)的基本费用,包括版权贸易的可行性研究、相关资料的收集和整理、谈判的费用、接受人员访问考察、公共关系费用等。

(2) 例外性费用,主要是版权贸易过程中的意外损失等。

4. 版权的市场费用

版权的成功转让虽然使需求方获得了专有权利,得到了一块市场,但是供给方却因此相对失去了这一块市场,甚至是培养了自己的竞争对手。供给方一定要考虑这部分风险费用。另外,版权贸易过程中买方也承担着购买作品后的市场风险,这一因素也应加入最后的价格当中,当然,应该使价格呈下降趋势。

(二) 贸易环境因素对版权贸易价格的影响

贸易环境因素,是影响版权贸易价格的外因。同种版权作品,会因为当时所处的贸易环境不同,导致价格发生变化,有时候这种变化还是很大的。

1. 贸易双方政府的态度

一国政府出于国家利益与安全以及政府名誉、政治利益、税收等方面的考虑,可能会对某些作品的许可与转让予以限制,甚至是严格禁止,这样就会直接影响到价格的确定。举个实例,英国某位女作家曾经根据亲身经历,编写了一本有关英国王室生活的书籍,这本书面世之后销量很好,但却遭到了当局的大量批评。后来,其版权被转移到其他国家,转让过程中当局层层阻挠,导致最后成交价格非常高。

2. 作品交易的规范

不同作品有不同的贸易规范,影响价格的主要是其中的利润提成、索赔及罚款条件、过去参考价格等几个方面。例如,从国外首先引进版权的人,肯定要比国内使用此版权的人对于利润有更高的期望值,从而最终影响交易价格。不同的作品,对于合同违约的制裁程度也有显著不同,有的作品前期投入较小,因此,违约的罚款数量也较少;而有的作品成本高(如电影),这种违约的风险,最终必然会加在价格条款当中。

3. 有关国家的政治、法律环境

引进方国家的政治、法律环境,对于版权价格的影响是十分明显的。政治动荡、社会不稳、政策多变的国家,版权贸易的风险比较大,版权所有人通常会要求较高的价格。另一方面,供应方国家的法律和政策,对版权贸易价格也会有影响,诸如政府实行的国别政策、严格的版权贸易限制等,都会使版权贸易的难度和风险加大,从而导致价格的提高。

4. 支付方式与支付货币

版权贸易费用的支付有不同的方式,一般来说,不同支付方式的现值是相等的,但在实际支付时,一次性支付可使供应方获取现金,同时又可避免等待付款的风险,因而,供应方更愿意给一次性支付方式更大的优惠,以鼓励引进方采用这种方式付款。

另一个需要注意的是支付货币的币种选择。货币在国际贸易当中是一个非常重要的方面,具体的贸易过程中选取何种货币,主要是依据其流通性、货币坚挺程度、汇率以及买卖双方的意愿(一般情况下,受让方希望用本国货币支付,而供应方则希望用国际货币支付)。版权贸易中,因为汇率的变动、不同货币兑换中的附加成本(如手续费、利息、意外损失等),以及会计分录当中对于会计核算同种货币的要求等原因,会导致最终兑换成同种货币时价格的差异。基于上述原因,供应方会在版权价格中打进一定比例的折算系数。

(三) 贸易双方的因素

1. 版权贸易双方的"品牌"因素

贸易双方中某一方在一定市场内具有较高的知名度或是作品的声望较高,在版权贸易中就会将无形资产融入到最终价格当中,同时,还会影响买卖双方的议价实力,从而影响价格。拿引进方来说,引进方的历史、业绩、信誉、专业水准以及出版质量，都对版权引进价格的影响相当大。举个例子说明，2002 年，上海译文出版社为引进米兰·昆德拉著作的中文翻译出版权而与作者进行接洽，鉴于这位文学大师的作品在全球热销，出版社设想对方会出极高的价格，但事实上，昆德拉本人对上海译文出版社十分欣赏，认为其是一家讲求质量、有良好外国文学出版业绩的出版社，由上海译文出版社出版他的作品，让他感到放心。至于版税，他没有提任何条件，最终这宗版权贸易以一个极普通的价格成交。

2. 双方从事版权贸易谈判的经验

通常情况下，无论是供应方报价，还是引进方还价，双方都应留有一定的讨价还价的余地，有时这种余地的幅度是相当大的。引进方总是希望在供应方可以接受的最低价格，即价格底线上成交；而供应方则希望在引进方可以接受的最高价格上成交。谁能在价格谈判中占据主动，以对方的底价或接近底价的价格成交，很大程度上取决于其从事版权贸易谈判的经验和能力，比如，贸易双方对有关版权信息和市场需求的了解和掌握程度，谈判的经验与艺术，以及在谈判过程中应变和决策的能力等。

3. 有引进意向的出版单位的数量

一般来说，版权贸易的最终价格与欲引进方的数量及竞争状态呈同向变动。如果想引进版权的单位非常多，自然会形成竞争，版权所有者和代理商就会提高价格；反之，如果只有一两个单位有引进意向，缺乏竞争，版权贸易价格自然要低得多。这种现象在版权贸易中十分常见。1999 年，当我国的译林出版社向海外求购《魔戒》的中文版权时，大多数中国读者及出版业同行对这部作品和作者都鲜有所闻，国内没有一家出版社同译林出版社争购这部著作的中文版权，海外版权所有者及代理商也就根本无法抬价，最终，译林出版社以非常低的价格，引进了该书的中文版权。

（四）版权许可的地域范围大小

在版权贸易中，供应方许可或转让的目的是为了从引进方那里获得版权的使用费和转让费，而这些费用的高低，是与供应方许可引进方使用其版权的地域范围的大小成正比的，即供应方许可的地域范围越大，往往价格就越高，反之亦然。

四、确定版权价格的基本原则

从上面的分析中我们可以看出,影响版权价格的因素是十分广泛和复杂的,还可能是来自方方面面的,难以一言以蔽之,并且,好多因素是难以预期的。

可是,不论影响因素有多少,有多么复杂,一个基本原则是我们在制定版权价格中需要始终掌握的,这就是利润分成原则,即版权引进方和输出方对引进版权带来的经济效益进行分享。

在版权贸易中,引进方可以根据引进版权给其带来的经济效益,按照利润分成的原则,支付版权使用费;版权的输出方同样也要根据这个原则,向引进方要价。在版权贸易价格谈判中,引进方要对生产成本、售价和市场的接受度作一个初步地评估,在此基础上,按照利润分成的原则,确定支付的使用费,版权的输出方同样也要根据这个原则确定要价。双方的价格谈判要在此基础上进行,对于价格和利润,双方要做到心中有数。本着这种原则进行的定价,一般情况下不会导致一方占很大便宜,而另一方吃亏很大。

五、确定版权价格的简单方法

经过上述分析,我们可以看出,实际上影响贸易价格的因素有很多,同时,各个因素之间的关系也非常复杂,单纯用一个或几个数学公式是很难计算出具体数值的。因此,我们在此举一个例子,探索性地描绘出一个简单的确定版权贸易价格的方法,为版权工作者提供一种参考。

如表 8-1 所示,已知某公司最近要进行一本美国图书的版权贸易。以前,同种或类似版权图书 A 的价格是 150 万元,经过粗略分析,得出每个因素对其的影响,大致反映在"同种参考价格"一栏当中。再来看现在需要引进的版权图书 B,此版权相对成熟,比图书 A 所处的生命期早,因此,可以将其变动结果大致估算出来,为"10 万元×200% = 20 万元",计入"影响变动程度"栏第一行;同理,将 B 的创作开发费用、转让费用、支付货币等各个因素逐一与 A 的各因素进行对比,列出相应变动程度,用"××%"来表示。能够调研及测量的数据要计算,不能够查实的,要请有经验的人士或咨询同业人员确定。最后,将"影响变动程度"数值纵向相加,可得 B 版权大略交易价格为 175 万元。

表 8-1　版权贸易价格变动分析　　　　　　　　（单位：万元）

价格影响因素		同种参考价格（版权图书 A）	影响变动程度（版权图书 B）
本身相关因素	生命期	10	×200% = 20
	创作开发费用	100	×110% = 110
	转让费用	2	×100% = 2
	市场费用	1	×150% = 1.5
	品牌因素	5	×200% = 10
	其他因素	10	×100% = 10
贸易环境相关因素	政府态度	0	0
	作品规范	10	×100% = 10
	支付方式	1	×100% = 1
	支付货币	1	×50% = 0.5
	其他因素	10	×100% = 10
总计		150	175

六、版权价格谈判

版权贸易的过程也是谈判的过程，价格谈判是贸易双方能否达成一致的关键所在。

（一）价格谈判的方法

在版权贸易过程中进行价格谈判，要敢于讨价还价，绝不能掉以轻心，更不能怕影响双方的友好关系而不好意思讲价。当然，价格谈判也不能盲目地胡乱杀价，这样会使对方觉得无诚意，导致谈判破裂。

版权贸易价格谈判的关键在于通过认真地分析研究，提出一个较为合理而又低于可接受价的价格，这样就算对方不是很满意，但仍有回旋的余地，愿意继续谈下去。

价格谈判的方法有很多，这里列举四个重要的方面：

1. 边缘政策

这是一种常被采用的价格谈判策略，即向对方表示这是最后的价格，如果不能接受,只好终止谈判。采用这种方法的时候要慎重,如果经常是说这是最后价格,却每次又作出较大让步,对方就不会相信真正的边缘价格,从而致使该策略失效。

2. 要求重新报价

在版权谈判过程中,如果对方报价极高,十分不合理,干脆直接拒绝,并要求其大幅度降价,或是重新报价。

3. 互让互谅

在谈判过程中,双方都多多考虑对方的意见,你让一步,我让一步,逐渐缩短双方提出的价格差距,从而在友好的气氛中,达到满意的价格。

4. 极端杀价

第一次还价时,就用一个极端的低价试探对方的反应。如果对方态度强硬,其他办法都不能使之让步,不妨狠杀价格,以硬对硬,要么双方都让步,要么终止谈判。但这种方法不到最后关头,最好不用。

(二) 价格谈判应注意的问题

1. 正确运用谈判策略和技巧

谈判的策略和技巧,对谈判的过程和结果有着极大的影响。

首先,要根据谈判对方的情况,制定相应的策略和技巧。在版权贸易中,谈判双方往往代表了不同国家和地区的利益,谈判者因为社会、文化和经济、政治背景的不同,难免在价值观、思维方式、风俗习惯等方面存在很大的差异,这些都会导致价格谈判更加复杂、难度更大。因此,谈判者一定要在价格谈判之前,广泛收集对方的资料和信息,在充分了解对手的基础上,制定出有针对性的谈判策略。

其次,在价格谈判过程中,要适时地调整策略,随机应变,即使遇到突发事件,也要确保预定计划的顺利实施。

2. 不急不躁,不急于求成

价格谈判的目的,最终是为了版权贸易能以一个双方都满意的价格成交。一般来说,版权的输出方往往会利用引进方对版权的渴求,提出种种不合理的要求,报出很高的价位,增加谈判的难度。对此,引进方要有心理准备,不能期望价格谈判会很快达到自己所满意的结果,而是要有耐心,在摸清对方报价模式的情况下,据理力争,去除对方报价的水分,维护自己的利益。如果引进方急于求成,难免落入对方的掌握之中,使自己在谈判中处于被动地位。

3. 不屈服于压力,坚持自己的立场

在价格谈判中,来自对方的压力是在所难免的。面对对方的过分要求,绝不能轻易作出让步,否则对方就会得寸进尺,导致我方利益受到严重损害。我们应该坚守底线,坚持平等互利的原则,尽最大努力地维护自己的利益。

4. 原则性和灵活性相结合

在价格谈判中,坚持原则性,就是要维护自己的根本利益,对任何有损根本利益的做法,坚决不退让。与灵活性相结合,就是要根据局势的发展,适当地作出让步和妥协,照顾对方的情绪,灵活解决分歧。

第四节　版权价格的支付方法与工具

版权价格的支付方法,是任何版权贸易都会遇到的问题,它是版权贸易合同的重要组成部分,对版权贸易的顺利实施有着重要的影响。价格的支付工具,主要是指价款的载体。这两部分有很强的实践性,我们在此仅作必要的概括说明。

一、支付方法

现阶段版权贸易的价格支付方法,通常有以下几种:

(一) 数量计费

以一定的计量单位作为基础,来计算版权费用,每个计量单位多少钱,可以一次性支付,也可以分期支付。比如,约定事先并不支付任何费用,而是以作品引进后的销售数量作为计量单位,在一定时期内销售多少本,即支付多少使用费,最后以获得的所有使用费总和来计算版权交易价格。

(二) 付版税

海外大部分国家和地区都愿意采用此种方式。其计算方法为:版权价格 = 作品定价×发行数×版税率。其支付办法一般是分为3种:即一次性支付,一般是在合同签订之时或出售作品后1个月内付清;分2次支付,即合同签订之时付一部分(一般是1/3),出售作品后1个月付清余额;分3次支付,即签订合同时与版权交割时各付1/3,余额在出售作品1个月内付清。"据统计,有超过半数

的出版机构预付版税在 1000 美元以下,也有 32.7% 的出版社预付版税在 1001—5000 美元之间,而预付版税超过 5001 美元的只占 4%。"①

有些国家和地区采用按销售数支付的办法,一般在每年的 6 月 30 日和 12 月 31 日 2 次支付,每年支付 2 次,直到作品销完为止。此种支付方式,考虑到作品定价和版税率问题,复杂性显然要比数量计费要高,价格也会略有不同。

(三)扣除成本后利润平分

这种支付版权使用费的办法,多出现在合作出版中,在双方消费水平、工资水平、物价水平、出版成本大致相当的情况下是可行的,否则不宜采用。

(四)以其他作品或作品形式、实物顶替版税

这是我们在介绍版权贸易形式时介绍过的交叉许可的支付方式,通常是由于使用版权的一方支付外汇困难,或在某一方要求的情况下采取的一种变通办法,一般实物价格要与原价格相当。只要双方同意,这种办法也是可行的。

二、支付工具

根据国际结算的惯例,版权价格的支付,常用到以下几种工具:

(一)硬通货

硬通货是指币值稳定、具有国际流通性的货币,如英镑、美元、欧元等。采用硬通货支付版权价格,是贸易双方都乐于接受的理想方式。但在实践过程中,应用这种支付工具,往往会受到贸易双方政府对硬通货实行的管制政策的限制和影响。

(二)汇票

1. 汇票的定义

汇票是版权贸易结算中最常用的支付工具,即是由引进方签发、委托付款人(通常情况下是银行)在见票时或在指定的日期内无条件支付确定的金额给版权所有人或持票人。版权贸易中,在支付当天用汇票以即日汇兑率支付所有款项是非常普遍的。

---

① 中央电视台信息部.商务调查[M].北京:经济科学出版社.1999:85.

2. 汇票的主要内容①

汇票的主要内容就是汇票的要式,具体地说,就是汇票必须具备哪些要件,才能产生法律效力。

(1) 注明"汇票"字样。该记载事项,在票据法理论上称为汇票文句,是指在票据上必须记载足以表明该票据是汇票的文字。其目的在于与其他支付工具加以区分。我国票据法将汇票文句规定为绝对必要项目,如果票据上没有该项记载,则该票据将因此无效。

(2) 无条件支付命令。该记载事项在票据法理论上称为支付文句。我国票据法将支付文句规定为绝对应记载事项。这样规定的必要性在于,汇票是一种委付证券,是由出票人委托他人付款的,如果允许付款人的支付委托可以附加条件,就可能影响到汇票金额的支付,危及票据权利人的利益。这就需要在法律上加以规定,出票人的支付委托,必须是无条件的;如果附有条件,则汇票无效。只有这样,才能保障票据付款的确实、可靠,保护票据权利人的票据权利。

(3) 确定的金额。我国票据法将汇票金额规定为票据的绝对应记载事项。这是因为票据是一种金钱证券,以支付的一定金钱为标的物。票据权利人行使票据权利,就是请求支付一定的金钱;票据债务人履行债务,也是支付一定的金钱。如果票据上无金额的记载,或以金钱以外的给付为标的物,都不构成有效的票据。所谓确定的金额,是指汇票上记载的金额必须是固定的,任何人都可以计算或确定此数额,不能浮动不定,模棱两可。

票据金额同时以文字和数码记载,而二者有差异时,以文字记载的金额为准。我国票据法规定:票据金额以中文大写和数码同时记载,二者必须一致;二者不一致的,票据无效。

(4) 付款人名称和付款地点。付款人又称受票人,意指接受出票人的支付委托或支付命令的人。但他并不因此而成为主债务人,并不一定付款。受票人只有承兑汇票,成为主债务人时,才负有在到期日支付汇票金额的义务。因此,出票人应当在汇票上记载付款人的名称、详细地址,以便使收款人或持票人知道向谁提示承兑或提示付款。

付款地点是收款人或持票人提示票据请求承兑或付款的地点,也是不获付款时作成拒绝证书的地点和发生票据纠纷时付款地法院有管辖权的重要依据。我国票据法规定,汇票无付款地记载时,仍然有效,可以以付款人的经营场所、住

---

① 徐璐,白力威,韩文霞. 国际结算[M]. 天津:南开大学出版社. 1999:47-48.

所或者经常居住地为付款地。可见,付款地点属非绝对必要记载事项。

(5) 付款时间或付款期限。付款时间或付款期限又称到期日,是指支付汇票金额的日期。它既是付款人应该履行付款义务的日期,也是收款人或持票人行使付款请求权的始期。由于汇票是一种信用支付工具,除见票即付汇票之外,汇票金额都是在签发汇票后经过一段时间才支付。因此,需要在汇票上记载付款日期作为依据,以明确收款人或持票人应在何时向付款人请求支付,付款人应在何时向票据债权人履行付款义务。

(6) 收款人的名称。汇票收款人是指出票人在汇票上记载的受领汇票金额的最初票据权利人,是汇票的基本当事人之一。汇票收款人又称抬头人,汇票抬头有不同的记载方式,它决定了汇票可否流通、转让以及转让的形式。

(7) 出票日期。出票日期是出票人在汇票上记载的签发汇票的日期。记载出票日期的作用有:是确定出票日后定期付款汇票到期日的依据;是确定见票即付汇票付款提示期限的依据;是确定见票后定期付款汇票的承兑提示期限的依据;是判定出票人于出票时的行为能力状态的依据。

(8) 出票地点。出票地点是出票人签发票据的地点,是出票行为所在地。它是确定用于出票行为的准据法的依据,也就是说,出票行为应该适用哪一国的法律,或一国境内哪一区域的法律,才能有效成立。

(9) 出票人签章。出票人签章是指出票人在票据上亲自书写自己的姓名,或加盖本人印章。只有在票据上签章的人,才承担票据上的责任。换言之,签章是确定票据债务人的身份及其必须承担票据责任的根本依据。尤其是出票的人签章,不仅是出票人向收款人表示承担票据责任的依据,而且还是出票行为有效成立的一个非常重要的形式条件。我国票据法将出票人签章规定为绝对必要记载事项。

(三) 本票和支票

我国票据法对本票的定义,是指出票人承诺于到期日或见票时由自己无条件支付一定金额给收款人或持票人的票据。该定义有两层含义:一是本票是由出票人约定自己付款的,其基本当事人有两个:出票人和收款人。在出票人之外不存在独立的付款人。二是出票人在出票行为成立后,即承担了于到期日无条件付款的责任,不需承兑。

我国票据法对支票的定义是:支票是出票人签发的,委托办理支票存款业务的银行或其他金融机构在见票时无条件支付确定金额给收款人或持票人的票据。该定义的含义是：

（1）与汇票一样，支票是委付证券，有三个基本当事人，即出票人、付款人、收款人；

（2）付款人仅限于办理支票存款业务的银行，或其他金融机构；

（3）支票的付款日期形式仅限于见票即付。

支票的出票人必须在银行有存款，并且和付款银行签有支票协议，否则，收款人就得不到付款。支票一律即期付款，因此，无需注明付款期限。

第九章

引进版图书的市场营销

引进版图书的市场营销,是版权贸易中一个非常重要的组成部分。从引进前的可行性分析,到引进过程中复杂的版权和商务谈判,最终的目的就是要获得商业利益,而这种商业利益重要的实现手段就是市场营销。市场营销成功与否,直接关系到我们在版权贸易前期投入能否得到相应的回报,实现预期的经济和社会效益。因此,我们将在这一章中对引进版图书市场营销的基本概念和营销的全过程作详细的介绍,希望能对从业者有所帮助。

第一节　　引进版图书市场营销的一般特征

一、市场营销的概念与基本原则

(一)市场营销的概念

对于现代企业来说,市场营销是一项非常重要的活动。美国学者麦克纳(Eugene Mckenna)称:"营销即创造并传递生活水准给社会。"著名营销学者尤金·麦卡锡(E. Jerome Mccarthy)认为,市场营销是指买方市场条件下的一整套引导思想、货物及劳务从生产者流转到消费者,有效地实现各种不同的供给能力与各种不同的需求相适应的策略与方法。美国市场营销协会(American Marketing Association)把营销界定为:规划和实施理念、商品和服务的设计、定价、促销和分销,以满足个人和组织目标的交换的过程。美国市场学权威菲利浦·科特勒(Philip Kotler)对营销所下的定义得到最普遍的认同——市场营销是个人和群体通过创造,并同他人交换产品和价值,以满足需求和欲望的一种社会和管理过程。

在传统的营销观念下,整个企业的活动中心是产品,企业的经营手段是以推销及不同的促销方式为中心,经营目的是通过扩大销量来增加利润。而在现代营销观念下,企业活动是以顾客需求为中心,手段是一种整体的营销,而不是单一的推销,最终的目的是通过满足需求,创造利润。

现代营销不同于传统的推销,推销是以产品为中心,营销是以消费者的需求为中心;推销是以产定销,营销是以销定产。推销并不是市场营销最重要的部分,推销只是市场营销中"冰山的尖端",它只是企业营销人员的职能之一,但不是其最重要的职能,因为企业的营销人员,如果搞好市场营销研究,了解购买者的需求,发展适销对路的产品,并且合理定价,搞好分配,进行有效地促销,这些货物就会轻而易举地被销售出去。市场营销的目的就在于,使推销成为多余。

现代市场营销理论包括八大策略:

1. 营销战略上的四大策略

(1) 市场探查:了解市场特点,进行营销的调研。

(2) 市场分割:区分不同的买主,划分不同的市场。

(3) 市场优先:选择目标市场,目标消费者。

(4) 市场定位:在目标市场上给自己的产品规定一个特定的市场位置。

2. 营销战术上的四大策略

(1) 产品策略:包括产品组合、开发、包装、定价、品牌等。

(2) 定价策略:包括企业产品价格,产品组合价格,竞争对手价格变化的反应等。

(3) 渠道(地点)策略:主要指产品选择哪些销售渠道。

(4) 促销策略:包括广告、营业推广、人员推销、公共关系等。

(二) 现代营销观念的基本原则

1. 消费者导向

生产者的全部活动要以市场需求作为出发点,在满足消费者需求中实现自己的目标。要满足消费者对一种产品的全部需求——营销学通过产品整体概念来实现这一需求;要满足消费者不断变化的需求——营销学通过产品市场生命周期理论来实现这一需求;要对不同的消费者给予他们不同的产品——营销学通过市场细分理论来实现这一需求;广告宣传则要以顾客的需求为中心。

2. 整体营销

营销绝不等同于那种仅在流通阶段才发挥作用的推销,它要求从市场的需求出发,进行产品的设计、开发,按照目标消费者的承受能力、竞争对手的情况和企业自身的状况来确定价格,通过消费者最为便利的渠道,将产品推向市场,并辅以行之有效的推销策略。

3. 适应环境、发现机会、发挥优势

生产者要始终把自己看作是全部社会生产网络中的一分子,只有为社会提供自己所擅长的、比同业竞争者更优的产品,才能确保自己在竞争中立于不败之地。

4. 协调营销

企业营销部门要与其他部门相协调,要求全员都有顾客意识;营销部门之间要加强协调,统一行动;不仅重视外部营销,也注重内部营销。外部营销指企业与顾客之间的沟通,内部营销指企业怎样鼓励、培训与顾客打交道的员工。

5. 注重长期利润

即不仅要满足市场需求所表现出的消费者的短期需求,同时,在生产经营活动中,也要充分考虑消费者的长远利益,注重提高社会生活的品质。按照市场需求的不同状况,企业要采取各种各样的营销手段,以达到实现长期利润的目的。

当需求状况为负需求时,企业应采取扭转性营销,以扭转需求;

当需求状况为无需求时,企业则应采取刺激性营销,以激发需求;

当需求状况为潜在需求时,企业可采取开发性营销,以实现需求;

当需求状况为下降需求时,企业须采取恢复性营销,以恢复需求;

当需求状况为不规则需求时,企业则采取协调性营销,以调节需求;

当需求状况为充分需求时,企业更应采取维护性营销,以维持需求;

当需求状况为过量需求时,企业须采取降低性营销,以限制需求;

当需求状况为有害需求时,企业要采取抵制性营销,以否定需求。

二、图书营销的概念

市场营销的本质特征是以市场活动为中心,以满足消费者需求欲望的一种交换活动。图书营销的基本特征,乃至一些具体营销方法、营销策略与市场营销是基本一致的,是市场营销理论与方法在图书企业经营、管理活动中得以应用的产物。

图书营销,是指图书出版、发行企业引导图书商品和劳务从生产者流向消费者(读者)所实施的一项综合性的业务活动(或称企业整体营销活动)。图书营销这一活动是由图书引起的,并以开发满足读者需求为轴心展开的。

(一)图书营销的主体是图书企业

图书营销是图书企业的一项基本活动,而不是其他行业、企业或个人的行为。根据营销对象的不同,企业可分为各种不同的类型,图书企业正是以生产、经营图书这一特定类型的产品为营销对象的一个企业类别。这里的图书企业,主要是指图书出版企业。

（二）图书营销是图书企业的整体性活动

图书企业的图书营销活动包括的内容相当广泛：从研究经济信息、市场需求、确立目标市场开始，到开发适销对路的出版选题，生产各种各样的图书产品，确定图书价格，建立分销渠道，进行宣传促销，把图书商品送到读者手中，然后再将读者对本企业及图书产品的看法与评价等信息，反馈到图书企业等全部活动，都是图书企业的图书营销活动。

（三）图书营销是以有效满足广大读者对图书商品的需求为宗旨

图书营销活动的目的虽然是盈利，是为了获取最佳的经济效益，但营销活动并不把盈利当作其唯一的、最直接的目的。图书作为一种具有科学、文化属性的特殊商品，图书企业作为具有科学、文化、教育功能的特殊企业，决定了图书营销必须注重社会效益，是社会效益与经济效益并举或有机的结合。

（四）图书营销是以市场为中心的一种企业活动

充分了解社会读者的需求特点，并最大限度满足读者需求。

三、引进版图书营销的特点

引进版图书营销是图书营销的一种，但是具有较多的独特性。

（一）从产品策略来看

引进版图书在内容和装帧等方面与普通图书是有很大的不同。通常来说，引进版图书在内容上具有一定的独特性，基本是国内稀缺的出版资源。同时，对于内容的修改，输出方往往给予很大的限制，一般不允许大规模地修改。引进版图书的装帧情况也是不同于普通图书的，版权输出方通常会要求引进版图书的装帧与原版图书一致。因此，引进版图书营销要在内容和装帧上注意以上的问题。

（二）从价格策略来看

引进版图书的定价方法与普通图书也有很大差异。普通图书的价格构成中，有很大一部分是用于支付给作者作为稿酬。而在引进版图书的价格中，较大的一部分是用于支付版税。通常来说，引进版图书的版税是要高于普通图书支付给作者的稿酬的。因此，引进版图书的定价往往是偏高，尤其引进的是国外的畅销书，它的版税往往很高，国内定价也就自然水涨船高。

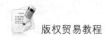

(三) 从渠道策略来看

引进版图书的选题应该与本社的出版特点相一致,这样才能充分利用出版社现有的销售渠道。例如,某出版社的出版优势在计算机图书,如果该社引进了一本文学方面的图书,那么,出版社现有的发行渠道都对这本书的营销没有太大用处,出版社只能寻找新的销售渠道,往往需要投入较大的成本,这对于一个出版社来说,是得不偿失的。因此,在进行引进版图书的营销过程中,一定要充分考虑到这一点。

(四) 从促销策略来看

引进版图书与普通图书相比,有更多的卖点。引进版图书在引进之前,通常会有在国外的销售阶段,如果在国外的销售阶段能取得较好的成绩,对于引进版图书在国内的营销来说,是大有好处的。

第二节　引进版图书的市场定位

当前的读者市场是一个兴趣分化、需求各异的市场,市场中的分众化现象十分突出,这是由中国社会发展的现实所决定的。多年来持续的经济改革,重新发掘了中国社会的复杂性,带来了一个社会和经济不断分化的社会转型过程。

我国转型期社会结构在区域、领域、阶层、组织、利益、观念等方面都呈现分化的趋势,导致了社会结构的异质性,派生出各种不同的社会阶层、社会群体、社会组织和社区,如领导阶层、企业家阶层、白领阶层、蓝领阶层、公务员阶层、知识阶层、打工族阶层。在文化品位上也区分出精英文化和大众文化。

在这样一个社会背景之下,读者对图书的需求不可避免地具有分众化趋势。社会经济发展带来的竞争和分工的多样化,社会对个人特殊兴趣的鼓励、培植和引导,以及读者知识结构、教育程度、文化素养差距造成的多元化价值取向,均使得读者的全体共同兴趣逐渐分化,读者的非群体化倾向日益明显。

图书企业理应在充分研究现有市场瓜分状况的前提下,以读者的阅读需求和阅读选择的差异性为出发点,根据不同读者群的特殊需求与偏好,把那些具有经营价值和开发意义的细分化的读者市场确立为自己的目标市场,集中力量实施专业化和有计划的营销活动。其意义是：首先，它可以通过市场细分，发现尚未满足的读者群体或读者群体尚未满足的特殊需要，为图书企业提供新的市场机会；其次，它有利于图书企业根据细分市场的特点，集中人、财、物资源，进行专业化的引进版图书生产，以创出名牌，最大限度地提高投入产出比；再次，在我国的国情下，它还特别有利于新的引进版图书对市场的切入，合理使用有限的资源。

引进版图书营销战略的核心，是在对市场需求进行分析和预测的基础上，实行市场的细分化、目标化和定位，这是决定营销成败的关键，因此，图书企业可采取以下四个步骤：

一是市场探查：对我国图书市场进行调研。

二是市场细分：按一定标准对图书市场进行细分。

三是市场目标化：评估选择对本企业最有吸引力的细分部分作为自己为之服务的目标市场。

四是市场定位：确定自己在市场上的竞争地位，搞好产品的市场定位。

一、引进版图书的市场探查

引进版图书的市场探查，是图书企业为了了解图书市场特点而进行的营销调研活动。市场探查是市场营销活动的起点，只有做好充分的市场调查，掌握全面、细致、真实的相关信息，图书企业才能进行正确的市场细分，实施目标化和定位。同时，市场环境作为企业的不可控因素，在不断发生变化，一方面，可以给图书营销带来有利影响，为图书企业提供市场机会；另一方面，也可以给图书营销带来威胁，阻碍图书企业营销目标的实现。因此，图书企业必须时刻注意企业环境因素的发展变化，全面了解，认真分析市场环境，并能根据环境变化的性质和特点，及时地调整图书营销计划和营销策略。

引进版图书营销应在分析、把握市场环境的条件下，充分利用环境变化带来的市场机遇，减少和消除不利环境因素给图书营销带来的消极影响。在此基础之上进行的图书营销策划，才能既切合实际，又会达到较好的决策效果和目的。

市场探查的内容非常广泛，主要包括环境分析和购买行为分析，前者指宏观环境分析和微观环境分析，后者指消费者购买行为分析。

（一）环境分析

环境分析包括宏观环境分析和微观环境分析两个部分。宏观环境指的是政治与法律、经济、社会和文化、技术等方面;微观环境主要指的是产业竞争关系,除了包括产业内部的竞争者,还包括进入威胁、替代品、供应商、顾客和营销中介。

1. 宏观环境分析

(1) 政治与法律。对于引进版图书这种特殊商品来说,政治具有非常重要的意义。引进版图书必须把握好政治的宽容度,避免引起政治上的问题。同时,也要抓住政治环境所提供的市场机遇,一方面是某些政治事件的随机发生,会给图书市场带来意想不到的效果;另一方面是某些具有政治纪念意义的时刻,会给图书营销带来机会。

法律环境也是引进版图书营销必须关注的,引进版图书营销除了要按照一般商品遵守市场管理法则、消费者权益保护法外,尤其要注意知识产权法、著作权法等。

(2) 经济。生产力水平总体上比较落后,社会经济发展不平衡是我国的最大国情,引进版图书的营销也要受到这一国情的制约。从社会公众的角度讲,尽管我国大部分人口已摆脱了贫困的状态,甚至一些城市居民已达到小康或富裕水平,但在短时间内引进版图书还难以成为广大公众的生活必需品。人民群众对引进版图书的需求不足,是引进版图书发展的一大障碍。此外,我国的经济发展水平不平衡,由此带来了图书出版业的发展不平衡。相对来说,东部沿海地区,尤其是大城市如北京、上海的图书出版业发展较好,中西部地区的图书出版业发展较差。图书企业要根据不同地区的经济状况开展引进版图书的营销。

(3) 社会和文化。社会和文化对引进版图书的影响是自始至终的,引进版图书产生的社会文化背景与我国的社会文化状况是不同的,这些不同和差异能否为我国消费者所接受并喜爱,需要我们在选题时给予充分的考虑。

(4) 技术。我国是发展中国家,在许多技术方面,同发达国家相比,存在很大的差距,这需要我们从多个方面加快速度追赶。直接从发达国家获取较为先进的技术,是我国加速发展的一条重要途径;从发达国家引进相关的技术书籍,是其中较为有效的一种方法。然而,在我们进行技术书籍引进时,一定要充分考虑该项技术的适用性问题,不适合我国发展趋势的技术图书,无论其版税价格多么低廉,都不应引进。因此,我们在进行版权引进前,要充分地做好市场调研。

2. 微观环境分析

(1) 竞争者。竞争者主要指本产业内部的竞争关系。对于图书企业来说,竞争关系是指各个图书企业间的竞争,这种竞争的主要表现,首先是对读者的争夺,其次是对版权、作者等其他资源的争夺。我国有500多家出版社,他们之间往往是和战略目标相同的企业竞争,而不是和所有同行企业竞争,例如文艺出版社与专业技术出版社之间的竞争力度就很小,而文艺类出版社之间的竞争力度就会很大。

(2)进入威胁。一个产业由于新的进入者带来了额外的生产能力,因此,会对原有的产业内组织造成了威胁。对于图书企业来说,进入威胁主要是指进入图书出版领域的新的企业或组织。进入威胁的大小,主要取决于本产业进入障碍的大小,如果图书出版产业的进入障碍较大,则其他产业的企业就不易进入,图书企业面临的进入威胁也较小;如果图书产业的进入障碍较小,则其他产业的企业就会轻易进入,那么,图书企业就要面临较大的进入威胁。

进入障碍的大小主要取决于以下几个因素:

第一,规模经济。指的是随着经营规模的扩大,企业单位成本下降。对于一个产业来说,当规模经济存在的时候,已经在该产业内发展为一定规模的组织会有较低的成本,由此比新进入者具有更强的竞争能力。

第二,产品的差异性。指的是产业内的原有组织提供的产品和服务带给消费者一种独特的感觉,使得他们有了较高的顾客忠诚度;而新进入者要想争取顾客,必须付出更多的努力。

第三,转换成本。指的是买方由原来的供应商转向新的供应商所付出的各种成本费用,如需要重新培训,需要辅助设备,检测新产品会需要时间、费用,会承担一定风险等。当这些转换成本超过了心理底线的时候,买方一般不会愿意转向新的供应商;同理,新的进入者就要付出较高的代价。

第四,技术障碍。在一些产业中,随着组织的发展,组织成员学习过程的加深或经验的积累,能够降低单位产品的成本,或提高产品品质。因此,产业内的原有组织就比新的进入者有更强的竞争优势。

此外,还有政府的政策和法律等一些其他因素对进入障碍有影响。对于出版产业来说,它的进入障碍非常大,因为我国对出版社经营的主体有明确的限定,不允许私人进入这一领域。然而,图书出版产业的高额利润仍然吸引着社会资源,目前民营出版公司较普遍出现就是明证,它已使图书企业感受到了竞争的压力。

(3)替代品。这里所说的替代品,主要是指那些虽然不是图书企业提供的,但在关键功能上与图书具有相似之处的产品和服务。如果这些产品和服务具有更低的成本,更优质的性能,那么,就会给图书出版企业带来一定程度的冲击。

这种冲击主要来自于杂志社、报社、广播电视业、网络通信业等。

长期以来,广播电视凭借其信息含量大、服务免费或费用低廉、信息及时、形象生动的优势,拥有大量的用户。近年来,电视价格的下调和电视性能的提高,使得电视更为普及,电视内容越来越趋向精品化、多样化。同时,电视文化突起,冲淡了书籍文化的浓度,图书不再是唯一的知识来源,在获取知识以及生活休闲方面,更多的人倾向于选择广播电视媒介。但广播电视受播出时间的限制,用户的选择性差,因此,图书仍是广大人民群众知识获取的重要来源。然而,网络的兴起,使图书企业面临着与以往意义完全不同的一场竞争,但同时,网络又对图书的传播,具有一定的积极作用。这应该充分引起图书企业的高度重视。

(4) 供应商。对于图书企业的引进版图书来说,其版权来自于外国出版社,它的竞争性强弱对于图书发行企业来说,也是不容忽视的。它的竞争性主要表现在供应商自身的实力越强,在进行版权引进的过程中,他就越会处于强势地位,版税价格就有可能对供应方更为有利;或者供应商手中握有稀缺的出版资源,这个时候的版税价格,往往也会比较高。

(5) 顾客。对于商业企业来说,买方指的是购买企业商品的顾客,对于图书企业来说,买方指的就是广大读者。读者可以选择图书作为自己的知识来源,也可以选择其他的方式获取知识;读者可以选择这一图书企业的图书,也可以选择另一个图书企业的图书。读者选择能力的大小,就是读者的议价能力。读者的议价能力的高低,可以从以下三个方面考虑:一是读者的购买力,二是读者的选择范围,三是读者的价格敏感度。

(6) 营销中介。对于图书企业来说,营销中介主要指图书批发商、零售商。图书批发商、零售商力量的强弱,直接关系到图书企业的营销业绩。他们主要从图书品种、数量、发行折扣、回款周期、信息反馈等几个方面影响图书企业的营销行为。

(二) 购买行为分析

引进版图书的消费者,是指为了生活、消费的目的而购买引进版图书的个体或团体,这是引进版图书的最终归宿点,也是图书企业最终的服务对象。因此,图书企业的营销必然要以消费者为中心。

引进版图书的消费者需求,包括教育需求、学习需求、工作需求、生活需求、自我充实完善需求、休闲娱乐需求等。

影响消费者购买引进版图书的因素,包括外部因素和内部因素。其中外部因素主要指读者所处社会的核心文化和亚文化、读者的社会层次以及读者的相关群体;内部因素主要指读者的年龄、性别、职业、教育、个性特征、经济状况等。内、外因素同时影响读者的购买行为。

一般来说,读者的购买行为包括以下几个步骤:
(1) 购买动机形成。
(2) 购买信息调查。
(3) 购买决策选择。
(4) 购买后果评价。

二、引进版图书的市场细分

(一) 市场细分化的概念和意义

市场细分是对需求的细分,即图书企业根据读者的需求偏好、购买行为、购买习惯的差异性,划分具有类似需求的消费者群体,然后选择其中最能发挥本企业相对优势的细分市场作为目标市场从事经营。其意义在于:

(1) 有利于图书企业发现最佳的市场机会。市场机会就是对企业的营销活动具有吸引力,在此经营能够享有竞争优势和获得差别利益的环境机会。

(2) 有利于按目标市场的需要开发引进版图书产品,使上市的引进版图书适销对路。

(3) 有助于认识目标市场的特点。

(4) 使营销组合具有针对性。

(5) 有利于中小图书企业开发市场。

在图书市场上,大的图书企业占有大块的获利高的市场份额,总会留有小块的市场空隙。通过市场细分,中小图书企业能够针对市场空隙,进行引进版图书的开发,并取得相对优势的地位。

(二) 读者市场细分的标准

1. 地理环境因素

这一因素属于宏观环境,主要包括国家、地区、省市或南北方或城市、农村等方面的分析。对于引进版图书这一特殊商品来说,该因素中最具有意义的是不同地理环境下的人文特征及风俗习惯等造成的需求差异。

2. 人口统计因素

这一因素也属于宏观因素,但对它的分析则偏重于微观,包括人口的年龄、性别、家庭人数、收入、社会阶层、教育、职业、民族、国籍等,具有较多的不确定性,在运用时要根据引进版图书的不同情况,进行具体分析。

3. 心理因素

这一因素主要包括个人的生活方式、习惯、个性等。读者对引进版图书的选择,很大一部分依赖于生活方式,而营销会对生活方式产生影响。图书企业可以通过各种营销手段,对目标读者的生活方式加以影响,以促进引进版图书的销售。

4. 行为因素

这一因素主要包括购买时机、寻求利益、忠诚度等几个方面。

(1) 购买时机是指某一类图书总是在特定时期被特定购买。例如,少儿图书在寒暑假期间会有一个销售高峰,礼品图书在节假日期间会取得不俗的销售业绩。

(2) 寻求利益是指不同读者通过购买图书来寻求不同的利益,图书企业可以将同一利益的寻求者划分为同一细分市场,以制定相应的营销策略。图书企业需要做的是:

① 了解消费者在购买商品时所追求的主要利益是什么。
② 了解寻求某种利益的消费者是哪些人。
③ 市场的竞争品各自适合哪些利益。
④ 考察哪些利益还未得到满足。

(3) 忠诚度指的是对品牌的忠诚程度。读者对图书商品的忠诚度是不一样的,图书企业可以将不同忠诚度的读者划分为不同的细分市场,根据不同细分市场的特点,组织营销活动。较为常见的划分有:

① 专一的品牌忠诚者。多为收入高的阶层或者青少年,爱买专卖店的东西——要加强品牌信誉度,对忠诚顾客优惠。
② 不转移的品牌忠诚者。这类读者在两三种品牌之间进行选择,情况多见——图书企业要分析竞争品牌,对自己加以改进,使读者向自己转移。
③ 转移的忠诚者。这类读者开始用一个品牌,后改用另一种品牌——往往是图书企业的图书商品出现了问题,应该高度重视,加以解决。
④ 无品牌偏好。这类读者对品牌不敏感——图书企业应使读者尽量建立品牌偏好。

（三）对读者市场进行细分的三种方法

1. 单一细分法

按单一的影响需求的因素进行细分。

2. 综合细分法

根据影响读者需求的两种或两种以上的因素为标准进行细分。

3. 完全细分法

有多少不同需求的读者，就细分为多少个市场，这是一种最大限度的细分，这种完全细分只能在理论上成立。事实上，图书企业不能一味只着重于细分，过度细分只能带来产品线的增多，成本增加，管理难度加大，导致图书企业效益降低。因此，应该提倡根据成本与收益的关系，对市场加以适度细分。

（四）合理的市场细分应体现的特点

1. 可衡量性

子市场彼此之间区别明显，其内部要体现相对稳定的群体特征。

2. 可进入性

通过市场细分后的图书企业应该有足够的能力进入目标市场，开展各种营销活动。

3. 实效性

这是指目标市场的容量和获利值得开发的程度。一个细分市场应当是适宜于设计一套独立的营销策略的最小单位，该读者市场的规模和潜在购买力，必须足以保证图书企业通过营销运作来实现一定的经济效益。

4. 稳定性

细分市场必须在一定时期内保持相对稳定，便于图书企业制定和逐步落实中长期的市场营销策略，有效地开拓和占领目标市场，获得预期的利益。

三、市场目标化

（一）市场目标化的定义

图书企业在市场细分的基础上，可以根据自身的优势，来选择一个或某几个细分市场作为服务目标，即实现市场目标化。具体包括评估每一细分市场的吸引力和选择目标细分市场。

（二）目标市场选择模式

1. 单一的集中细分

通过一种产品仅占领一个市场(目标集中化)，主要表现是小型或中小企业最初进入某一类市场时。特点是集中力量，在局部有优势，缺点是风险大。

2. 产品专业化

可以克服单一目标市场带来的风险。

3. 市场专业化

对某一细分市场提供多种类型的产品。

4. 选择性专业化

选几块市场，有效地分散风险。

5. 全面覆盖

这种模式极少数，也极个别，适合大型的、专业力量雄厚的综合性图书企业。

（三）市场覆盖策略

1. 无差异营销策略

对市场不加细分，不管差异，只满足消费者某些共同的需求。优点是生产的品种少，批量大，可以节省费用，降低成本，提高利润率；缺点是不能满足消费者的差异性需求，由于产品单一，实行无差异营销，一般很难获得成功。

2. 差异营销策略

只在市场细分基础上选择多个细分市场作为目标市场，针对每个目标市场，分别设计不同的产品和营销方案。优点是对市场进行细分，能满足消费者不同的需求，提高市场的竞争力；缺点是成本费用太大，增加了设计、制造、管理、仓储、促销等方面的成本。因此，实力较差的企业很难做到差异营销。实施差异营销，须注意差异的程度要适当。

3. 集中营销策略

只选择一个或几个子市场作为目标，制定一套营销方案，集中力量争取在这些子市场上占有大量的份额。优点是专业化的营销，相对节省费用，增加盈利。因此，特别适合于资源有限、实力不强的中小企业；缺点是风险较大，应变能力差，因为只有一套营销组合。

四、市场定位

(一) 市场定位的定义

在选择适当的细分市场作为自己的目标市场后,就要针对该目标市场,进行引进版图书的市场定位。引进版图书的市场定位,就是图书企业把自己的引进版图书确定在目标市场的一定位置上,以及确定自己的引进版图书在目标市场上的竞争地位,同时向读者描述和传送所选择的市场定位概念。

引进版图书目标市场的实质,是通过创造和体现图书的特色,塑造具有排他性的品牌形象,并使这种品牌形象在读者的心目中牢固地树立起来。

(二) 市场定位的三个步骤

1. 确认自身潜在的竞争优势。
2. 准确地选择竞争优势。
3. 有效而准确地向市场传播引进版图书的定位观念。

(三) 四种市场定位策略

1. 空档定位

即寻找为读者所重视,但未被占领的细分市场。这种引进版图书定位,应以读者需求全部或部分尚未得到满足为前提。一是读者客观上存在的需求还未被意识到;二是这种需求虽已被意识到,但现在还远不能满足。这种疏漏就是图书市场上的所谓"空档",即其他图书企业疏于经营,或根本不去经营的"盲区"。

2. 比较定位

即通过与同类图书企业竞争者做客观比较,来确定自身市场定位的一种策略。

3. 加强定位

是在读者心目中加强自己现有形象的定位策略,其实质是一种纵向比较中的自我完善。某些处于发展成熟期的引进版图书,积淀着某种为读者所认同的价值观,但目前图书市场竞争的趋同化倾向,不可避免地将削弱引进版图书自身风格的独特性,带来替代品的增多。因此,引进版图书定位策略的核心,就在于延伸和优化自己的"特色要素"。

4. 首席定位

即追求引进版图书品牌成为同类图书中领导者的位置。现代市场营销理论认为:每一种产品应该选择一个属性,并使其成为在这一属性方面的第一名。较之其他信息,顾客更倾向于记住第一名,尤其是在一个信息爆炸的社会。对于图书企业来说,应该选择引进版图书中某一方面的特性,如新颖性、权威性、趣味性等,并努力将这一特性发挥至竞争市场中的首席位置。因为在所有方面都优于竞争对手是很困难的,这不仅需要巨额的资金投入,而且会导致和竞争对手进行全面对抗,那将会增加它所面对的行业中已经越演越烈的竞争风险。这种风险的突出表现是:竞争对手的全面反击和可能发生的恶性竞争,最终结果将会导致几败俱伤。

第三节 引进版图书的营销组合

一、营销组合的概念和特性

(一)营销组合的概念

图书企业在确定市场定位后,必须借助各种营销手段的使用,方能实现引进版图书的经济效益和社会效益。这些营销手段在市场营销学中主要被归纳为营销组合的四大策略。

所谓营销组合,指的是公司可控制的一组营销变量,包括公司为影响产品需求所能做的所有事情。营销组合的四大策略包括产品、价格、分销渠道、促销。

引进版图书的营销组合包括引进版图书产品策略、引进版图书定价策略、引进版图书渠道策略、引进版图书促销策略等基本内容。在引进版图书营销活动中,上述策略不是孤立进行的,而是相互协调和配合而形成市场营销组合,以综合性地发挥其功能作用,实现图书企业的引进版图书营销效果和战略目标。

(二)营销组合的特性

1. 整体性

这是营销组合的应有之意,它强调营销组合四个部分的策略只有融合到一起,才能实现最优的结果。任何重视一部分要素,而忽略另一部分要素,或机械地去推动各要素的营销行为,都不会产生预期的效果。

2. 连锁性

营销组合就如一个链条,对于任何一个组合来说,其能量并不取决于链条中最强的那一环,而往往是由其最弱的部分所决定。

3. 连带性

在一个诸要素相对健全、完善的营销组合中,某一要素在图书企业生产流程的积极发展,会对整个营销组合产生促进作用,由此推动营销业绩的扩展。

二、产品策略

(一) 产品的概念

产品是整个市场营销组合的第一个因素,其他因素都是以产品策略为基础的。产品是指"能够提供给市场,从而引起消费者注意,供消费者使用,并能够满足某种欲望或需要的任何东西"。产品包括有形物品、服务、人员、所属地方、所属组织、创意,或者这些实体的组合。

产品可分为三个层次:产品的核心、产品的形式、产品的延伸,也就是说,存在着实质产品、形式产品和延伸产品三个概念。

1. 实质产品

实质产品是指产品向购买者提供的基本效用。读者对引进版图书实质产品的基本效用和利益需求,主要为教育需求、学术需求、工作需求、生活需求、自我充实、完善需求、娱乐需求等。实质产品承担的功能是满足以上这些需求。鉴于引进版图书实质产品在营销中的特殊首要性,图书企业应当在营销中认清下面问题:

(1) 实质产品是引进版图书营销中最重要的组成部分,有价值的实质产品,才是引进版图书营销的开始和灵魂。

(2) 图书企业在引进版图书市场营销中不应该舍本逐末。现实中有些图书企业,虽然将实质产品当作营销的一个组成部分,但却将眼睛更多地盯在引进版图书营销的其他环节上,忽略了实质产品质量的提高。

(3) 图书企业应当认清什么才是引进版图书实质产品的支撑因素,什么样的实质产品才能满足读者的需求效用。

2. 形式产品

形式产品是指实质产品借以实现的形状和方式。形式产品主要表现在四个方面:品质、特色、式样及包装。引进版图书在形式产品的开发上主要包括:

（1）书名的设计。

书名一般来说是图书内容的概括，从书名上读者可以判断出图书的内容主题、学科性质。从营销角度看，图书企业不仅要求书名能起到揭示图书内容性质的作用，还要求书名能吸引读者，激发需求，扩大销售的促销功能，因此，现代图书企业都十分重视书名的设计。

书名的形式有单一书名、正副书名、交替书名和并列书名等几种。书名的设计讲究艺术性原则、科学性原则、严肃性原则。书名的作用不可小视，不同学科、品种的图书应按不同原则设计书名，以达到不同的效果。

（2）装帧设计。

装帧设计是书刊产品的封面、版式、插图及装订、包装形式等设计的总称，它可以分为技术设计和美术设计两个部分。其中，技术设计包括开本的设计、装订设计、纸材选择在内的整体设计和版面设计；美术设计包括插图、封面的设计、套盒的包装设计等内容。

图书的装帧设计，从营销学上讲，主要有两个方面的策略：一是艺术策略，装帧设计不是一项单纯的技术性活动，而是一种艺术创造活动，既要表现图书的外在形式美，又要揭示图书的内容美；二是风格型策略，即在图书装帧设计方面追求独立且相对稳定的思想和艺术特色的一种策略，形成自己的风格特色和展示图书的个性魅力，以给市场和读者留下深刻的印象。

3. 延伸产品

延伸产品是指顾客购买产品时所得到的附带服务或利益，如提供贷款、免费送货、安装、维修和其他售后服务等。

（二）产品策略的选择

产品策略是指企业使自己的产品及构成顺应市场的需求动态变化的市场开发策略。这里的产品，是指所有能满足顾客需求或欲望的有形或无形的组合体，它包括包装、颜色、品牌、价格、制造商、经销商声誉及服务等。产品策略主要包括：改良旧产品、剔除旧产品、开发旧产品的新用途、开发新产品等方面。

引进版图书的产品策略主要是指图书企业对引进版图书产品经营发展方向所进行的决策。图书企业的引进版图书产品经营发展方向定位的决策，主要有以下几种：

1. 抢先型产品策略

抢先型产品策略是指图书企业根据市场需求和自身的条件，尽早尽快地购买国外出版社版权,争取在图书的内容上创新,抢先销售并占领市场。抢先型产品策略:在产品上突出一个"新"字,要填补本行业或品种上的产品空白;在营销上突出一个"快"字,缩短出版时间,尽快投放市场,并加大宣传力度,造成先声夺人之势,赢得市场青睐。

2. 紧跟型产品策略

一旦市场上有新的优秀图书出现,迅速联系国外出版社,购买相类似版权,紧跟抢先型图书上市。这种策略是从抢先型图书中受到启示,继而购买有价值的版权,而不是模仿或照搬、照抄,应在图书的内容和价值上对现行上市产品予以补充、完善或侧重点不同,或更高一个层次。只有这样,紧跟型策略才能有价值,形成市场优势。

3. 优势产品策略

优势产品经营策略,是指图书企业围绕着在长期的出版发行实践中形成的产品、渠道、市场等方面的优势,开发出版选题的一种营销策略。图书企业的优势产品的形式主要有三种:

(1) 传统优势产品。有些历史悠久的名牌出版社,如商务印书馆、中华书局等,在长期的出版活动中已形成了自己的优势领域和传统风格,这类出版社的产品开发,应紧紧围绕自己的传统优势进行。

(2) 特色优势产品。围绕着本企业所形成的特色开发出版选题,即是特色优势产品。如清华大学出版社、电子工业出版社的计算机图书,金盾出版社的农业科技书,岳麓书社的古籍普及读本等,都属于有良好社会形象的优势产品。

(3) 行业优势产品。围绕本企业所属行业这一"地利"优势开发的图书选题,主要生产本行业的专业图书。

4. 最低成本型产品策略

图书的价格会对需求产生一定的影响,对图书企业而言,如能降低成本,继而降低图书价格,就能以薄利多销,获得较好的效益。

三、价格策略

定价策略在营销组合策略中占有重要的地位,因为它是影响销售收入的重要因素。大量企业营销实践表明,企业市场占有率的高低、市场接受新产品的快慢、企业及其产品在市场上的形象等,都与价格有着密切的关系。同样,引进版图书价格策略,也不仅是图书企业营销组合的基本要素和重要手段,同时还是广大消费者最关心、最敏感的市场因素。图书定价的高低,会直接影响到读者的购买,从而影响图书的销量,影响图书企业的经营效益。因此,图书企业在现代激烈的行业竞争环境中,引进版图书的定价策略不能只考虑传统的定价方法,即成本导向法、需求导向法、竞争导向法,而应是三种定价法的协调配合,以保本价格或边际成本为下限,以需求价格为上限,以市场竞争状况为参照系,合理制定引进版图书的价格。

引进版图书定价策略应考虑的因素包括:利用定价完成引进版图书的市场定位;密切注意竞争者的动向,与竞争者保持动态一致;定价要有弹性,根据竞争压力和营销环境的变化,适当调整价格,把价格作为完成营销策略的一种工具。

(一)影响引进版图书定价的因素

影响图书企业定价策略的主要因素包括外部因素和内部因素。前者包括国家价格政策、市场与需求的性质、竞争的情况及其他环境因素;后者包括图书企业的营销目标、引进版图书的成本等。

1. 国家价格政策因素

图书商品定价不仅要受到国家各项经济政策的制约,作为特殊商品,它还受到国家相关的科学、文化、教育政策的制约。对于一般的引进版图书来说,控制定价利润率是国家控制图书价格上涨过快的重要举措和手段。

2. 市场需求决定了引进版图书的价格上限

同理,引进版图书的价格弹性也决定了当价格发生变动时销量的增减情况,如果具有较大的价格弹性,那么,价格的变动就会带来销量的大幅度增减。

3. 竞争的情况

竞争对手的定价策略,通常也会影响到图书企业对引进版图书的定价。

4. 图书企业的营销目标

图书企业的营销目标不同,对引进版图书的定价原则也不尽相同。如果以维持图书企业当前生存为目标,则引进版图书的价格应尽量低;如果要争取图书企业当期利润最大化,则引进版图书价格应上升。如果希望争取最大限度的市场占有率,则引进版图书的价格须下降;如果采取产品质量领先策略,则引进版图书的价格宜上升。

5. 引进版图书的成本

成本决定了价格浮动的下限。引进版图书的成本主要包括:购买版权的费用、图书生产成本、图书流通成本、税金、利润,引进版图书的价格不能低于图书成本。需要指出的是,图书生产的不同规模会影响到图书的生产成本,随着图书印数的增加,成本是下降的。

(二) 引进版图书定价的主要方法

1. 成本导向定价法

即以引进版图书的总成本为中心来制定价格的方法,包括:

(1) 成本加成定价法。按照引进版图书的单位成本,加上一定比例的毛利,定出销价。

(2) 目标利润定价法。在定价时主要考虑现实目标利润的一种方法。

2. 需求导向定价法

即依据读者对引进版图书价值的理解和需求强度来定价,而不是依据图书企业的成本定价。读者对引进版图书价值的理解充分,则价格上升,或者读者的需求强度大,则价格也上升,反之亦然。

引进版图书的理解价值,是指在读者心目中的认知价值、感受价值,可由图书企业进行调整。图书企业应先运用各种营销策略和手段,来影响读者对引进版图书的认识,使之形成对图书企业有利的价值观念,然后再根据引进版图书在买方心目中的价值来定价。

3. 竞争导向定价法

即依据竞争者的价格来定价,或与主要的竞争者价格相同,或高于、低于竞争者的价格,主要视引进版图书和需求情况而定。其特点为:只要竞争者的价格不动,即使成本或需求发生变动,价格也不动,反之亦然。

(三) 引进版图书的定价策略

1. 高价策略

高价策略是领导消费潮流做法,通常是在经过市场调查后,以一个较高的市场价格为自己的引进版图书定位,然后大做广告,大量铺市,以便图书能够在市场上一炮打响。这种战略总是超前于市场,服务对象是具有较高收入和较高社会地位的读者,试图通过他们的示范和表率作用,提拉市场消费需求。

2. 低价策略

低价策略是迎合消费潮流做法,通常是先做市场调查,然后根据市场消费情况,为自己的引进版图书制定一个易为人们接受的较低价格。这种战略基本不超前于市场,而是贴近市场消费,服务对象是占大多数的读者。

（四）引进版图书的定价步骤

1. 确定图书企业的营销目标，即确定图书企业的定价目标。
2. 确定图书市场需求水平，以及在不同的价格水平上需求量的变化。
3. 研究在不同的产量水平上，成本是如何变化的。
4. 分析竞争对手的价格，作为自己定价的基础。
5. 选择具体的定价方法。
6. 确定最终的价格。

四、渠道策略

分销渠道又称分销途径或销售路线，是指产品从制造商转移到消费者手中所经过的各中间商连接起来而形成的通道。

分销渠道中存在着五种以物质或非物质形态运动的"流"，即商流、物流、货币流、信息流、促销流。其中商流是指顾客经中间商购买到商品；物流是指商品实体经过一定的存放地点和运输工具，到达顾客手中；货币流是指顾客或中间商购买商品所有权，支付货币；信息流是指渠道内相邻层次或不相邻层次之间都会发生信息传递，形成信息控制与反馈系统；促销流是指制造商或中间商通过促销手段，影响消费者的购买行为与决策。

图书营销渠道，也称图书分销渠道或图书流通渠道。它是指图书商品从出版企业向广大读者转移过程中经过的所有流通环节和通道，包括出版社及其自办的图书发行机构、图书批发商（发行所或省级新华书店）、中盘商、代理商、图书经销商、零售网点和广大读者等。

（一）引进版图书分销渠道的意义

1. 分销渠道是实现引进版图书销售的重要途径。
2. 分销渠道是当前图书企业竞争的重要因素。
3. 分销渠道是图书企业及时了解和掌握读者需求的重要信息来源。分销渠道既是引进版图书转移的途径，又是图书企业收集读者反馈信息和市场情报的途径。在销售过程中，图书企业可以从中了解引进版图书是否符合社会需要，是否遇到竞争，是否需要改进等。
4. 分销渠道合理与否是加速引进版图书流通和图书企业资金周转，节约销售费用，提高经济效益的重要手段。

(二) 引进版图书营销渠道的类型

1. 直接渠道与间接渠道

(1) 引进版图书的直接分销渠道是指在没有任何中间商介入，由出版社将引进版图书直接销售给广大读者的一种渠道类型。直接分销渠道主要形式有：出版社自设图书销售门市部或读者服务部，出版社推销人员向读者直销图书，读者直接向出版社定购、邮购、函购、电话购书以及出版社设立网站，网上书店直销图书等。直接分销渠道的优势，是减少中间环节，实现流通一体化，产销直接见面，加快图书商品流转速度。

引进版图书的间接渠道是指出版企业利用发行中间商来向广大读者供应图书的一种分销渠道。间接渠道根据中间商数量的多寡、性质不同，分为多种类型。从作用上看，间接渠道远远超过直接渠道，它是图书营销的主要渠道。

(2) 间接渠道的主要形式有：

① "买断"分销。

② 代理分销。

③ 多环节分销，即由代理商、批发商、零售商同时介入的一种分销形式。

④ 密集分销，这一环节有大量的中间商、零售商介入分销。

⑤ 选择分销，由出版社选择少数中间商介入图书分销，充分发挥中间商（一、二级批发商）的作用，是间接分销渠道的主要形式。

间接渠道有利于图书的广泛分销和扩大图书市场，有利于图书出版发行的专业化分工与协作，有利于弥补出版企业的人力、财力、物力资源的不足。这种形式虽然由于增加了环节、增加了流通费用和流转而节奏缓慢，但仍然是当前图书企业采用的主要营销渠道。

2. 短渠道与长渠道

(1) 短渠道是指引进版图书流通过程中，只选择使用一个环节的发行中间商的渠道形式，如出版企业——图书零售书商——读者，或出版企业——特约经销商——读者；长渠道是指涉及两个环节以上发行中间商来组织引进版图书营销的渠道形式，如出版企业——一级批发商——二级批发商——零售商——读者。

(2) 从营销学角度看，长渠道形式是一种规范的商品流通渠道，便于发挥批发商（代理商）的蓄水池作用和推广功能，减轻生产企业分销工作的压力，方便消费者购买图书商品。

3. 传统营销渠道和垂直营销渠道

传统营销渠道是由完全独立的图书企业、批发企业和零售企业构成的一种渠道形式。在这种渠道形式中,每个渠道成员均为独立的经济实体,各自都分别追求各自利益的最大化。如我国现有 500 多家出版社,各省市新华书店(一级批发企业)及众多市县新华书店(二级批发兼零售),都是清一色的独立经济法人实体,都有各自的经济利益,彼此之间为图书营销制度、权限、折扣、存货风险等各自的权利、义务而讨价还价。

垂直营销渠道是通过所有权、契约、资本或其他方式为纽带紧密联系在一起的出版、批发、零售企业构成的一种渠道形式,它是一种企业联合体,或连锁经营集团。

(三)影响营销渠道选择的因素

1. 引进版图书的产品因素

图书的学科与专业类别、内容、时效、生命周期及定价高低等,都会对销售渠道的选择产生不同程度的影响。

2. 市场状况

市场状况主要是指市场范围、市场容量及市场竞争状况。

3. 读者群

不同的读者群往往会有不同的购买习惯,图书企业在选择营销渠道时,必须考虑到能否贴近最终读者,方便读者购买。

4. 图书企业自身因素

自身因素指图书企业的声誉、资金与规模、销售条件、综合素质、可能提供的服务,如广告、展销、宣传等几个方面,图书企业的声誉是影响发行中间商能否与其积极合作的重要因素。

5. 图书分销渠道成员特征

分销渠道成员特征包括地区社会经济、分销商的管理水平、销售能力、专业经验、实体分配能力、协作意向与稳定性、地区覆盖面及读者、订户分析、信誉等。

(四)引进版图书营销渠道选择的原则

(1)了解市场状况,注重市场导向。充分满足广大读者对图书商品的需求,以快捷、方便读者购书为前提。

(2)科学、合理地分配营销渠道各个环节之间的利益。充分调动各环节发行中间商的积极性,确保营销渠道的整体功能得到全面发挥,力求避免因营销渠道某个环节利益分配失衡所造成的内耗而影响图书商品的流转。

（3）尽可能降低营销过程中的各项费用。为从整体上降低图书的定价与折扣创造条件，把着眼点放在速度、质量、效益型的营销渠道上，择优选择渠道类型和发行中间商。

（4）正确处理出版企业与各种发行中间商之间的合作关系。既要放手发挥发行中间商扩大分销的积极性和自主权，又要从宏观上控制图书分销的主动权，必要时可调整营销渠道的选择。

（五）引进版图书营销渠道的设计

1．渠道设计决策的步骤

（1）确定渠道的模式，即决定渠道长度。

（2）确定中间商的数目，即确定渠道宽度。

（3）明确渠道的交替方案。渠道的备择方案应该有多个，以便从中作出最优选择。

（4）规定渠道成员彼此的权利和义务。

2．对渠道形式的评估

（1）经济性评估。主要考虑哪种方式的经济合理性更强一些。图书企业推销员推销努力程度大，但成本高；代理商营销努力程度虽差，可单位平均成本低。一般来说，销售量在一定水平之下，可用销售代理；到达一定水平之后，则用自己的销售队伍，效果较佳。

（2）控制性评估。使用代理商易产生控制问题，图书企业应该争取在渠道中的主动权，确保分销渠道的稳定性、安全性、适当性、垄断性和效益性，掌握整个渠道的信息流程和分销商的经营活动，预防舞弊。图书分销网络的所有权和控制权必须属于出版社，而不得属于某个人或某个部门。

（3）适应性评估。当环境变化时，渠道能否作出及时、有效地反应。

3．渠道管理决策

（1）在评估基础上选择渠道成员。这是一个双向选择，一方面，图书企业在选择图书批发商、零售商；另一方面，图书批发商、零售商也会对图书企业作出选择。

（2）加强与图书分销商的沟通。尽可能地使图书分销商了解本出版社的出版动态和经营状况，了解出版社对分销商的评价标准，尽可能地了解图书分销商的经营活动，以各种方式加强双方的沟通，协助图书分销商进行经营人员培训，图书市场调查和资金信用融通等,并与其他部门保持联系,搜集、整理、分析图书分销商的情况,结合直接接触了解,健全各级分销商的档案资料,进而通过分销商了解读者和竞争动向,了解图书产品分销渠道的竞争情况。

(3) 支持渠道成员。图书企业可以从产品、营销、管理、培训、信息等各个方面,加强对渠道成员的支持。

(4) 激励渠道成员。激励的方法包括精神奖励、物质奖励、回款时间奖励、数量品种奖励、价格信誉奖励等多种形式,可以灵活掌握。

(5) 评估渠道成员。图书企业还要不断地评估渠道成员,并按照情况的变化,对渠道作出及时调整。

五、促销策略

促销是营销者将有关企业及产品的消息,通过各种方式传递给消费者和用户,促使其了解、信赖并购买本企业产品,以达到扩大销售的目的。因此,促销的实质,就是营销者与购买者和潜在购买者之间的信息沟通。

最理想的信息沟通应对消费者产生四大影响,即引起注意(attention)、产生兴趣(interest)、激起欲望(desire)、促成行动(action)。

企业的促销活动分类较多,但主要包括四种,即为了有效地与购买者沟通信息,企业可以通过广告来传递有关企业及产品信息;还可以通过各种营业推广方式,来加深顾客对产品的了解,进而促使其购买其产品;也可以通过派遣推销员面对面地说服顾客购买产品;更可以通过各种公共关系手段,来改善企业在公众心目中的形象。这四种方式的搭配、组合,成为促销组合,也称为营销信息沟通组合。

引进版图书促销,就是图书企业运用促销组合,向读者提供引进版图书出版的信息,帮助读者了解引进版图书,以引起读者的关注和兴趣,激发其购买欲望,继而产生购买行为的一种营销活动。

引进版图书促销的作用,主要体现在四个方面:

(1) 传递信息,指导消费。

(2) 刺激需求,扩大销售。

(3) 强化优势,形成偏爱。

(4) 树立形象,巩固市场。

(一) 广告策略

图书广告是指图书企业以付费的方式,通过一定的媒体,向广大读者传递图书商品及图书企业有关信息的一种促销方式。这种方式既可以用来树立企业及产品形象，又可用来刺激销售，具有公众性、渗透性、表现性、非人格性的特点。当今图书企业广告类型繁多，既有网络、电视、广播、报纸、杂志等现代公用广告媒体，又有书目、订单、新书介绍图片、墙报、海报、黑板报等多种行业性、传统性广告媒体。

广告策略是指图书企业在广告活动中，为取得最佳效果，对图书企业的广告设计、实施等诸多环节所采用的谋略。

图书企业的广告策略主要有以下几方面的内容：

1. 图书企业广告创作策略

广告的创作，特别是其中的创意是广告的灵魂，良好的设计是广告成功的前提。

2. 图书企业广告心理策略

图书企业广告的效果，虽然要受到广告创意与制作中语言、文字、美术、摄影与表演技巧等因素的影响，更取决于广告创意与制作对消费者心理的把握。如果广告创意与设计迎合了消费者心理，效果会更好。广告在引起消费者的注意，激发其兴趣与购买欲望之后，一定要能够导致其购买行为的产生。

3. 图书企业广告时间策略

在图书企业广告宣传促销过程中，对广告发布的具体时间和频率进行合理安排，以求取得最佳效果的目的。广告时间策略主要有四种形式，即集中时间广告策略、均衡时间广告策略、季节时间广告策略和节假日时间广告策略。

（二）营业推广策略

营业推广，也称特种推销，旨在激发读者购买和促进经销商的效率，其特点为吸引读者，有效地刺激购买。由于具有短期效果，应该隔一段时间换一种方式。图书企业对引进版图书可以采用的营业推广策略包括：

（1）图书陈列或展销。能够有效地吸引读者，推荐新书和重点图书，激发读者的购书欲望。

（2）样书赠送。通过赠书，使一部分读者影响和带动另一部分读者，刺激和影响读者购书。

（3）图书优惠券。即持有者在购买时可免付一定费用的凭证，可采用直接邮寄、夹在广告中、附在报纸上或者附加在图书中的方式传递给读者，一般来说，优惠的程度达到15%—20%才会引起注意。

（4）读书竞赛。图书企业通过举办读书竞赛，提高读者对引进版图书的关注，进而形成社会话题，带动社会购买。

（5）有奖销售。它是图书企业为了达到一定促销目的，承诺读者在具备一定资格条件的情况下，可以获得一定实物或现金回报的可能。其特征是参与资格平等，但最终获奖机会只集中在通过公平途径选择出来的少数读者身上。

（6）交易推广。用价格和发行折扣，刺激分销商大批订货和提高订货，用代销和寄销方式，鼓励分销商占领市场。

（三）人员推销策略

人员推销是图书企业推销人员（包括图书经纪人、直销员和营业员），运用直接交谈的方式，向可能购买图书商品的顾客推销图书商品的一种促销活动。人员推销是最古老的一种销售方式，对于某些处于一定销售阶段的产品，它是一种最有效的促销方式，特别是在争取顾客偏好，形成顾客对产品的信赖，促成产品交易方面有较显著效果。其特点为：直接对话，培养感情，迅速反应。

图书企业的图书商品人员推销的策略一般有以下三种：

（1）试探性人员推销策略。也称"刺激——反应"型策略，即推销人员在尚不了解顾客要求的情况下，通过与顾客交谈，试探其具体要求，然后根据顾客的反应，进行有针对性的宣传，刺激其产生购买动机。

（2）针对性人员推销策略。也称"启发——配合"型策略，即推销人员在了解顾客的具体需求后，积极主动与其交谈，以引起对方的共鸣，从而促成图书销售行为。

（3）诱导性人员推销策略。也称"需求——满足"型策略，即推销人员通过与顾客交谈，引起其对所推销图书商品的需求欲望，再以巧妙的方式，说明自己能满足其需求，达到依靠推销人员满足购书需求的目的。

（四）公共关系策略

公共关系是图书企业利用传播手段，促进企业与公众之间的相互了解，达到相互协调，使公众与企业建立良好的关系，树立起良好的企业形象，求得社会公众对企业的信任、理解和支持，提高产品与企业声誉的一系列活动的总称。

（1）对于促销来说，公共关系是一种间接方式，不要求直接的经济效益，但较其他方式有特殊意义，具体表现为：

① 可信度高，消费者感觉可信度高。

② 传达力强，影响面广。

③ 具有戏剧性,有意想不到的刺激销售的效果。

(2) 公共关系的三大要素是社会组织、公众和传播沟通。

(3) 公共关系的基本特征是:以公众为对象,以美誉度为目标,以沟通为手段,以互惠为原则,以真诚为信条,以长远为方针。

(4) 公共关系的职能是:树立形象,收集信息,咨询决策,传播沟通和协调关系。

(5) 公共关系的基本手段是信息交流与情感交流,目标是树立企业形象,创造最佳的社会关系环境。

(6) 公共关系策略主要有以下几方面内容:

① 开展新闻报道,重点宣传图书企业各项主要活动。
② 加强外部联系,争取社会各界的支持,建立经营合作关系。
③ 举办专题活动和参与有关公益活动,宣传和扩大图书企业的社会影响。
④ 策划公共关系广告,宣传介绍图书企业,树立企业形象。

第四节　引进版图书的网络营销

2010 年,全国图书零售市场同比增长 1.83%,全国图书零售码洋接近 370 亿元,其中网络销售为 50 亿元左右。既然有如此大的销售市场,那么,对各种网络营销手段进行关注就十分有必要了。

常见的网络营销方式,主要有如下几种:

一、网络零售商

这里的网络零售商主要是指各种网上书店,常见的如亚马逊网上书店、当当网,近两年来京东商城等也开始推出了网上书城的业务。

网上书店会在该网站醒目的位置重点宣传一些畅销书或者读者反映较好的书籍,无疑这会成为各个出版社的必争之地。出了页面宣传外,网上书店还有很多其他方式营销,如提供编辑评论和读者留言,提供作者在线与读者交流的机会,根据注册用户的浏览和购买记录分析该用户的兴趣爱好,进而形成推荐书目,等等,来宣传和销售图书。

网络零售商的力量不容忽视,尤其网上书店的销售量往往已经成为读者衡量一本图书的重要指标,并且,销量大的本身也可以形成一股强大的广告效应,因此,出版商必须重视与网上书店等网络零售商的合作,要向对待购买者一样,尽可能将图书的详细信息提供给网络零售商,并给予其充分的利润空间,这样才能较好地利用网络零售商的营销能力。

二、自建网络平台

不管是与实体书店合作,还是与网络零售商合作,出版社都要出让大量的利润空间,因此,目前很多出版社都在寻求自建网络平台。由于自建网站的成本降低,并且网络用户增长迅猛,这就意味着出版机构可以通过网站直接与大部分潜在读者联系,因此,以通过自己的网站展示图书成为了十分有效的营销方式。

借助自建网站,出版社可以树立良好的形象,同时能够向访问者提供涵盖图书和出版社的有价值的信息,并且能够与其他网站建立联系,增加点击率,更重要的是,可以直接实现线上售书,同时还可以实现电子出版物的销售。

然而,自建网站也会存在很多需要解决的问题。首先,网站的设计既要有自己的风格,能突出要展示图书的特点和新意,同时又要简单明了,用户界面友好,这就需要出版社投入大量的物力、人力资源,增加了成本;其次,还要涉及网站的营销、推广问题,因为网站必须通过高点击率才能保证图书网上营销的质量,然而,要想获得网站的高点击率,就需要加大对网站的宣传,比如通过权威网站或者流行网站的链接等;再次,直接网上售书还会涉及支付方式,送货服务以及物流配套等相关问题,同样也会增加运营成本。

三、其他网络工具

电子邮件是网络上最常用的广告手段,营销人员通过它可以直接把图书的相关信息发送到个人账户中,同时避免了任何打印或者投递支出,可谓省时省力的方法。然而,不容忽视的问题是目前存在的广泛的对于广告邮件等"垃圾邮件"的恶评,因此,在使用电子邮件作为营销手段时,必须遵守互联网公约,只向取得接受者同意的人发送邮件。

博客、微博这几年发展极其迅速,使得它的影响力急剧攀升,其宣传能力不容忽视。尤其一些公众人物的博客或者微博,往往起着意见领袖的作用,能够带动一大批的跟随者,这就提示我们,图书的网络营销要充分利用好博客、微博等网络工具。

此外,网络营销的工具还包括一些读书论坛、BBS等,以及门户网站的读书版面或者社区(如新浪读书),还有豆瓣网等与图书关系密切、受关注程度高的网站。充分利用好这些网站的营销能力,是能够帮助出版社获得更多读者的。

第十章
版权输出与"走出去"战略

我国版权贸易虽然在过去三十多年中取得了一定的成就,但也存在着许多问题,其中版权贸易逆差问题最为主要和关键。因此,必须在了解版权贸易逆差成因的基础上,采取各种对策,解决这一问题。尤其要通过大力推进版权输出和实施"走出去"战略,切实增加图书版权输出数量,进而推动我国尽早从出版大国变成出版强国。

第一节　版权贸易逆差现象、成因及其治理途径

一个国家在一定时期(通常为 1 年)内,版权贸易的进口值与出口值的差额叫作版权贸易差额(balance of trade)。当版权进口值超过版权出口值时称为入超(import surplus),又称贸易逆差(unfavorable balance of trade)。版权贸易逆差就意味着版权贸易和文化交流的不对称。这种不对称会使国内出版业处于不利的竞争地位,打击国内出版业的原创性动力,削弱国内出版业的民族性,导致在一定程度上对国外文化的依赖,从而丧失国际版权市场的主动权、主导权,影响一个国家在国际关系中的话语权。

一、我国版权贸易的逆差现象

自 20 世纪 80 年代以来,尤其是自 1992 年我国加入了《伯尔尼公约》和《世界版权公约》以后,国内出版界便愈来愈重视如何使自己的图书走向世界。在加入相关条约后的最初几年内,我国图书版权的输出额增长速度很快,但即使在输出额达到历史最高水平的年份,我国的图书版权输出额在整个贸易输出额中所占的比例都是无法与欧美等出版业发达的国家相比。

随着版权引进的数量与年俱增,版权贸易的大额逆差已成为我国图书版权贸易和中国图书走向世界所面临的一个严峻问题。在 2001 年到 2010 年的 10 年间,我国图书版权贸易逆差为 94483 项,引进输出之比为 5.8∶1。2008 年,我国版权贸易逆差总数达到 13336 种,是这些年中数量最大的一年(见表 10-1)。

表 10-1 2000—2010 年全国图书版权贸易逆差数量统计　　（单位:种）

年份	版权引进	版权输出	贸易逆差
2001	8226	635	7591
2002	10235	1297	8938
2003	12516	811	11705
2004	10040	1314	8726
2005	9382	1434	7948
2006	10950	2050	8900
2007	10255	2571	7684
2008	15776	2440	13336
2009	12914	3103	9811
2010	13724	3880	9844
合计	114018	19535	94483

究其原因,大致有如下几点:

1. 其他国家缺乏对中国的了解

虽然近年来我国加强了对外形象的展示,但由于几十年与外部世界的隔绝,其中还有社会制度和核心价值观的不同,使得许多国家至今对我国大陆的整体情况都还比较陌生,导致他们不了解现在这个飞速发展的中国,不了解中国博大精深的传统文化。

2. 东西方在文化和科技上的差异

东西方在文化方面具有较大的差异,西方国家的一般读者对东方文化了解太少,此外,我国的科学技术水平与发达国家相比还有相当差距。因此,即便是在我国图书版权贸易输出额增长较快的时期,我国图书进入西方发达国家图书市场的也比较少。

3. 我国图书的内在质量有所下降

20 世纪 90 年代以前,大多数学者潜心钻研学问,可以花几年或几十年,甚至用毕生心血撰写一部作品,大型工具书的编纂更是至少十几二十年。可现在这种严谨的学风少见了,写书和编书的时间也越来越快。这种状况必然导致国内出版社可输出的有效出版资源相对匮乏。

4. 国内出版社与著作权人的利益关系有待理顺

欧美国家的出版社已经进行了几百年的市场化运作,其图书市场的购买力大致相同且比较稳定,消费层次也已大致固定,欧美国家间已逐渐培育出一个比较成熟的版权贸易市场。出版社、著作权人、版权代理人、出版经纪人之间的合作也非常密切。无论是与市场经济相适应的法律、法规,还是行业规范等都已相当完善,这一切都为欧美各国出版社之间版权贸易的健康发展提供了良好的外部环境。

目前我国国内的出版社和著作权人,多数不愿采取以版税结算的方式将二者的利益捆绑在一起,二者之间的互信程度还不高,利益共享、风险共担的游戏规则并没有真正地建立起来。我国著作权人和出版社之间的版权贸易市场也还没有成熟,这对我国图书版权输出是十分不利的一个因素。

5. 版权输出的渠道不通畅

长期以来,我国图书版权输出的范围主要集中在中医药、气功、绘画以及书法等与传统文化有关的几类图书上,业务范围也主要集中在东南亚华文圈内,与国外出版社的交流一直没有取得均衡之势,直接学习和借鉴国外出版社经验的机会也不是很多。我国图书除了在国际书展上有少量展示外,平时国外的出版商很难了解到中国的图书信息。

6. 语言上的障碍不可忽视

其一,汉语译介难度较大。由于汉字与欧、美国家的文字差别很大,这就使得许多诸如古诗、成语、歇后语、对联等作品的输出存在着很大障碍。因为这类图书直译往往译不出真正的含义,意译又译不出韵律。

其二,国外出版社中懂汉语、欣赏中国文化的人很少,很难指望他们能够直接挑选并购买中国图书的版权①。

二、我国版权贸易逆差的成因

随着近些年来我国文化事业的逐渐开放,包括出版物在内的文化版权贸易逆差现象一直存在,极大地影响着我国出版产业的健康发展和繁荣壮大。究其成因,可从生产要素、相关产业及机构、企业规模结构、政府的行为与政策等四个方面着手分析。

---

① 熊钰. 出版社"走出去"工程的立体构建[J]. 长沙大学学报,2009(6).

1. 生产要素分析

版权贸易的资源禀赋表现在人力资源、资本资源、知识资源三大生产要素上。由于我国版权产业体制限制，人力资源、金融资源、知识资源都有限，基本生产要素的不足导致了中国持续多年的版权贸易逆差。

首先，我国图书版权从业人员匮乏。由于我国出版产业无论在产业规模、市场地位和经济效益等方面状况都欠佳，我国图书出版业对人才缺乏足够的吸引力。有关统计显示，目前我国平均每家出版社的职工数量不到百人，其中从事版权贸易的工作人员更少，复合型经营管理人才尤其缺乏，这是制约我国版权经营单位核心竞争力形成的重要原因。

其次，我国出版单位的运行资金短缺。随着我国出版业进行产业化、市场化改革，国家对版权经营单位的投入正逐步减少。资金的短缺致使出版单位把钱主要投向见效快、周期短的项目，如教材出版和版权引进，最终导致了版权贸易逆差的扩大，限制了版权贸易资本市场的良性发展。

再次，我国版权资源的开发力度不够。我国很多作者都是以国内读者为对象，没有从国际视角来创作作品。一些待开发有输出价值的版权作品由于操作麻烦，需要投入大量的人力、物力、资金和时间，收益又不大，出版社大都不愿去开发，而选择方便、创收的版权引进途径。

2. 相关产业及机构分析

我国版权贸易出现持续的逆差，与出版产业及机构建设不完善有着密切的关系，主要表现在版权行业协会参与性不强和版权代理机构不够活跃两个方面。

版权行业协会的作用与政府部门管理的职能不同，以维护行业权益为目标，履行行业代表、行业服务、行业协调、行业自律四方面职能。与国外充分发挥作用的版权行业协会相比，我国当前的出版行业协会多是从政府部门中分离出来部分职能和部分人员组建的，具有较浓的官方、半官方色彩，还没有形成政府间接管理与行业协会直接参与的管理格局。我们行业协会只能算是版权机构的辅助，极少开展活动，在行业中缺乏权威性，宏观协调功能很弱。

版权代理机构的活跃与否和版权贸易的发展息息相关，但目前我国的版权代理公司在版权贸易过程中的作用不大。国内版权代理机构还存在运营不规范、瞒报销量等现象，这种毁坏信誉的举动无疑使我国版权代理的处境雪上加霜。在我国版权贸易飞速发展的今天，不成熟与不规范的版权代理机构无疑将是中国出版走向国际的一大阻碍。

3. 企业规模结构分析

相对西方国家,我国出版业发展中一个突出的现象就是小、散、弱,产业集中度低。

首先,由于我国出版社的设立按照国家行政区域划分,目前我国出版社的产业规模比较小,即使是大型出版社或者出版集团,也是在所在区域内活动。

其次,在同一行政区域内,各个出版社业务不重复,相互间很少有直接的竞争,从而限制了版权资源的流动,导致各个出版社的竞争力都很弱,不具备国际竞争力。

再次,目前我国版权经营单位在地理位置上设置散乱,没有出现真正意义上的跨国界、跨地区、跨媒介的出版集团,无法应对全球竞争的挑战。

4. 政府的行为与政策

目前我国现行的版权规制体制既带有计划经济体制的痕迹,又带有转型期经济体制的烙印,明显不适应我国版权贸易正在走向国际的趋势。各级政府间关系和组织间关系经常存在着不协调现象,职责模糊和组织机构的僵化,造成版权规制低效率。多个版权规制机构对同一市场同一版权经营单位进行规制,不同管理部门之间职能交叉,甚至相互矛盾。且政府在对版权管理和推动版权贸易开展的管理手段上,存在着重行政手段、轻法律手段的现象。

三、我国版权贸易逆差的治理途径

要治理版权贸易逆差的问题,必须由政府、行业、企业通力合作,从宏观、中观和微观三个层面下手,采取积极有效的措施,形成一个完整的治理体系。

1. 政府宏观层面

第一,加强立法执法保护。目前我国已经具备了相对完善的版权保护法律体系和相对完整的版权保护执法体系,这是我们进一步加强立法执法保护的基础性条件。为此,一方面,政府应加快版权立法工作,建立以宪法为核心,以版权法为主要内容,横跨行政法、民法、商法、经济法、社会法、刑法和诉讼法等多部门多层次的规范体系,真正做到有法可依;另一方面,与版权贸易相关的版权、新闻出版、海关、工商、公安、文化等政府部门应联合执法,做到执法必严,违法必究。

第二,构建外部市场机制。首先,政府应提高对版权市场的宏观调控能力,在拓展社会监管与市场监管的内涵上下功夫,培育一个竞争、有序、统一、开放的出版物市场。其次,应建立科学、合理和规范的版权贸易市场化经济体制和运行机制，促进出版企业加强市场化经营，提高质量、培育品牌、突出特色，以优质产品提升市场竞争力。

第三，提高政策支持。现阶段我国版权产业弱小，需要国家政策扶持。政府要对版权贸易给予指导，特别是应当扶持、鼓励版权的输出。为此，政府应出台相应的贸易政策、产业政策、经济政策和文化政策，设置外国出版企业进入壁垒，扶持本国出版业发展，推动版权输出。

2. 行业中观层面

首先，加强行业协会的建设，将政府现有职能的一部分监督管理权转交给行业协会，充分发挥行业协会在出版业宏观协调管理中的重要作用，促进行业自律，形成以政府指导，法规调整，协会服务的有效管理模式。

其次，随着图书版权贸易的发展和不断壮大，版权代理业的市场和发展空间逐渐增大。因此，应尽快进行体制创新、业务创新、监管创新、信息创新，跟上中国版权贸易的步伐。

再次，建立大型版权贸易集团，进行资源整合，克服我国出版社实力无法迅速壮大的现实困难。要从调整产业结构和产品结构入手，大力推进集团化建设，组建能够同国外大型出版集团相抗衡的大型出版集团。

3. 企业微观层面

出版企业应在增强自身选题开发、人才建设、品牌构筑、资金管理的基础上，掌握版权输出的程序，遵守版权输出规则，创新版权输出方式，加大版权输出力度，全方位提升版权输出的能力。

总的说来，虽然版权贸易逆差仍旧存在，但是随着近几年我国出版企业版权输出能力的增强和政府大力推行出版业"走出去"战略，图书版权输出取得了明显成效。最新数据显示，"十一五"期间，我国出版物版权贸易引进输出比从2006年的5.3∶1转变为2010年的3.5∶1，逆差明显缩小。

第二节　版权输出

版权贸易逆差是我国出版界必须正视的重大问题，解决这个问题，不能靠降低版权引进的数量或者减缓引进的速度，而只能大幅增长版权输出的数量或者提高输出的速度,逐步减少贸易逆差。

版权引进与版权输出作为版权贸易一个问题的两个方面,其基本程序是大致相同的。这里在分析我国版权输出地情况的基础上,将对版权输出中的主要做法作一简要介绍,希望对我国出版企业增强版权输出能力有所裨益。

一、我国版权输出中存在的主要问题

(一) 我国图书版权输出地过于集中

从国家版权局公布的2001—2010年的统计数据来看,我国版权输出亚洲地区的输出地主要集中在韩国、日本、新加坡三国,以及我国的台港澳地区。十年中,来自这6个国家或地区的版权输出数量达12589种,占总数的64.4%,欧美地区的输出地主要集中在美国、英国、德国、法国、加拿大、俄罗斯,向这6个国家的版权输出数量达3018种,占总数的15.4%。这说明,我国内地的图书版权从华人核心文化圈向东亚文化圈,乃至西方主流文化圈拓展,成绩显而易见。

表10-2 2001—2010年我国版权输出地情况分析 (单位:种)

国家或地区\年份	美国	英国	德国	法国	俄罗斯	加拿大	新加坡	日本	韩国	中国香港	中国澳门	中国台湾	其他
2001	6	1	1	0	0	10	1	12	7	80	0	187	330
2002	9	6	2	1	0	0	0	18	103	352	0	755	51
2003	5	2	1	11	1	0	9	15	89	178	0	472	28
2004	14	16	20	4	0	0	30	22	114	278	94	655	67
2005	16	74	9	7	6	0	43	15	304	169	1	673	117
2006	147	66	104	14	66	25	47	116	363	119	53	702	228
2007	196	109	14	50	100	13	171	73	334	116	38	630	727
2008	122	45	96	64	115	29	127	56	303	297	47	603	536
2009	267	220	173	26	54	10	60	101	253	219	10	682	1028
2010	244	176	89	120	11	31	260	207	343	341	6	1236	816
合计	1026	715	509	297	353	118	748	635	2213	2149	249	6595	3928

可是,即使在欧美国家,版权输出的图书特别是文学作品等也没有真正走入主流人群,其最终读者还是以海外华人和汉学家为主。从另一个侧面也反映出:我国内地版权输出的问题在于区域不够广、输出地过于集中。比如我国对南美文化圈、非洲文化圈、南亚文化圈、阿拉伯文化圈,乃至从前的苏东文化圈前苏联、

东欧地区的拓展还远远不够。单一的版权输出流向,使得我国的文化和文化产品无法对世界文化发展和世界文化贸易产生足够的影响。

(二) 参与图书版权输出的省份分布不均

在国内,我国图书版权输出的地域分布极不平衡,北京地区的版权贸易输出量居全国首位,且与其他地区相比较数量相差很大。其他的出版社主要集中在上海、江苏、辽宁、广东、浙江等省市(详见表10-3)。而有实力和产品向外输出版权的出版社主要是外语教学与研究出版社、机械工业出版社、外文出版社、江苏少年儿童出版社、辽宁少年儿童出版社、天津科技出版社等十几家。造成这一现象的主要原因是我国有实力的出版社分布不均衡,而且大都集中于北京等少数省市。

表10-3 2001—2005年我国图书版权输出数量地区前五位排名 (单位:种)[1]

	2001	2002	2003	2004	2005
各省市版权输出排名	北京 318	北京 532	北京 321	北京 597	北京 868
	辽宁 60	上海 232	上海 171	上海 262	上海 272
	浙江 53	辽宁 114	江苏 48	山东 70	陕西 53
	四川 38	湖北 99	辽宁 46	江苏 60	浙江 46
	湖北 38	江苏 64	广东 30	安徽 46	辽宁 37

(三) 图书版权出口贸易品种单一

我国的图书版权输出品种涉及面狭窄,大多主要集中在旅游、历史、地理、医药、文学、汉语、武术等少数有限的领域。以2003年图书版权输出情况为例,在全年的811种输出的图书版权中,历史地理类最多,为179种,第二位的文教科体类为148种,医药卫生类排在第三位,为93种,仅这三大类图书输出版权就占了总数的51.8%。

根据有关针对留学生的读者需求调查问卷统计,在文艺作品中,国外读者熟知的主要集中在先秦哲人中的孔子、老子等,古代的李白、杜甫等著名诗人;现代作家则有鲁迅、巴金、茅盾、郭沫若、徐志摩等大家耳熟能详的作家;而当代作家中,比较受欢迎的主要有王蒙、余华、金庸和曾经的旅加华人作家梅娘等有限的几个。

---

[1] 魏婷.中国图书版权贸易现状分析及对策[J].商业研究,2006(23):145-151.

(四）图书版权出口贸易收益低

在我国,图书版权出口贸易资金运作前期投入较大、运转周期较长,但是最终的收益却很低。这样高成本、低回报的资金运营模式,严重影响了出版社对版权出口贸易的积极性。根据业内人士计算,很多版权的收益是象征性的,又由于版权贸易中存在海关关税等支出,1000美元的版权输出扣除各种费用后就只有10%的利润。而政府相关机构和法律、法规都罕有鼓励图书版权出口贸易的政策。近几年虽然已经推出了相关优惠政策和基金,但与国外相比,其力度还略显不足。

（五）平行出口现象存在

版权产品的平行进口,是指某部作品在一国已经获得法律保护,并由被许可人在该国出版、发行,但由于不同国家和地区间的价格差异所带来的获利机会,驱使平行进口商从他国购买该作品投放到本国或本地区市场所造成的作品被许可人与平行进口商之间利益冲突的行为①。相对于出口国来说,某一国的版权产品与他国的同种版权商品同时出现在同一外国市场的现象,就是版权产品的平行出口。

受到语言和文化影响力等方面的限制,我国图书产品的平行出口现象在大多数的国外市场尚不明显。但是在大陆的主要图书版权出口地区的我国香港、澳门特别行政区和台湾地区,以及新加坡等华人聚居的东南亚国家,图书的平行出口现象还是比较严重的。以大陆最大的版权出口对象——我国台湾地区为例,2005年出口到台湾地区的简体字版图书,年销售额在2亿新台币左右。据不完全统计,在台湾地区已有规模不等的经营大陆简体字版图书的书店300余家,向台湾民众提供了更多的大陆简体字版图书的选择。相比较从大陆输出到台湾地区的简体字版图书的种类和数量,大陆销往台湾地区的图书版权数量十分有限(详见表10-4、10-5)。

---

① 赵睿,周清海.从简体字版图书在台湾地区热销看大陆图书平行进口问题[J].中国出版,2007(7):30-33.

表 10-4　我国大陆地区大专专业学术用简体字版图书进口销售申请统计表

	申请进口 销售业者家数	申请进口 销售图书种类	申请进口 销售图书册数	已有正体版权 不开放简体版权数
2003（7—12月）	24	36865	139538	671
2004	41	127409	605110	297
2005	61	385604	1660991	442

资料来源：陈碧钟.（台湾）出版年鉴2005.

表 10-5　我国大陆出版品在台发行统计表　　　　（单位：种）

	1997	1998	1999	2000	2001	2002	2003
种类	39	66	9	29	11	13	12

资料来源：陈碧钟.（台湾）出版年鉴2004.

从经济利益出发，出版社可以在平行出口中同时获得销售图书商品和图书版权的两份销售额，实际利润可能更高，因此平行出口国的各个层面通常不会强烈反对图书版权输出地存在平行进口商。然而，在一定时间内平行进口国市场通过版权引进出版的图书会受到作为商品的图书冲击，最终致使平行进口国的出版社会谨慎引进，甚至不愿引进图书版权。而从长远角度看，平行出口现象的存在也可能会使得图书版权的价格更加趋于合理，使之更具吸引力和竞争力。

二、我国版权输出的程序

（一）筛选可供输出的作品

选择可供输出的作品，是版权输出首先应该考虑的问题。版权的输出不得损害国家安全和国家的政治、经济利益，不应对我国的一般商品出口市场有过多不利的影响。要根据平等互利、协商一致的原则，签订出口合同，并根据出口版权的经济价值，取得合理的报酬。

（二）建立委托关系，寻找外国出版公司

出版社可以将要出口的项目委托给版权代理公司代理出口。这种委托是通过版权所有人与版权代理公司订立委托代理合同的方式建立的。委托代理合同应明确授权的范围，以及双方各自的权利和义务。

版权出口企业应与版权代理公司密切合作，通过国内外各种途径，寻找外国

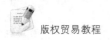

出版公司,开拓国际市场。具体方式有组织参加各种国际图书博览会,派遣推销小组,在国外建立相应代理机构,以及通过我国驻外商务机构,协助开展对外宣传工作等。

(三) 选择出口方式

作品版权的出口方式应是风险小、费用高的方式。要选择好适用的出口方式,就必须对作品版权的引进国家有全面的了解。了解引进国对版权许可的态度和对版权许可的限制,能否通过版权出口取得合理的报酬,版权引进国家有无相应的版权制度和保护版权的法律。

(四) 准备对外版权许可或转让的方案

根据出版社的市场战略,确定输出现有作品版权的方案。要根据拟转让版权的市场和地区的规模、合同的内容等特点,多准备几个备选方案。

(五) 进行市场预测

为了吸引外国出版公司的注意,出版社要对本社拟输出作品的市场进行预测,邮寄关于预测结果的说明,重点强调对方引进该版权能为其带来的好处。

(六) 就合作出版或许可版权,拟订建议草案

写好建议书,对于版权输出至关重要,因此,出版社要在建议书中以最有说服力的方式,从内容和形式上详细叙述引进该作品版权在经济、文化等各方面的有利之处,特别是该作品和其他同类作品相比所具有的优势。

(七) 确定潜在合作伙伴,对其进行市场和资信状况调查

与引进相同,在组织合作出版或签订许可合同时,重要的是选择合适的合作伙伴。因此,出版社非常有必要通过一定的渠道和方式,对对方进行相关的市场和资信调查。

(八) 制定选择版权输出受让方的标准

出版社应该对搜集到的资料进行分析,找出几个可能的合作伙伴,由于各方的条件不同,因此,应该制定一个选择引进伙伴的标准。

(九) 选择合适的伙伴,进行正式谈判

在进行版权输出时,出版社要根据自己的意图和图书市场上的状况,慎重选择交易的对象。应选择那些最有利于作品被广泛接受、最可靠、又最有经济实力的伙伴作为谈判的对手,向这样的出版公司提出签约的建议,并进行初步谈判。

（十）确定并修改协议草案

通过进一步的谈判，对协议草案进行确定和修改。这时，双方要进行详细、认真的谈判，要对合同的各项条款逐一商讨，特别是要对合同的价格条款进行磋商，从而初步拟定出合同条款。合同条款切忌笼统，做到多用数字、重视细节、表达准确。

（十一）最后详细谈判

在双方的最后谈判中，商谈尚未解决的问题，并对已达成协议的条款进行仔细推敲。这是一个非常重要的阶段，因为任何一个不明确之处，都有可能成为日后履行合同时发生争执的起因。

（十二）提供许可或转让

签订协议并不意味着协议生效。供应方为保护自己的利益，常常要求规定合同生效的条件，这种条件一般有两种：一种是规定，只有在受让方支付规定的第一笔金额作为未来许可报酬的一部分时，协议才具有法律效力；另一种是根据本国的规定，许可协议只有在本国政府有关机关登记后，才具有法律效力。

三、开展版权输出应遵守的原则

（一）认真选择可供出口的作品

作品版权的输出，不能损害国家的安全和国家的政治、经济权益，要根据平等互利、协商一致的原则，签订出口合同，并根据出口作品版权的经济价值，取得合理的报酬。

（二）慎重选择作品出口的时机

作品的出口，要结合国外图书市场的热点和当地的娱乐、文化、生活的需要来进行，针对不同时期的不同需求，选择不同的作品，进行版权输出。

（三）选择适当的版权输出方式

版权输出的方式应是风险小、版税高的方式。要选择好适当的方式，就必须对版权引进国家有较全面的了解。了解引进方国家政府对版权许可和转让的态度、对版权许可和转让的限制，能否允许出口方获得合理报酬，引进方有无引进的条件，引进方国家有无版权保护制度和保护版权的法律。

（四）要安排好出口的作品在国外的保护

向国外进行版权输出，必须寻求有效的保护，这不仅有利于维护我方的利益，也有利于维护对方的利益。否则，不但会丧失我方的经济效益，还可能使盗版大行其道，从而导致更大的经济和政治损失。

在国外寻求对版权的保护，大致有如下两种方法：

（1）对于有版权制度的国家来说，要寻求版权法的保护，其前提是我国和他国已达成了关于版权保护的双边协议。

（2）对没有建立版权制度的国家进行的版权出口，一般是通过合同中的相应条款对版权进行保护，在合同中明确规定，引进方有义务对作品进行保护，以防止盗版情况的发生，以及一旦发生了盗版，引进方应采取哪些行动，来补偿损失。

四、版权输出的策略

（一）提高对版权输出战略意义的认识

长期以来，我国的出口贸易主要是以有形商品为主。近年来，虽然我国出口商品的结构发生了很大的变化，但作为文学艺术、科技作品的版权出口，所占的比重还是相当小。随着科学、文化的发展，版权贸易的重要性将会日益突出，我们应充分认识到这一点，采取积极措施，逐步扩大作品版权的出口，以增加我国的经济活力。这无论在政治上，还是在经济上，都具有深远的战略意义。

（二）发展出版公司的跨国经营

跨国公司可以在版权的国际移动中起到非常重要的作用。跨国公司把版权转让给外国，并和该国进行合作出版，这不仅能使跨国公司获得极大的有形和无形的利益，而且也满足了东道国利用国外资金和引进技术的需求。由此可见，跨国公司在版权出口贸易中的作用，如果发挥好了，影响将是无法估量的。

（三）建立版权代理机制

国内目前还没有成熟的版权代理商机制，专业的版权代理机构也不多，这部分业务一般由出版社的国际合作部（或者图书版权部）来承担，这种现状直接导致了中国版权代理只能限于引进工作上。因此，要建立版权代理商机制，促进图书版权买卖完全市场化、商业化。

（四）有效地利用作品的版权

有效地利用作品的版权，是获取最大利润的关键。所谓有效地利用，是指以成本、市场竞争和价格为考虑因素，如何运作一项作品的版权，使其利润最大化。

(五）在版权出口中，应加强版权的保护

既要出口作品，又不丧失该作品的版权，其关键是实行卓有成效的版权保护。对于有关作品，要及时申请版权保护，或通过合同的方式进行保护。

(六）重视信息工作

当今社会已进入了信息时代，信息成为国际经济贸易活动中的重要资源。信息不灵，不仅会导致决策失误，而且会错失良机。因此，应重视调查研究，加强信息工作，及时了解版权贸易市场的动态，以及各国的法规，做到知彼知己，抓住时机，采取措施，组织促销，扩大作品版权出口。

(七）拉长服务产业链

随着我国尤其是沪粤等地的印刷制作水准的进步和相对于境外印刷的低成本，在中国出版"走出去"时，也可把承接订单印制作、委托加工作为其中的一项内容，建立一个能够接单、下单、下料、生产、出口、报关的一揽子服务架构。

(八）实施国外本土化战略

通过实施一系列国外本土化战略可有效提升中国图书的吸引力，促进版权输出。如在对象国设立工作机构，负责书刊的选题策划和印刷发行工作，打通对象国的发行渠道；聘请对象国人员参与书刊的编辑策划印刷发行工作，利用他们的视角和语言优势，提高书刊出版的针对性；使用当地通用语言或官方语言进行印刷发行；装帧编排上加入外国本土元素，如在阿拉伯地区的出版物采取翻口在左、从右到左的编排方式，色调以绿色作为阿拉伯地区读者喜好的颜色，等等。

(九）加强国际市场宣传

就某本著作形成外文文案，进行国际市场宣传。尤其是那些在国内已经形成影响力的图书，采用这一方式可以更有效地让国际出版商关注、了解和引进相关图书。畅销书《狼图腾》在进行版权输出时，就以国际宣传的方式赢得了国际出版商的青睐。出版该书的长江文艺出版社首先按照国际惯例精心制作了一份英文文案，内容包括故事梗概、作者介绍、国内市场销售现状，各界人士包括作家、演员、企业家、评论家等对该书的高度评价，国内媒体的热烈反响，以及作为该书策划者对其全球市场发展前途的预测等。随后采取主动，精心选择媒体，向海外主流媒体积极投稿，以引起国外出版商的注意，从而成功地使诸多大出版社抛来了橄榄枝。

第三节 中国出版"走出去"战略

实施中国出版"走出去",是党中央、国务院对新世纪中国出版业提出的一项新的重要的战略任务。推动更多出版物"走出去"是中国出版业现阶段发展的一项重要内容,是中国出版业在全球化背景下积极开展对外出版交流的一项重要内容,也是促进版权输出、缩小版权贸易逆差的有效手段。

一、"走出去"战略的提出

在 2000 年 3 月全国人大会议期间,江泽民同志郑重谈到实施"走出去"战略,他指出:"随着我国经济的不断发展,我们要积极参与国际经济竞争,并努力掌握主动权。"必须不失时机地实施"走出去"战略,把"引进来"和"走出去"紧密结合起来。2002 年党的十六大报告再次提出"引进来"与"走出去"相结合战略,积极参与国际经济技术合作和竞争,不断提高对外开放水平。

2003 年全国新闻出版局长会议正式把中国出版"走出去"战略作为我国新闻出版业发展的五大战略之一①。实施"走出去"战略,要破除封闭的、陈旧的思想观念,支持一切外向型出版单位尤其是实力雄厚的集团去海外、国外发展。可选择管理规范、技术先进、资信可靠、对我友好的境外知名媒体集团进行合作,利用其营销网络,使我国出版物更多地进入国际社会的主流市场,在世界华文出版物市场上占据更大的份额。

2005 年 7 月,国务院新闻办公室与新闻出版总署联合发布了"中国图书对外推广计划"的实施办法,以资助翻译费用的方式,鼓励各国出版机构翻译出版中国的图书,让世界人民能够以自己熟悉的文字,通过阅读图书更多地了解中国。2006 年颁布的《"十一五"文化发展纲要》,把实施"走出去"重大工程项目作为"十一五"时期文化发展的重点,加快"走出去"步伐,扩大我国文化的覆盖面和国际影响力。

---

① 石宗源.实施"五大"战略发展新闻出版事业[J].中国出版,2003(4).

从 2000 开始,政府一直在鼓励着出版"走出去",参与国际竞争,提高国家文化软实力,特别是 2003 年国家明确提出出版"走出去"战略,为出版界指引了发展方向,而且收到了良好的成效。

2012 年初,新闻出版总署出台 2012 年"一号文件"——《关于加快我国新闻出版业走出去的若干意见》,首次从国家层面对新闻出版业走出去进行全方位布局。这是深入贯彻党的十七届六中全会精神,推动文化大发展大繁荣的重要举措之一,也是我国大力发展版权贸易,缩小版权贸易逆差,提升文化软实力的推进器。作为版权创造和输出的主体,广大出版企业应该充分利用政策的大好形势,面向国际市场,打造顺应国际形势、符合市场需求的产品,"走出去"之路才能变通途①。

二、实施"走出去"战略的意义

(一) 提升文化软实力的途径

出版"走出去"战略为中国全面领略和认知世界各国文化提供了重要契机,也给世界各国近距离观察和感知中华文化打开了一扇重要窗口。在出版"走出去"过程中通过充分了解国际市场的需要,打造具有中国特色的、具有品牌竞争力的文化产品,能向世界全面展示当代中国,让世界更加充分地了解中国,使中国文化形成一定的影响力和渗透力,推进了文化软实力的提升。

(二) 打造新闻出版强国的要求

"十一五"期间,我国新闻出版业竞争力得到空前增强,新闻出版大国地位更加巩固。接下来的"十二五"时期是我国新闻出版业深化改革、加快发展和产业格局调整升级的关键时期,也是我国"向新闻出版强国迈进"目标提出的头五年。新闻出版强国目标的提出要求我国出版业必须从高产量向高质量迈进,在全球出版市场中占据重要地位,形成文化影响力。实施中国出版"走出去"战略可以促进中国高质量出版物的输出,打造新闻出版强国。

(三) 促进版权输出的重要手段

版权输出是体现一个国家文化辐射力的衡量指标之一,不仅仅是出版企业开拓海外市场、发展自身产业的需要,更是每个国家政府为增强本国文化竞争力

---

① 刘仁. 缩小版权贸易逆差:新闻出版署"一号文件"力促走出去[N]. 中国知识产权报,2012 - 02 - 08

须大力扶持推动的工作。新闻出版总署提出中国出版"走出去"战略，是促进我国版权输出的重要手段。通过一系列重点工程的实施和推广，出版企业在政府的各项资助下，可以扩大版权输出地域、丰富版权输出类型、增强版权输出力度、提高版权输出效率。

三、国家"走出去"战略重点工程介绍

（一）中国图书对外推广计划

"中国图书对外推广计划"起源于2004年中法文化年。当年3月中国作为主宾国参加了第24届法国图书沙龙。由国务院新闻办公室提供资助，法国出版机构翻译出版的70种法文版中国图书，在沙龙上展出并销售，受到法国公众的热烈欢迎。基于这一模式的成功，2004年下半年国务院新闻办公室与新闻出版总署在此基础上启动了"中国图书对外推广计划"。

2006年1月，国务院新闻办公室与新闻出版总署在北京联合成立了"中国图书对外推广计划"工作小组。工作小组实行议事办事合一的工作机制，办公室设在中国图书进出口总公司。工作小组成员单位包括中国出版集团、中国国际出版集团、中国科学出版集团、北京出版社出版集团、上海世纪出版集团、广东出版集团有限公司、山东出版集团、湖南出版投资控股集团、辽宁出版集团、重庆出版集团、凤凰出版传媒集团、四川出版集团、浙江出版联合集团、吉林出版集团、外语教学与研究出版社、北京语言大学出版社、北京大学出版社、清华大学出版社、五洲传播出版社等国内知名出版机构。

一直以来，"中国图书对外推广计划"坚持"向世界说明中国，让世界各国人民更完整、更真实地了解中国"的宗旨，为中国出版打造了图书版权贸易出口和实物出口两个平台，已经成为连通中国出版与世界出版市场的纽带。

该工作小组在近几年的实践中不断加大宣传推广，让越来越多的国内外出版、发行机构了解并参与了这一计划。同时，他们积极组织推荐图书参加国际书展，组织工作小组成员单位出访，考察国外类似计划的实施情况，向国外出版机构宣传介绍这一计划，取得了很好的效果。

在具体操作上，国内出版单位每年分两次集中向"中国图书对外推广计划"工作小组办公室推荐图书，第一次为1月初—2月底，第二次为7月初—8月底，也可以根据需要随时向工作小组办公室推荐。推荐图书的范围主要为：反映中国当代社会政治、经济、文化等各个方面发展变化，有助于国外读者了解中国、传

播中华文化的作品；反映国家自然科学、社会科学重大研究成果的著作；介绍中国传统文化、文学、艺术等具有文化积累价值的作品。入选《"中国图书对外推广计划"推荐书目》的图书可通过一定的程序申请资助，在版权输出时享受优惠待遇。

（二）经典中国国际出版工程

2009年10月启动的"经典中国国际出版工程"是"中国图书对外推广计划"的"加强版"，旨在鼓励和支持适合国外市场需求的中国学术名著和文学名著在国外出版，有效推动中国图书"走出去"，促进我国图书版权输出，介绍中国优秀文化，提升文化竞争力。①

该工程采用项目管理方式资助外向型优秀图书选题的翻译和出版，重点资助《中国学术名著系列》和《名家名译系列》图书。每年的项目评审工作分为专家组评审和评审委员会终评两个阶段。评审委员在对候选项目终审后，根据该年资助的总金额和申请项目的实际情况，决定资助项目名单和资助金额。评审结果将在相关行业媒体上公示一周，获得资助的项目及金额经新闻出版总署批准后实施。

从2009年第一期项目评审和实施以来，该工程以国家财政资金作为支撑、以专家评审作为学术保障，以实施出版社项目责任制作为机制，以推动当代经典在国外出版发行为直接目标，发挥了重要的带动作用和辐射作用，取得了一定的成效，目前已经有207个项目受到了政府的资助。

（三）中国出版物国际营销渠道拓展工程

作为新闻出版总署实施中国出版"走出去"战略的重点工程，"中国出版物国际营销渠道拓展工程"开始于2010年，其目标是在"十二五"期间，构建中国出版物国际立体营销网络，以推动更多中国优秀的中文版和外文版出版物的版权输出和图书销售。该工程包括"国际主流营销渠道合作计划"、"全球百家华文书店中国图书联展"和"跨国网络书店培育计划"三个子项目。②

"国际主流营销渠道合作计划"通过实施"借船出海"战略，实现我国新闻出版产品通过跨国分销、零售巨头旗下的配送、网络销售进入世界主流市场的目标。目前已经实施的项目包括上海新闻出版发展公司与法国拉加代尔集团之间

---

① 宗边诗.新闻出版总署启动"经典中国国际出版工程"[N].中国新闻出版报,2009 – 10 – 09.
② 王化兵.新闻出版总署：实施中国出版物国际营销渠道拓展工程[J].出版参考,2010 – 12.

的合作项目,利用后者遍布全球销售网络,在全球重要机场、车站的3174家零售书店销售外文版中国图书、杂志等文化产品。

"全球百家华文书店中国图书联展"活动由中国国际图书贸易总公司和全国地方出版对外贸易公司联合体共同承办,联展特供图书达300余种,通过联合在韩国、新加坡、日本、意大利、法国、奥地利、德国、比利时、西班牙、英国、荷兰、瑞士、芬兰等27个国家的100家华文书店,从2010年12月中旬开始举办,推出了大批中国最新出版发行的图书、杂志和音像制品,促进了我国版权输出的成效。

"跨国网络书店培育计划"主要扶持国内知名网络书店的国际销售,同时与亚马逊等国际著名销售网站开展深度合作。目前已经吸收了当当网、亚马逊中国、博库网等国内知名网络书店,有效地扩展了我国图书"走出去"的网络渠道。在增加国内图书境外销售量的同时让世界更加了解中国的出版物,从而促进版权输出。

(四)重点新闻出版企业海外发展扶持工程

《中国出版业"十二五"时期发展规划》将"重点新闻出版企业海外发展扶持工程"列入了中国出版"走出去"战略的重点工程行列,旨在加快我国新闻出版企业海外发展步伐,为我国重点新闻出版企业在版权输出、境外机构设立、境外资本运营等方面提供支持。

该工程将重点扶持20家外向型骨干企业,通过独资、合资、合作等方式,到境外建社建站、办报办刊、开厂开店,通过参股、控股等多种方式,扩大境外投资,参与国际资本运营和国际企业管理;营造良好环境和服务平台,鼓励和支持各种所有制企业拓展新闻出版产品和服务出口业务。

第十一章

版权贸易的相关法律问题

版权贸易的最本质特征是以版权立法的执法保护为生命线。完善的法律制度和执法保护,能够充分有效地界定和保障版权所有者的切身利益,从而大大激发人们从事作品创作的积极性和热情,为版权贸易的发展奠定坚实的基础。没有完善的版权法的强有力的执法保护,版权贸易的发展就无从谈起。

版权贸易是以版权法为基础和指导的,因此,对于从事版权贸易的人来说,了解版权贸易的相关法律规定,对于版权贸易的正常进行和保护自己的利益至关重要。本章就版权贸易的相关法律问题作简单介绍,以期对版权贸易人从事版权贸易能够有所裨益。

第一节　版权贸易的法律适用及其选择

众所周知,版权贸易包括国内版权贸易和对外版权贸易两大部分,从一国的国民经济和国民收入角度来看,版权的国内贸易所涉及的是版权在国内不同产业、部门、企业、组织、机构和个人之间的买卖,对一国国民收入和财富的增加所起的作用不明显,版权的对外贸易(版权的出口和进口)却对一国的国民收入和财富的增加有明显的作用,因而,人们往往更看重版权的对外贸易。

对于版权的国内贸易,适用的是贸易所在国的国内法。对于版权的对外贸易,即涉外版权贸易而言,法律适用问题就比较复杂了。根据《伯尔尼公约》的"版权独立性"原则(即同一部作品在各成员国的版权是相互独立的),不同国家的版权法对同一作品的版权内容会有不同的规定,在中国享有中国版权,在美国享有美国版权,为此,《伯尔尼公约》规定了涉外版权贸易活动应遵从"权利要求地"法,即在哪个国家要求享有版权,就适用哪个国家的版权法。因此,我们如要使用版权公约某个成员国或与我国签署版权保护双边协定的国家的某类作品,进行版权输入时,我们只要了解我国的著作权法与我国所参加的版权公约就行了,而不必费尽心思去了解版权输出国的法律;而当我们进行版权输出时,我国版权人要想维护自己在国外应享有的版权,就必须了解其版权贸易国的国内版权法及其所参加的国际版权公约。

下面,我们将重点介绍几个重要的版权国际公约、我国及与我国从事版权贸易的几个重要国家的版权法律制度。

一、与版权贸易相关的主要国际公约

版权的国际公约,主要有《伯尔尼公约》、《世界版权公约》、《罗马公约》、《保护唱片制作者禁止未经许可复制其唱片的日内瓦公约》(简称《日内瓦公约》)、《发送卫星传输节目信号布鲁塞尔公约》(Convention Relating to the Distribution of Programme-Carrying Signals Transmitted by Satellite,简称《卫星公约》)等,这里主要介绍与版权贸易关系密切的《伯尔尼公约》、《世界版权公约》、《罗马公约》。

(一)《伯尔尼公约》

《伯尔尼公约》,全称是《保护文学和艺术作品伯尔尼公约》,于1886年9月在瑞士的伯尔尼签订,是世界上第一个著作权国际公约。截至2010年5月,缔约方总数为161个国家,我国于1992年10月15日成为该公约成员国。

《伯尔尼公约》的主要内容是:

1. 基本原则

一是国民待遇原则,即所有成员国国民的作品,或在某一成员国首先发表的作品,在其他任何成员国内部享有该国法律给予本国国民的作品的同等保护;

二是自动保护原则,即享受国民待遇的作者,在成员国获得的保护,不需要履行任何手续;

三是独立保护原则,即成员国按照本国著作权法保护其他成员国的作品,而不论该作品在其本国是否受到保护。

2. 最低限度规定

各成员国给予著作权人的保护水平不少于公约规定的标准。具体规定有:

(1)受保护的作品。《伯尔尼公约》规定保护文学、艺术、科学领域的一切作品,而不论其表现形式或表现方法如何。并且还包括"演绎作品",即翻译、改编等方式产生的作品,只要不损害原作的著作权,这种改造就得到与原作同等的保护。《伯尔尼公约》生效时保护期未满的作品也给予保护,即有追溯力。

(2)保护权利的内容。《伯尔尼公约》既保护精神权利,又保护经济权利。关于精神权利,它只规定了作者的署名权和修改权,而没有规定发表权。关于经济权利,规定了翻译权、复制权、公演权、广播权、朗诵权、改编权、录制权和电影权。此外,《伯尔尼公约》还有关于"追续权"的规定,但并非最低保护要求,各成员国可以自行决定是否采用。

(3) 保护期限。人身权利的保护期在作者死亡后仍然有效，至少在其财产权利保护期届满为止。财产权利的保护期：一般作品保护期为作者有生之年加死亡后 50 年，电影作品为作品放映或完成后 50 年，实用艺术作品和摄影作品的保护期不得少于创作完成后 25 年。

3. 对发展中国家的特殊规定

为了使发展中国家在不过分增加其经济负担的情况下获得对外国作品的合法使用，《伯尔尼公约》规定了对发展中国家的优惠条款，即翻译和复制的强制许可使用。但是，《伯尔尼公约》在规定强制许可时，附加了许多限制条件，使这项制度基本上属于名义上的，并无太大实效。

（二）《世界版权公约》

《世界版权公约》于 1952 年 9 月在瑞士日内瓦签订。到现在为止，已有 99 个成员国，我国于 1992 年 10 月 30 日加入该公约。

《世界版权公约》的主要内容为《伯尔尼公约》所覆盖，且保护水平略低于《伯尔尼公约》。其区别主要表现在：

1. 国民待遇原则

《世界版权公约》规定，缔约国可依据本国法律，将该国有惯常住所的任何人视为本国国民，但是否给予国民待遇，该缔约国有选择的权力。

2. 权利的主体与客体

《世界版权公约》规定，著作权主体为"作者及其他版权所有人"，而《伯尔尼公约》限定为作者。客体的范围较为笼统，未像《伯尔尼公约》那样详细列出受保护的作品种类。

3. 权利内容与期限

《世界版权公约》未明确保护作者的人身权利，是否保护，由各国立法决定，对财产权利，也未详细列举。此外，《世界版权公约》规定的保护期较短，一般作品为作者有生之年加死亡后 25 年，实用艺术作品和摄影作品的保护期不少于 10 年。

4. 版权标记

《世界版权公约》要求作品在首次发表时，其每一复制件均须注明著作权标记、著作权人姓名、首次出版时间。

5. 非自动保护原则

《世界版权公约》的非自动保护原则是协调《伯尔尼公约》的自动保护原则

和美洲国家采用的注册保护制度(履行法定手续是获得版权保护的条件)的结果。依据这一原则,如果任何成员国依其国内法要求履行手续作为版权保护的条件,那么对于根据本公约加以保护并在该国领土以外首次出版,而其作者又非本国国民的一切作品,只要经作者或版权所有者授权出版的作品的所有复制本上,自首次出版之日起,标有版权标志,并注明版权所有者的姓名、首次出版年份等,而且其标注的方式和位置应使人注意到版权的要求,就应该认为符合本国法履行手续的要求,根据本公约给予保护。①

(三)《罗马公约》

《罗马公约》,全称是《保护表演者、音像制品制作者和广播组织罗马公约》,于1961年10月在意大利罗马通过。根据《罗马公约》规定,只有《伯尔尼公约》和《世界版权公约》的成员国方可加入该公约。到2010年5月为止,已有88个成员国,我国未加入。

《罗马公约》是关于邻接权保护的国际公约,其重要内容有:

1. 邻接权与著作权保护的关系

《罗马公约》给予的邻接权保护,将不改变也不影响文学、艺术作品的著作权保护。

2. 对表演者权利的保护

表演者是指演员、歌唱家、音乐家、舞蹈家以及其他表演文学、艺术作品的人。表演者的权利主要有:不得未经表演者同意而广播或向公众传送"实况"表演;不得未经表演者同意,对表演实况进行录制;不得复制未经表演者同意而录制的原始复制品,或是复制品超出他们允许的范围。

3. 对录音制作者权利的保护

录音制作者是指首次将表演的声音或其他声音录制下来的自然人或法人。凡录音制作者,有权许可或禁止对他们的录音制品进行间接或直接的复制。

4. 对广播组织权利的保护

广播组织有权许可或禁止转播其广播节目,有权许可或禁止对其广播进行录制,有权许可或禁止复制未经许可的广播节目录制品或为非法目的复制合法制作的广播节目录制品,以及在向公众收费的场所传送广播节目。

---

① 詹爱岚.知识产权法学[M].厦门:厦门大学出版社,2011:554.

5. 邻接权的保护期限

上述表演者权利、录音制作者权利和广播组织权利三项权利的保护期不少于 20 年。

(四) 新的国际著作权条约

通过上述公约,各国在共同保护著作权方面取得了巨大的成就,推动了世界文明的进程。然而,随着形势的发展,已有的体制也暴露出一些不足之处,例如,这些国际公约普遍注意实体规范,而忽视了公约实施方面的规范。由于执法手段的不力,使它们在实践中的作用受到了很大的限制。又如,由于发展中国家近年来在国际知识产权舞台上的力量越来越大,各国出于不同的利益需要,很难在知识产权,包括著作权保护的问题上达成共识,致使原来大约每 20 年修订一次的节奏逐渐缓慢甚至停滞下来。在这种情况下,已有的著作权公约已经不能满足国际贸易发展的需要,因此,新的国际公约便应运而生了。

1.《TRIPs 协议》

《TRIPs 协议》即《与贸易有关的知识产权协议》,它是各国在原《关税与贸易总协定》体制内讨论知识产权保护问题所达成的协议。1993 年 12 月 15 日获得正式通过,作为世界贸易组织范围内的一个分协定,于 1995 年 1 月 1 日生效。

《TRIPs 协议》的独特之处,在于它广泛地表达了工业产权和著作权(其中第二部分第一节、第 9—14 条是关于著作权和邻接权的规定),同时包括了实体法和执法程序的内容,它将知识产权的对象都纳入了国际贸易法的体制之中。由于它是《建立世界贸易组织协定》的强制性附件,这迫使许多过去对国际知识产权保护没有兴趣的国家不得不接受它,否则他们就不能享受世贸组织带来的自由贸易的利益,尤其在减少关税壁垒和非关税壁垒,以及农产品和纺织品获准进入工业化国家的市场等方面的利益。正因为如此,《TRIPs 协议》很有可能成为最具世界意义的知识产权保护协议。它的主要内容有:

(1) 基本原则。《TRIPs 协议》的基本原则是最低保护标准原则、国民待遇原则、最惠国待遇原则。

(2) 对著作权的保护。《TRIPs 协议》明确了本协议与《伯尔尼公约》的关系,要求缔约方必须遵守《伯尔尼公约》(1971 年文本) 第 1—21 条及附件(即对"发展中国家的优惠")的规定,但该公约第 8 条关于著作人身权的规定排除在外。《TRIPs 协议》规定了具体的保护事项:对计算机软件作为文字作品保护;对构成智力创作而编排的数据库作为文字汇编作品给予保护,而不论其以机器阅读形式或其他形式出现;对计算机软件和摄影作品规定了出租权。在保护期限方面,《TRIPs 协议》与《伯尔尼公约》一致,但特别规定,除摄影作品与实用美术作品外,对一切不以自然人的生命为基础计算保护期限的作品,有效期不应少于授权出版之年末起 50 年。作品创作完成后 50 年内未授权出版的,保护期不应少于作品创作完成之年末起 50 年。

(3) 对邻接权的保护:《TRIPs 协议》规定,缔约方对邻接权保护的义务,只限与协议规定本身。关于表演者和唱片制作者的权利,《TRIPs 协议》的规定与《罗马公约》相同;关于广播组织的权利,《TRIPs 协议》与《罗马公约》有所不同,它规定了禁止他人擅自录制其广播节目和复制此种录制品,以及转播或以原样传播其广播节目的权利,但未规定许可权,同时,《TRIPs 协议》并无《罗马公约》关于传播或转播节目是在收门票的公共场所的限定。关于邻接权的保护期限,表演者、唱片制作者的权利不少于表演发生、录制发生或被广播之年末起 50 年,广播组织的权利不少于自广播发生之年末起 20 年。

2.《世界知识产权组织版权条约》(WCT) 与《表演和唱片条约》(WPPT)

1996 年 2 月,世界知识产权组织(WIPO)在日内瓦召开了关于版权和邻接权的若干问题的外交会议,通过了关于版权和邻接权保护的新公约,即《世界知识产权组织版权条约》(WCT)与《表演和唱片条约》(WPPT)。这两个条约的制定,主要是为了解决新技术,尤其是在数字技术和网络环境下使用作品所引起的版权和邻接权保护问题。它们充分弥补了《伯尔尼公约》和《罗马公约》的不足,必将对版权和邻接权的国际保护产生重要的影响。

截至 2010 年 5 月,加入《世界知识产权组织版权条约》的国家已达 88 个,2007 年 3 月 6 日,中国政府向世界知识产权组织正式递交加入书,同年 6 月 9 日,《世界知识产权组织版权条约》在我国正式生效。截至 2010 年 5 月,缔结《表演和唱片条约》国家总数为 86 个,中国也加入了这一公约。

(1) WCT 的主要内容为:

第一,与《伯尔尼公约》的关系。WCT 是《伯尔尼公约》下面的一个专门协议,不得与《伯尔尼公约》以外的条约有任何关联,也不得损害依其他任何条约产生的任何权利和义务。

第二,保护范围。WCT 第 2 条规定,版权保护延及表达,但不延及思想、过程、操作方法和数学概念之类。第 5 条还明确要求对具有独创性的数据库予以保护。

第三,权利内容。WCT 规定了发行权、出租权、传输权、技术保护权、权利管理信息权。

第四,保护期。WCT 第 9 条专门将《伯尔尼公约》规定较短的摄影作品的保护期限延长为 50 年。

第五,对版权人的限制。WCT 第 10 条规定,对权利的限制不得与作品的正常使用相冲突,也不得不合理地损害权利人的利益。

(2) WPPT 的主要内容为:

第一,与其他公约的关系。WPPT 的任何内容不得减损缔约方依《罗马公约》已承担的义务,不得触动对版权人的保护,不得与其他条约有任何关联。

第二,国民待遇原则。WPPT 第 3、4 条规定了国民待遇原则,并且"国民"的含义适用《罗马公约》的规定。

第三,表演者的权利。表演者享有的精神权利,包括表明表演者身份的权利和保护其表演形象不受歪曲、篡改的权利。表演者享有的经济权利,包括对于未录制的表演的广播权和录制权,对已录制表演的复制权,对录制表演唱片的发行权、出租权、传播权和传播其表演获得一次性报酬的权利。传播权的规定有利于解决网络传输而引起的邻接权问题。

第四,唱片制作者的权利。唱片制作者享有对唱片的复制权、发行权、出租权、提供唱片的权利和因广播和传播唱片而获得一次性报酬的权利。

第五,保护期。WPPT 第 17 条规定,表演者和唱片制作者的保护期限至少应为 50 年。

第六,权利的获得条件。WPPT 规定,享有和行使本条约规定的权利无须履行任何手续。

第七,对权利的限制。WPPT 第 16 条规定,对权利的限制不得与作品的正常使用相冲突,也不得不合理地损害保护者的权益。

二、各国的版权保护制度

我们前面已经说过,在版权贸易中进行版权输出时,必须了解其版权贸易国的版权法,在进行版权输入时,必须了解我国的版权法。下面就分别介绍一下与我国进行版权贸易的几个重要国家的法律和我国的版权法律保护制度,当然,主要介绍的是各国版权法中与版权贸易相关的一些规定。

(一) 西方各国的版权法律制度①

1. 美国的版权法

美国现行的版权法是 1976 年制定的,是对《美国法典》第 17 编"版权法"全面修正和有关其他问题的法律。它的主要特点是:关于著作权保护对象的范围大为增加,注重对著作权人经济权利的保护,承认"权利穷竭原则",放弃了严格的著作权标记和登记制度。

美国加入的著作权国际条约主要有:《世界版权公约》《伯尔尼公约》《墨西哥城著作权公约》《布宜诺斯艾利斯公约》《日内瓦公约》。

美国版权法的主要内容有:

(1) 保护的客体。受美国版权法保护的作品必须是"用现有的或将来制造出来的任何物质表现形式固定下来,直接或借助于机械装置,能被人们觉察到、复制或用其他方法传播的原作"。主要有文字作品、音乐作品、戏剧作品、哑剧作品和舞蹈作品、图片绘画作品及雕塑作品、电影作品与其他视听作品、录音制品、建筑作品。口头作品未经固定,不受保护。著作权的保护范围仅限于作品的表现形式,而不扩及其思想内容。

(2) 著作权的所有人。第 101 条规定"著作权的所有人",是指著作权中包含任一特定专有权利的所有人。可见,在美国,著作权人既包括作者,也包括其他依照本法规定享有著作权中包含任一特定专有权利的人。

(3) 著作权内容。第 106 条(A)规定,可观赏艺术作品的作者享有两项排他性的精神权利,即作者身份权和保护作品的完整权。经济权利则主要有复制权、演绎权、发行权、演出权、展览权等,采取自动保护主义,登记仅与侵权诉讼有关,即登记仅作为对某些侵权行为提出起诉的条件。一般作品的保护期限为作者有生之年及其死亡后 70 年。

(4) 邻接权。直接将录音制品、广播节目等列为著作权保护的客体,赋予其制作者如同著作权人一样的专有权利。在此基础上,又作了些特别的限制。如:第 114 条"录音制品的专有权利的范围"即强调,录音制品的专有权利仅限于复制和编写演绎作品和传播其复制品,且该专有权利不适用于通过公共广播系统所播放的电视教育和广播电视教育节目的录音制品。

(5) 权利限制。美国对著作权的权利限制,有合理使用和强制许可。合理

---

① 吴汉东.西方诸国著作权制度研究[M].北京:中国政法大学出版社.1998:249-457.

使用的规定集中体现在该法第107条之中,该条不仅列举了批评与评论、新闻报道、教学活动及学术研究等传统的合理使用范畴,而且还列出了判断合理使用与否的四条标准。对于强制许可的使用的规定比较详细,有通过有线广播系统的二次播送(第111条);制作和传播非戏剧的音乐作品的录音制品(第115条);通过自动点唱机公开演奏非戏剧的音乐作品(第116条);使用某些与非商业性广播有关的作品(第118条)等。

(6)著作权的利用。著作权转让在美国是作为一项动产转移的,一般遵循自愿原则。组成著作权的任何专有权利,均可依法全部或部分转让。作者和其他特定继承人对转让可行使终止权,予以终止。转让应通过书面形式,并应由被转移的权利所有人或其他正式授权的代理人签字,否则无效。转让费用由转让方和受让方协商确定。

2. 英国的版权法

英国现行的版权法包括1988年版权法、《外观设计与专利法》的第一编"版权法"。特点是把受保护的作品分成两大部类,这是英国与绝大多数国家版权法的显著区别。第一类作品属于一般意义上的文学、艺术作品,第二类作品属于特殊种类的作品。英国版权法还将工业品外观设计也作为著作权保护的客体,并规定了一些如女王著作权等特殊的著作权。英国基本上承认"权利穷竭原则"。对作者的精神权利也作出明确的规定。

英国加入的国际公约有《世界版权公约》、《伯尔尼公约》、《罗马公约》、《日内瓦公约》。

英国版权法的主要内容有:

(1)保护的作品。将作品以永久形式固定下来是受保护的形式条件,"独创性"是作品受保护的实质条件。第一类作品有文字作品、戏剧作品、音乐作品、艺术作品,第二类作品有录音制品、影片、广播电视节目、版本的版面设计。此外,对标题、角色、实用美术作品以及政府作品是否受版权法保护也作了规定。

(2)保护的客体。作者包括作品的创作者和享受邻接权的人,其他著作权人包括作者的继承人、著作权转让中的受让人、国家或专门组织。

(3)著作权内容。精神权利共四项:作者或导演身份权,反对对作品进行损害性处理的权利,反对"冒名"的权利,某些照片与影片的隐私权。同时还规定了许多附加的条件和例外。财产权利包括:复制权,公开发行权,公开表演、放映或播放权,广播或将作品收入电视节目服务权,改编权。一般作品的保护期限为作者终生加死亡后70年,特殊规定除外。

(4) 权利限制。规定了对作品的合理使用。现行法第 28 条规定,合理使用是"可以实施而不侵犯著作权的行为",凡对著作权作品未作具体说明的,合理使用适用于任何一类作品,但合理使用限于法律明确规定的情形,"不应被引申为规定于被任何作品之著作权所禁止之行为的范围"。

(5) 著作权的利用。著作财产权可以像动产一样以合同形式转让,或通过遗嘱处理,或执行法律的方式转移,转让需以书面形式。著作权不能全部转让,但可以转让将来的著作权。转让受公共秩序和合作作品著作权交易的限制。英国法院以为,出版合同在普通法上应该考虑公共秩序,同时,版权贸易也要考虑由于适用竞争规则(反托拉斯法)而产生的公共秩序问题。合作作品的作者在转让著作权时要征得全体合作人的同意。

3. 法国著作权法

法国现行的著作权法是 1992 年 1 月通过的《知识产权法典》之"文学、艺术产权"部分。

法国加入的国际条约有《世界版权公约》、《伯尔尼公约》、《罗马公约》、《日内瓦公约》。

法国著作权法的主要内容有:

(1) 保护条件。保护作者对其创作的各种形式的智力作品的权利,而不论智力作品的种类、表达方式、价值、目的如何。

(2) 保护的主体。作者只能是自然人,但集体作品的著作权属于以其名义发表的自然人或法人,其他著作权人包括通过受让或继承的方式成为著作权所有人的人。

(3) 权利的内容。人身权利包括:作者有权使其姓名、资格和作品受到尊重,发表权、反悔、收回权(即作者即使转让了使用权,甚至在作品出版之后,仍有对受让人反悔、收回的权利),结集出版权。经济权利包括表演权和复制权,绘画和造型艺术作品的作者享有追续权。所谓追续权,即作者即使全部转让了原作,仍有不可剥夺的权利分享该作品以公开拍卖或通过商人进行销售的收益,提取所得比例统一定为 3%,且适用于售价在规定数额以上的销售。此外,还对软件作品作者的使用权作了特别的规定。一般作品的保护期为作者终生加死亡后 70 年。

(4) 邻接权。具体包括:

① 表演者权。表演者享有人身权和财产权。人身权是表演者享有要求尊重其姓名、资格和表演的权利,该权利可以转让给其继承人。财产权利包括:许

可他人从现场直播其表演或许可他人为营利目的复制录像,并获得报酬的权利。

② 唱片制作者权。仅限于财产方面,除法定许可限制外,所有对唱片的复制,以销售、交换、租赁的形式让公众使用或向公众传播之前,都必须得到唱片制作者的同意。

③ 录像制品制作者权。仅限于财产权,主要指所有复制,以出售、交换、租赁的形式让公众使用或向公众播放录像制品之前,都必须得到作者的授权。

④ 视听传播企业的权利。复制,以销售、租赁或交换的形式让公众使用,无线传播或在需要购票进入的场所向公众传播视听节目,都需要得到视听传播企业的授权。

(5) 权利的限制。对著作权的限制是合理使用,但对合理使用的规定比较简略。

(6) 著作权的利用。转让遵循以下规则:
① 转让的权利仅限于表演权和复制权这两种使用权;
② 全部转让未来的作品无效;
③ 转让可以有偿,也可以无偿;
④ 转让应采取合同形式。

转让的限制是:
① 无形财产的所有权独立于对具体物品的所有权;
② 作者享有对受让人反悔、收回的权利;
③ 绘画和造型艺术作品的作者享有延续权。

转让费用的支付方式:
① 一般实行比例分成的支付方式;
② 一些情况下,可对作者的报酬进行一次性估计;
③ 年金式。

4. 日本版权法

在日本,保护作者权利的法律依据主要有昭和45年(1970)颁布的著作权法和《著作权法实施规则》,以及为实施所参加的著作权保护条约而制定的具体法律。

日本加入的国际条约有《世界版权公约》、《伯尔尼公约》、《罗马公约》、《日内瓦公约》。

日本著作权法的主要内容有:

(1) 保护的作品。作品是用来创作表现思想或情感并属于文学、艺术或音乐领域的原作。包括:语言作品、音乐作品、舞蹈和哑剧作品、美术作品、建筑作品、图形作品、电影作品、摄影作品、程序作品。还规定了派生作品、编辑作品享有著作权。

(2) 保护的主体。作者是指创作著作物的人,其他著作权人包括作者的继承人、通过转让合同而成为著作权人、国家。

(3) 著作权内容。人身权包括:发表权、署名权、保持作品完整权。财产权利包括:复制权、表演权、广播或播放权、口述作品权、展览作品权、公开上映或发行电影作品权、公开借贷作品复制品的权利、翻译或改编作品的权利。著作财产权的保护期为作者有生之年加死亡后 50 年,对于匿名作品和使用笔名作品或法人作品,著作权的保护期自该作品发表之日起 50 年,电影作品和摄影作品的保护期也自该作品发表之日起 50 年。

(4) 邻接权。表演者权利包括:录音和录像权、广播权和有线播放权、一次使用唱片权、借贷权。唱片制作者的权利包括:复制权、商用唱片的二次使用权、借贷权。广播事业者的权利包括:复制权、再广播和有线广播权,电视广播的传播权。

(5) 权利限制。对著作权的限制有合理使用、强制许可、法定许可制度。

(6) 权利的利用。著作权允许全部或部分转让,转让应以书面形式,且必须在文化厅著作权登录簿上登记。著作权其他利用方式有许可使用、著作权抵押、出版权的设定(复制权所有人设定了以该复制权为标的物质权时,只要获得了拥有该质权之人的承诺,即可设定出版权)。

5. 俄罗斯的著作权法

俄罗斯现行的著作权法是于 1993 年 7 月 9 日颁布的《俄罗斯联邦著作权和邻接权法》。特点是:

(1) 现行法从《民法典》中分离出来,而成为民事特别法;

(2) 现行法将著作权与邻接权相提并论;

(3) 俄罗斯著作权法规定内容全面,在保护对象、权利内容、合理使用、集体管理等方面较以前的法有较大的差异和突破,比较贴近著作权立法现代化的趋势。

俄罗斯著作权法的主要内容有:

(1) 著作权保护的作品。保护条件是:

① 受保护的作品必须是创作活动的成果;

② 作品必须以客观形式存在方能受著作权保护;

③ 著作权保护不及思想内容本身。

保护作品的种类有：

① 文字作品；

② 戏剧和音乐、戏剧作品、电影剧本作品；

③ 舞蹈作品和哑剧；

④ 带词或不带词的音乐作品；

⑤ 视听作品；

⑥ 绘画作品、雕塑作品、线条艺术作品、工业品、艺术设计作品、图解故事、连环画和其他造型艺术作品；

⑦ 装潢实用艺术作品、舞台美术作品；

⑧ 建筑作品、城市建筑作品和图形艺术作品；

⑨ 摄影作品和以类似摄影的方法得到的作品；

⑩ 地理图、地质图及其他地图、平面图，与地理学、测量学和其他科学有关的造型作品。

(2) 著作权所有人。作者，即以其创造性劳动创作出作品的自然人；其他著作权人，包括作者的继承人、受赠予人、受让人以及职务作品中的雇主都可以成为著作权的主体。

(3) 著作权内容。人身权：俄罗斯称为人身非财产权，包括作者身份权、署名权、发表权、保护作者名誉权。财产权：包括复制权、发行权、进口权、公开展示权、公开表演权、无线播放权、电缆公开传播权、翻译权、改编权。权利的产生基于创作事实，不需要登记及履行其他手续。有效期限是除发表权的人身权永远受保护，财产权为作者终生加死亡后 50 年。并对特殊作品的保护期作了专门的规定。

(4) 邻接权。表演者权包括：署名权；保护表演或演出免受任何歪曲或其他有损于表演者名誉和人格之损害的权利；以任何形式使用表演或演出的权利，包括因表演或演出的每一种使用方式而获得报酬的权利。唱片制作者权包括：对于其制作的唱片享有以任何形式使用唱片的专有权利；获得报酬权。无线电播放组织权包括：对于其播放的节目享有以任何形式使用和发放节目使用许可的专有权利；获得报酬权。电缆播放组织权包括：对于其播放的节目享有以任何形式使用和发放节目使用许可的专有权利；获得报酬权。

(5) 著作权的限制。包括合理使用和法定许可。

(6) 著作权的利用。

转让规则:财产权应该按照著作权合同转让,但也可适用继承、赠予的转让方式。

转让的形式:主要采用书面形式。

转让的限制:

① 作者将来可能创作作品的使用权不能成为转让合同的标的物;

② 与本法冲突的著作权转让合同条件是无效条件。

(二) 我国的著作权法

我国现行的著作权法是1990年公布,1991年6月1日起施行的《中华人民共和国著作权法》。在实施后的10年时间里,国内和国际形势发生了变化,从技术和制度方面产生了对著作权法修订的要求。

2001年10月27日,人大常委会审议通过了《关于修改〈中华人民共和国著作权法〉的规定》,我国著作权法的首次修订工作已告完成。为了配合修订后的著作权法,国务院于2002年8月颁布了《中华人民共和国著作权法实施条例》,2003年7月24日,国家版权局公布了新修订的《著作权行政处罚实施办法》。修改后的著作权法,完善了著作权人的权利,加强了著作权法的保护和执法力度,使我国的著作权保护水平与国际保护水平基本达到了一致,适应了社会发展对著作权保护的需求。

2010年2月26日,第十一届全国人民代表大会常务委员会再次修改并重新公布了《中华人民共和国著作权法》。修正后的著作权法共6章61条,6章分别是:总则,著作权,著作权许可使用和转让合同,出版、表演、录音录像、播放,法律责任和执法措施以及附则。2010年4月1日起施行。

1. 我国著作权法的主要内容

(1) 保护的客体。

我国著作权法第3条规定:本法所称的作品,包括以下形式创作的文学、艺术和自然科学、社会科学、工程技术等作品:文字作品;口述作品;音乐、戏剧、曲艺、舞蹈、杂技艺术作品;美术、建筑作品;摄影作品;电影作品和以类似摄制电影的方法创作的作品;工程设计图、产品设计图、地图、示意图等图形作品和模型作品;计算机软件;法律、行政法规规定的其他作品。

第4、5条又规定了排除保护的作品。

(2) 保护的主体。

著作权人包括作者、其他依照本法享有著作权的公民、法人或其他组织。

(3) 著作权的内容。

人身权利包括：发表权、署名权、修改权、保护作品完整权，保护期不受限制，发表权例外为50年。财产权利包括：复制权、发行权、出租权、展览权、表演权、放映权、广播权、信息网络传播权、摄制权、改编权、翻译权、汇编权、应当由著作权人享有的其他权利。保护的期限为公民作品为作者终生加死亡后50年，法人或其他组织作品、电影作品或以类似摄制电影的方法创作的作品权利的保护期限为50年。

(4) 权利限制。

对著作权的限制有合理使用和法定许可使用。

(5) 邻接权。

表演者的权利有：表明表演者身份权、保护表演形象不受歪曲权（这两项为人身权利），许可他人从现场直播或公开传送其现场表演并获得报酬，许可他人录音、录像并获得报酬。录音、录像制作者的权利包括：录音、录像制作者对其制作的录音、录像制品，享有许可他人复制、发行、出租、通过信息网络向公众传播并获得报酬的权利。广播电台、电视台享有的权利有：广播电台、电视台有权禁止未经许可的下列行为：将其播放的广播、电视转播，将其播放的广播、电视录制在音像载体上以及复制音像载体。保护期限：表演者的人身权不受限制，其他权利为50年。

(6) 权利的利用。

利用的形式包括著作权的许可使用和转让，利用应以书面形式，报酬标准可以由当事人约定，也可以按照国务院著作权行政管理部门会同有关部门制定的标准支付报酬，当事人约定不明的，以后者为准。

2．2010年修改的新著作权法与原著作权法的区别

首先，将原著作权法第4条："依法禁止出版、传播的作品，不受本法保护。著作权人行使著作权，不得违反宪法和法律，不得损害公共利益。"改为："著作权人行使著作权，不得违反宪法和法律，不得损害公共利益。国家对作品的出版、传播依法进行监督管理。"这是由于2009年3月20日，世界贸易组织对美国诉我国著作权法第4条违反《TRIPs协议》案作出裁决，认定我国著作权法第4条第一款违反了《伯尔尼公约》和《TRIPs协议》。为履行中国世贸义务，我国修改了第4条，也表明了我国对著作权保护的态度。

其次，新增第26条："以著作权出质的，由出质人和质权人向国务院著作权行政管理部门办理出质登记。"与《物权法》权利出质理论相呼应，完善了我国法律体系。

三、适用法律的选择

从上述对国际条约和各国著作权法律制度的介绍中,我们可以看出:各国国内版权法和所参加的国际条约往往存在较大的差异,有的条款甚至还发生冲突,遇到这种情况,到底应该如何处理呢?

(一)各国国内版权法和国际条约的冲突

对于各国国内版权法和国际条约的冲突,问题的实质是各国国内版权法和版权国际条约二者谁的效力大的问题。按照国际惯例,版权国际公约不仅构成各国国内版权法的内容,而且高于各国原有的国内版权法。当然,各国加入版权国际公约时声明保留的条款除外。

(二)各国版权法之间的冲突[①]

各国著作权法律冲突主要表现在以下几个方面:

1. 著作权保护对象

在主体上,一些国家作者仅为自然人,另一些国家则包括自然人和法人;客体上,各国关于著作权客体范围的规定不一致,对于各类著作权客体所包含的具体内容也不一致。

2. 著作权的保护内容

经济权利和精神权利的规定不一致,如追续权,有的国家承认,而有的国家不承认。作为精神权利的更改权仅为部分国家保护,许多国家将此项权利排除在外。

3. 保护期限上的差异更明显

对文学、艺术作品,多数国家规定的保护期为作者生前加死亡后50年,也有一些国家规定作者生前加死后25年、60年、70年甚至80年不等,并且在计算保护期限的起始日上,各国的规定也不尽相同。

对著作权法律适用冲突的解决,目前有四种不同的主张:

(1)适用作品来源国法。即适用出版作品产生著作权的国家的法律,但不为国际公约所采纳,目前难以施行。

(2)使用作品保护国法。即适用被请求对某国作品给予域外保护的国家的

---

① 韩德培.国际私法[M].北京:高等教育出版社,北京大学出版社.2000:271-273.

法律,国际公约倾向于这一原则,但不适宜解决与作者身份、权利能力和行为能力等与国籍较为密切的问题。

(3) 兼用作品来源国法和作品保护国法。即对权利的产生和存续问题适用作品来源国法,而对于权利的行使问题则适用作品的保护国法。这种法律适用原则已为《伯尔尼公约》、《世界版权公约》和英国、德国、意大利、荷兰等国立法及实践采纳。

(4) 适用当事人选择的法律。这种主张受到了批评,因为涉外著作权关系具有很强的公法性质,个人无权选择有关的法律来解决著作权的法律冲突。

在实践中,大多数国家采取多元主义的法律适用原则,具体为:对有关著作权实质内容方面的问题,多适用被请求保护国的法律;若有关的国际条约规定了最低限度的保护要求,而被请求保护国法律低于其所参加或缔结的国际条约的,适用国际条约的规定;对著作权的某些内容在一定情况下,也可以适用作品最初发表地国家的法律。

(三) 国际公约之间的冲突

实践中,还存在有关著作权的国际条约之间的法律适用问题,如有的国家既是《伯尔尼公约》的成员国,又是《世界版权公约》的成员国,而这两个公约在许多方面的规定是不同的,对此,根据《世界版权公约》的规定,适用《伯尔尼公约》。

在我国关于版权贸易的法律冲突,还包括大陆著作权法和香港、澳门、台湾地区版权法的区际法律冲突的问题,但是囿于篇幅所限,此处就不作介绍了。

第二节　版权贸易的限制

我们知道,版权贸易是通过版权合同的法律形式来实现的,具体包括版权许可贸易和版权转让贸易两种主要形式。

对于版权许可贸易,各国的理论和立法实践基本一致,允许版权所有人将其版权经济权利中的某项权利,有偿地授予他人在一定期限、一定范围内使用。版权许可贸易的理论基础是版权及其权能可以分离与回复说。① 版权许可贸易的客体是作品的使用权。版权许可贸易一般是通过发放许可证,准许持证人在合同的有效期限内使用某项权利,这里是仅限于使用,持证人并没有对该权利的处置权。因此,对于这种版权所有人通过合同许可他人利用自己的版权经济权利中的一项或多项而所有权归属并不发生转移的情况,各国立法是允许的,因而,在实践中也是最常见的版权贸易行为。

然而,对于版权转让贸易,各国立法分歧较大。有的国家立法禁止版权转让,在允许版权转让的国家,则存在着禁止卖绝版权、禁止转让未来的版权等情形。从事版权贸易的人,必须了解相关国家对版权贸易的限制的规定,以避免签订无效的版权贸易合同,造成不必要的损失。

一、对于版权是否可以转让的分歧

理论界对于版权转让贸易的争议,有否定说和肯定说两种不同的主张。

否定说认为:版权是一个整体,版权所包含的经济权利和精神权利是一个整体的两个方面,虽然其属性不同,但在权利行使中,由于精神权利和财产权利的冲突难以协调;同时,在版权转让贸易中,"受让人往往是势力雄厚的出版商、广播影视业者,而转让者多是一介书生,二者力量悬殊,尤其是初出茅庐的作者,更是有求于出版者。在这种情况下,版权中财产权利的转让合同条款时常有损于作者"。② 另外,由于作品的版权保护期较长,作者在完成创作之时,往往不能预见自己作品的价值,允许转让往往不利于对作者权利的保护。有的学者甚至认为,不允许转让经济权利,还可以简化报酬标准,如果同时规定转让和许可使用两种制度,国家就要制定两种行为的付酬标准,使问题复杂化。实际上,否定说沿袭了版权结构的一元论。该理论主张:版权是一种完整性、合成性的权利。版权作为一个整体,是用来保护作者智力成果的精神利益以及作者的经济利益,因此,它的组成部分——经济权利和精神权利相互包含、不可分离。把版权作为一个整体来看,不能同时既可以转让又不可以转让(即精神权利不可以转让,经济权利可以转让),既受时间限制又不受时间限制(经济权利受时间限制,精神权利不受时间限制)。

与之相反,肯定说认为,版权中的经济权利和精神权利是相互独立的,可分

---

① 马柳春.国际版权法律制度[M].北京:世界图书出版公司.1999:154.
② 夏叔华.知识产权理论与实务[M].北京:法律出版社.1992:352.

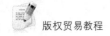

别行使,这就是所谓的二元论观点。根据这一理论,版权中存在两种完全分开的版权属性或功能。精神权利从本质上看是永恒的,不可转让和不可剥夺的;而经济权利则是有期限的,可转让的和不可放弃的。

从立法实践来看,有关的国际条约是允许版权转让的,如我们前面介绍的几个主要的版权国际条约都是承认版权转让的。从各国的立法实践来看,关于版权转让贸易的规定,大体有三种立法态度:

第一种态度是未置可否,如《俄罗斯联邦著作权与邻接权法》中就没有关于著作权转让的规定,而整个法律文件中,也找不到"不允许或禁止著作权转让"的字眼。这就是说,俄罗斯对著作权的转让是既没有给予肯定也没有明确否定,我国著作权法修订前也采取与此相同的做法。

第二种态度是明确规定著作权可以转让,如法国1992年著作权法第L131-4条规定:作者之作品权既可以全部转让也可以部分转让。又如日本著作权法第61条规定:可以将著作权的一部分或全部转让。英美法系及大多数大陆法系国家属于这种立法例,我国修订后的著作权法规定著作权可以通过合同方式转让。

第三种是持否定立场,即在著作权法中明确规定著作权不能转让,而只能许可他人使用。如德国版权法第29条规定:版权可在执行遗嘱或在遗产分配中向共同的继承人转让,除此之外,不得转让。

综上所述,我国与世界上大多数国家以及国际条约是允许版权转让贸易的,但是,我们应看到,同时也有禁止版权转让贸易国家的存在。我们在向这些国家进行版权输出时,与他们只能签订版权许可使用合同,而不能签订版权转让合同。

二、关于"卖绝版权"的问题

(一)关于"卖绝版权"的理论

只要有了版权转让制度,就会面临这样一个问题:转让的对象、范围如何限定,根本上是否允许卖绝。对此问题,各国立法及其理论研究都有涉及并产生过争论。

关于"卖绝"的概念,我们认为,既然"卖",而且"绝",就要求转让后的作品(精神权利除外)与作者将完全无关,其法律效力视同完全消失。就转让的内容来说,卖绝要求的是版权的所有权项,在所有国家或地区的,没有期限的转让,只有这种转让,才是真正的"绝之又绝"。对于这种卖绝,有学者认为是不可能的。

理由如下：

(1) 追续权、收回权的设定，使得著作权的卖绝不可能。

(2) 著作权新权项的发展，使得著作权的卖绝不合理。因为同一件作品在不同时期所产生的权利是不同的，如果此时将著作权卖绝，那么就会产生两种不合理的可能：第一，在受让人买受著作权时，还没有产生的权利是不会作为议价标的物的，即受让人不会为此时尚不存在的权利去支付对价，而在受让后的某个时期却产生某项权利，那么，该受让人就获得了一项或几项没有支付对价的权利，这对转让人来说，显然是不合理的；第二，买受人买受著作权时就尚不存在的权利作为标的物进行议价并支付相应的价款，可是，如果在该作品的受保护期内，没有产生任何一项新的权利，此时买受人就支付了多余的对价，对买受人而言就不合理了。

(3) 如果法律对版权的保护期限的延长，将使得著作权之买受人享有的利益不合法。

基于以上理由，有学者认为，著作权不能卖绝的。①

我们认为，上述否定著作权卖绝的理由是不能成立的，就第一个理由来说，延续权、收回权既然为一项权利，那么权利人就既可以行使，也可以放弃。虽然有的国家规定了这些权利不能事先放弃，但不排除事后放弃，因此，版权人可以放弃或不行使延续权、收回权而卖绝版权。就第二、三个理由而言，签订卖绝版权合同时，双方当事人都应对卖绝版权后可能产生的新权利或延长的保护期进行合理预见，如果版权人自愿将以后新产生的权利或因延长保护期限而产生的利益一并转让给受让人，而受让人也自愿为此支付相应的对价，这无论对于版权人还是对于买受人来说，都应当是合理的。至于以后是否产生新权利或延长著作权的保护期限，则应是正常的商业风险问题，而不应视为不公平交易。因此，著作权是可以卖绝的，只要双方达成将版权中的全部财产权在其有效期内和全球范围内一次性有偿转让的协议，著作权是完全可以卖绝的，这在理论上，应该不存在问题。

(二)"卖绝版权"的立法实践

卖绝版权在一些国家的版权法中是不允许的，如突尼斯版权法第 17 条规定，版权可以部分转让，如果全部转让，则一般视为无效（除非转让给作家协会

---

① 吴汉东.西方诸国著作权制度研究[M].北京:中国政法大学出版社.1998:208-210.

或类似的代表作者权益的组织)。而美国、英国等英美法系国家和北欧一些国家的版权法,则没有规定版权转让必须有期限。因此,在这些国家,版权卖绝的行为是允许的。如加拿大的著作权法规定:著作权可以全部转让,也可以部分转让;可以在完全地域内转让,也可以在有限地域内转让;可以在整个有效期限内,也可以在部分有效期限内转让。还有些国家虽然没有在版权法中明文规定全部转让为无效,但作了暗示性规定。例如,人们只能在法国版权法的 1992 年文本中找到对复制权和表演权的转让作出规定的条款,却找不到涉及版权中其他权利转让的条款。这实际可看作暗示仅复制权和表演权可以转让,其他权利只能由版权所有人发放使用许可证。

但是在实践中,卖绝版权因难以合理确定转让价格,故极易损害作者的利益。事实上,在允许版权卖绝的国家,版权所有人卖绝版权的现象也甚少。即使在版权可以"卖绝"的国家,也规定了版权的恢复期。如美国 1976 年版权法第 203 条规定了于 1978 年 1 月 1 日或其后转让的版权,应在授权后 5 年内依法定的条件和程序终止。

在此,我们再来探讨一下我国修订后的著作权法是否允许"卖绝版权"的问题。要回答这个问题,就必须对相关的法律条文进行分析。

就转让权利种类而言,第 10 条三款明确规定:著作权人可以全部或部分转让本条第一款第(五)项至第(十七)项规定的权利。可能的疑问在于此"全部"是否包括未来可能产生的权利? 如果将"全部"限定性的理解为"全部现有法定权利",那么,如何排除第(十七)项规定的"应当由著作权人享有的其他权利"? 因为这里法无明文规定的"其他权利",应该包括法律未明确的任何权利种类,即使它是将来才产生的。同样,依照第 25 条第二款第(六)项"双方认为需要约定的其他内容",也允许当事人约定所转让的权利,包括现行法规定的,以及将来可能产生的一切权利。

就版权转让的时间和地域而言,新著作权法没有任何条款明示或暗示卖绝禁止。分析第 25 条第二款,也很难作出这样的结论。第 25 条第二款指出:"权利转让合同包括下列主要内容:(一) 作品的名称;(二) 转让的权利种类、地域范围;(三) 转让价金;(四) 交付转让价金的日期和方式;(五) 违约责任;(六) 双方认为需要约定的其他内容。"可以看出,第一,这里没有转让期限的要求,而立法者如有意禁止无限期转让的话,肯定会加以专门规定。第(六)项为非限制性兜底条款,也很难推论出有关期限的规定。第二,第(二)项丝毫不意味着不能作全球转让,甚至转让合同是否必须有"地域范围"的条款都是值得怀疑的,因为第 25 条除了第一款规定"应当"订立书面合同书的强制性义务规则外,第二款没有"应当"之类的强制性用语。既然如此,当事人完全可以约定,"转让版权的范围为全球,即所有可能得到版权保护的国家和地区"。

总之,条文分析显示,新著作权法没有卖绝禁止的规定。反之,"综观国外立法,许多保护精神权利又允许部分或全部转让版权的国家,都在版权法中明文规定了版权转让的期限,或至少规定了不得将全部版权在整个有效期内转让他人。"[1]原因在于,在整个版权有效期内,统统将版权转让,就可能导致作者始终不能再行使其精神权利,与永久、全部放弃精神权利没有太大区别。规定有期限的转让,就保证了作者可以在转让期后重新行使自己的精神权利。同时,有期限的转让还可以使得不了解自己权利而误签了永久性转让合同的作者,能够依法取回自己的权利,许多版权法学者把这看作是对作者的附加保护。

我国作为保护精神权利的国家,却规定了可以卖绝版权,可谓是个特例。应该说,立法者的初衷是为了充分尊重版权人的意思自由,这样考虑似乎是合理的,但是我国的现状是,版权人的版权法律意识不高,签订合同时能理解卖绝版权意义的不多。因此,在这样的制度设计之下,当务之急是提高公民的版权意识,以防止利用法律损害版权人利益的事发生。尽管我国合同法设计了合同的撤销、变更制度,但是防患于未然才是根本。

三、版权贸易的其他限制

除版权卖绝之外,其他形式的版权转让贸易应受权项、地域、期限的限制,一般通过合同约定来实现,法律应予以保护。许多国家在版权法中对版权转让贸易还规定了其他限制措施。主要有以下几种:

(一) 对未来作品转让的限制

有些国家规定,禁止将来作品著作权的转让,如俄罗斯著作权法规定:作者将来可能创作的作品,或说是签订合同时尚不为人所知的作品,其使用权不能成为转让合同的标的物。更多的国家允许对未来作品的转让,如英国、德国、澳大利亚、法国、意大利等。但这些国家在作上述规定的同时,又进一步加以限制。主要有禁止全部转让未来的作品,"全部转让未来作品"是指将将来某一作者在未来可能创作出的一切作品之著作权全部地转让。典型的国家有法国、意大利。

---

[1] 郑成思.版权公约、版权保护与版权贸易[M].北京:法律出版社.1996:156.

原因在于:"在作者转让他的现有权利时,一般合同法看来是能够的,但当合同标的物为未来作品时,问题就暴露了,即作者不公平地受到合同的约束,例如:在他初出茅庐时,没有知名度,满腔热忱地接受了合同的条件,后来,他终于成名了,却发现报酬很低,对他的约束过分,总之令人失望。"[1]关于对未来作品著作权转让的问题,我国的著作权法没有涉及。

(二) 版权转让形式的限制

版权转让贸易必须用书面形式,否则无效,这是共同的规定,我国也不例外。

(三) 版权转让贸易必须登记的限制

有些国家规定版权转让贸易必须登记,否则受让的版权无对抗第三人的效力。以日本为典型代表,其著作权法 77 条规定:著作权的转让,必须在文化厅著作权登录簿上登记,否则对第三方无效。版权作为一种无形的权利,其权利归属的确定,许多情况下不同于普通的财产物权。正基于此,法律在规定"著作权属于作者"的同时,又规定"如无相反证明,在作品上署名的公民、法人和其他组织为作者"。这是版权确权的一般原则,也就是权利状态的一般公示原则。而在涉及版权转让的情况下,创作者、署名人与权利人已非同一主体,其间很容易发生各种各样的纠纷,加之作品使用的复杂性等,确权往往会出现很多困难。这就为版权登记制度作为公示方式提出了要求。

(四) 期限的限制

如加拿大版权法规定:自作者去世 25 年期满后,任何版权权利的转让均无效。同时又规定,从版权转让后的第 35 年起,在特定情况下,作者或继承人可以终止版权转让合同。巴基斯坦版权法也禁止作者在取得版权的 10 年内转让版权。此外,西班牙对版权转让贸易作了 3 项限制:版权受让人的权利,在作者死亡后 25 年时终止,余下 55 年期限内的版权归作者的法定继承人;作者有权在文集中发表版权已经转让的作品;版权受让人支付报酬后 3 年内未出版该作品,则该作品的版权回归作者。

(五) 其他限制

如英国规定版权贸易应受公共秩序制约,澳大利亚在合同法、反垄断法之中对版权贸易也有若干限制。

---

[1] 克洛德.科隆贝.世界各国著作权和邻接权的基本原则—比较法研究[M].高凌翰,译.上海:上海外语教育出版社.1995:97-98.

第三节　版权贸易争端的解决

一、版权贸易争端的类型

版权贸易主要是通过版权许可使用合同和版权转让合同的方式进行的,因此,违反合同约定所引起的纠纷,是版权贸易争端的主要类型。可在版权贸易实践中,情况往往并非如此简单,版权合同违约行为,往往同时侵犯权利人的著作权,这就是说,版权贸易合同纠纷,往往同时引发版权侵权纠纷。

下面我们就版权合同纠纷和侵权纠纷这两种主要的版权贸易争端,介绍版权贸易的争端及其解决问题。

(一)版权合同纠纷

与版权贸易有关的合同纠纷,主要有以下几种类型:

1. 在订立合同时发生的争议

我国合同法第42条规定:当事人在订立合同过程当中有下列情形之一,给对方造成损失的,应当承担损害赔偿责任:假意订立合同,恶意进行磋商;故意隐瞒与订立合同有关的重要事实或提供虚假情况;有其他违背诚实信用原则的行为。出现上述情形时,有过错一方应赔偿另一方的信赖利益损失,主要包括无过错方为订立合同支出的费用。

2. 关于合同是否无效的争议

我国合同法规定下列情形下的合同无效:一方以欺诈、胁迫手段订立合同,损害国家利益;恶意串通,损害国家、集体或第三人的利益;以合法的形式掩盖非法的目的的;损害社会公共利益,违反了法律、行政法规强制性规定。合同无效后,财产应当返还,有过错一方应赔偿对方的损失。出现这样的争议时,需要判断合同是否无效,以及双方的过错责任问题。值得注意的是,我国现行版权涉外代理规定中也有有关知识产权涉外活动主体的民事权利和行为能力的规定,违反了这类规定,就会产生合同无效的结果,从而需要进行双方的责任确认。

3. 关于合同是否可以撤销的问题

我国合同法规定:当出现因重大误解订立合同或订立合同时显失公平的情

况,当事人一方有权请求法院或仲裁机构对合同进行变更或撤销。一方如果以欺诈、胁迫手段或乘人之危,使对方在违背真实意思的情况下订立的合同,受损方有权请求法院或仲裁机构变更或撤销合同。此时双方责任的判断方式与上述合同无效的情况相同。

4. 关于签订版权转让合同或许可合同的出让人或许可人是否有相应权利的问题

在一些版权转让或许可合同中,有当事人不具有相应的权利便进行转让或许可而产生的争议,处理这些情况下的争议,要判断责任,确定相应的赔偿责任。

5. 关于转让费、许可费的支付问题

在版权转让、许可合同中,受让方或被许可方的主要义务是支付转让费或许可费,由于各种原因,有时会出现不支付费用或延迟支付费用的情况,从而产生争议。此时,违约方应承担继续履行、采取补救措施或赔偿损失等责任。

6. 关于许可合同之外的第三人侵权的问题

在履行许可合同时,有时会出现在许可地域内第三人侵犯作为许可合同标的物的版权的问题。此时可能会造成被许可方销售额或利润的下降,如果合同规定得不清楚,则会在许可方和被许可方之间产生谁负责制止侵权的争议。

(二)版权贸易中的违约行为与侵权行为的责任竞合

版权贸易活动中,履行贸易合同过程中的任何违反合同约定的行为,都应承担违约责任。例如,转让人不按合同约定按时交付作品等,但这仅仅是单纯合同法上的问题。可在版权贸易实践中,情况往往要复杂得多,大量存在的现象是违约责任与侵权责任的竞合,即一次违法行为常常具有多重性质,同时符合合同法和侵权法中的不同的责任构成要件,从而导致两类责任的竞合。例如,受让人未按照合同规定的时间和数额向版权所有人支付版税,这在某些国家可能被视为违约,而在另一些国家则视为同时侵犯了版权人的经济利益。再如,受让人在合同约定的期限届满后继续使用权利人的作品,这种行为既是违反版权转让合同的行为,又是对版权人的侵权。正如有些学者所指出的:"在知识产权领域,'侵权'的英文采用'Infringement'而不用一般用语'Tort',其主要原因之一是许多侵犯知识产权的行为是违约行为引起的,或与违约行为密切相关。'Infringement'包括了违约侵权在内,'Tort'则仅指违约之外的其他侵权。"[1]

---

[1] 郑成思.版权法[M].北京:中国人民大学出版社.1997年:212.

责任竞合是伴随着合同法和侵权法的独立就已经产生的现象。它的存在，既体现了违约行为的复杂性和多重性，又反映了合同法与侵权法相互独立又相互渗透的情况。由于侵权责任和违约责任在主观要件、责任形式、赔偿范围、举证责任、时效期限、诉讼管辖以及冲突规范等方面存在着许多差别，一个案件是确定为违约之诉，还是确定为侵权之诉，对诉讼当事人双方所产生的结果可能是大不相同的。

在目前立法尚不能完全消除竞合现象的情况下，如何处理责任竞合问题，并给受害人适当的保护，是一项值得探讨的问题。在责任竞合的情况下，不法行为人的违法行为的多重性，必然导致双重请求权的存在。即在版权贸易中，受害人既可以基于侵犯版权行为提起侵权之诉，也可以基于违约行为提起违约之诉。一些国家法律规定，在违约同时又侵犯版权的情况下，受损害一方既可以依合同法要求赔偿，也可以依版权法要求赔偿，但很少有允许同时要求两种赔偿的。尽管受害人可以自由选择请求权，却不能在法律上同时实现两项请求权。因为实现两项请求权意味着受害人将获得双重赔偿，这对于违法行为人来说，将使其负有双重赔偿的责任，显失公平；而对于受害人来说，则因为他获得双重赔偿而得到一笔不应得到的收入，从而将产生不当得利。基于这一原因，各国法律都否认了受害人可以实现两项请求权的主张。

我国法律也作了相同的规定：在版权侵权与违约责任竞合的情况下，依照合同法第 122 条之规定，受损害方有选择权，即其有权依照合同法的规定，要求对方当事人承担违约责任，或者依据版权法的相关规定，要求其承担侵权责任。

受损害方享有此种选择权对其而言，意义重大，须谨慎行使。选择违约之诉，则意味着须举证违约的存在，这相对容易，但获得的赔偿要少；选择侵权之诉，可以获得赔偿的范围大，但要举证侵权人过错的存在，如举证不利，则可能承担败诉的后果。因此，受害方在提起诉讼时，一定要权衡利弊，选择对自己有利的诉讼方式。

二、版权贸易争端的解决方式

版权贸易争端的解决方式主要有四种：即和解、调解、仲裁、诉讼。

(一) 和解

协商、和解是当事人自行解决版权贸易纠纷的方式，是一种非正式的争议解决方式。其优点在于程序简单，没有法定程序，需要付出的时间和费用成本较低,在协商不成的情况下,还可以采取司法保护措施。

协商、和解有一个不可克服的缺点,就是效力低,没有强制力。当事人履行协议与否,完全取决于自愿,所以,和解有时不能彻底解决争端。

(二) 调解

无论是版权贸易中的侵权纠纷,还是合同纠纷,当事人均可通过调解解决。调解是解决纠纷行之有效的途径,从实践来看,调解既有诉讼前的调解,也有诉讼中的调解,还有当事人自愿进行的民间调解。这里所指的调解,主要指当事人在调解组织主持下,自愿进行的和解。

版权贸易纠纷的调解工作,可以由著作权行政管理部门和其他部门主持进行。在调解进行过程中,调解组织应当做好说服教育工作,促使双方当事人自愿达成调解协议,但不得以强迫的方式来达成调解协议。

调解不是解决版权贸易纠纷的法定必经程序,因此,必须贯彻自愿原则,即必须是双方当事人一致通过用调解来解决纠纷,调解协议的达成和履行,也应当出自当事人自愿,且内容合法。由于调解是在自愿和互谅、互让原则基础上进行的,因此,这种方式有利于迅速、彻底地解决纠纷,并可以减少纠纷,避免诉讼等。

调解不是诉讼的必经程序,调解协议不具有法律上的强制力,不能予以强制执行。达成协议后,一方反悔,不同意按调解协议执行的,调解协议即失去效力,当事人可以通过诉讼来解决纠纷。[①]

(三) 仲裁

1. 仲裁的特征

仲裁是解决版权贸易争端的常用方式。因为以仲裁方式解决纠纷与其他方式相比,具有其独特的优越性。它时间短、费用低,由专业人士进行裁判,为当事人保密,能充分体现当事人意思自治的原则,可以得到国内和国外广泛的承认与执行。因此,在近代,尤其是在近几十年,仲裁作为一种解决争议的方式,得到了迅速的发展,世界上主要国家和地区大多设有仲裁机构。

仲裁的原则:

(1) 协议仲裁的原则:当事人采用仲裁方式解决纠纷,应当双方自愿达成仲裁协议。没有仲裁协议,一方申请仲裁,仲裁委员会不予受理。

(2) 或裁或审原则:当事人达成仲裁协议后,一方又向法院起诉的,法院不

---

① 吴汉东.知识产权法学[M].北京:北京大学出版社.2000:114.

应受理。

（3）独立仲裁原则：仲裁依法独立进行，不受行政机关、社会团体和个人的干涉。

（4）一裁终局原则：仲裁裁决作出后，当事人就同一纠纷再申请仲裁，或向人民法院起诉，仲裁委员会或法院不应受理。

以中国国际贸易仲裁委员会为例，介绍仲裁的程序：

（1）仲裁申请、答辩与反请求。申请人根据仲裁协议向仲裁委员会申请仲裁，被申请人收到仲裁委员会的通知后，向仲裁委员会提交答辩书，也可提出反请求。

（2）仲裁庭的组成。仲裁庭一般应由三名仲裁员组成，由申请人和被申请人在仲裁员名册中各选一名或委托仲裁委员会主任指定一名仲裁员，第三名仲裁员为首席仲裁员，由双方共同选定或共同委托仲裁委员会主任选定。当事人可对仲裁员申请回避。

（3）审理与判决。一般采取开庭审理方式仲裁，双方当事人不同意也可以书面仲裁。仲裁庭开庭审理案件时不公开进行，审理时，当事人按照"谁主张，谁举证"的原则提供证据。仲裁裁决依全体仲裁员或多数仲裁员的意见作出，仲裁庭不能形成多数意见时，裁决依首席仲裁员的意见作出。对仲裁裁决，当事人必须执行，如一方不执行，另一方可申请法院强制执行。若当事人认为仲裁裁决违法，可以向法院申请撤销。

2. 版权贸易纠纷仲裁

从广义上讲，仲裁可以适用于许多领域。它可以解决民事纠纷，也可以解决劳动纠纷，还可以适用于行政争议。但是一般意义上的仲裁，指的是商事仲裁。根据联合国的仲裁示范法，可以仲裁的纠纷，是指一切契约性或非契约性的商事关系所引起的种种争议。根据我国仲裁法，只要是平等主体的公民、法人和其他组织之间发生的合同纠纷和其他财产权益纠纷，都可以仲裁解决。

作为主要包括合同纠纷和侵权纠纷的版权贸易争端，当然也可以适用仲裁的方式解决。可是，在我国尚未见到用仲裁方式解决版权侵权纠纷的案例，其原因可能在于当事人的仲裁意识不强，侵权纠纷比较难以达成仲裁协议。与侵权纠纷比较，合同纠纷更适合用仲裁方式解决。

在我国，当事人将版权贸易纠纷提交仲裁机构解决，应符合法律规定的条件。我国著作权法第54条规定："著作权合同纠纷可以调解，也可以依据合同中的仲裁条款或事后达成的书面仲裁协议，向著作权仲裁机构申请仲裁。"也就是说,把著作权合同纠纷提交仲裁,必须有书面的仲裁协议。

国外通过仲裁方式解决著作权纠纷的制度更为完善。很多国家设立了专门的著作权仲裁机构,来解决与著作权有关的纠纷。在德国,司法部指派主席及仲裁员组成著作权纠纷仲裁委员会,解决因版权许可使用合同所引起的纠纷。英国版权法第145—152条规定了"著作权仲裁庭"的设立及程序,专门解决著作权许可合同、版权使用的法定许可及其他与著作权使用费有关的纠纷。美国著作权法第8章规定了"版税仲裁庭"的设立及仲裁程序,负责处理因强制许可、法定许可所引起的版税支付问题。对合理的版税率的调整作出裁决,对交付版税的合理条件和比率问题作出裁决。①

(四) 诉讼

通过诉讼程序解决著作权纠纷,是我国著作权法所规定的主要程序。根据我国著作权法的规定,著作权纠纷案件,主要来源于:当事人直接向人民法院起诉的案件;当事人之间调解不成或调解达成协议后一方反悔的,可以向人民法院起诉的案件;执行仲裁申请的人民法院发现仲裁违法的,有权不予执行,当事人可以就合同纠纷向人民法院起诉的案件。

在我国进行版权贸易纠纷诉讼,适用民法通则、著作权法、民事诉讼法有关规定。在当事人进行诉讼时,以下几个问题应当引起注意:

1. 著作权民事诉讼主体资格问题

在著作权转让和许可使用的贸易活动中,会存在确认诉讼主体资格的问题。在实行著作权转让制度的国家,其著作权法一般规定,受让人对侵权行为享有诉权,有权以自己的名义起诉,而转让人却不能成为诉讼当事人。在著作权许可使用中,除著作权人之外,被许可人是否有权对侵权行为提起诉讼,各国的回答就不一致了。在非独占许可的情况下,如果第三者以被许可人相同的方式擅自使用作品,各国一般认为只有著作权人才能起诉。理由是对被许可人而言,侵权人只是作品的一个使用者,侵权人侵害的只是著作权人的许可使用权。因而,被许可人无权提起著作权侵权诉讼。不过,也有个别国家规定,原始著作权人可以通过包括非独占许可合同在内的合同,将诉权授予被许可人。

我们认为,在我国有的当事人在不转让著作权的前提下,签订许可使用合同的诉权条款是无效的,被许可人无论如何只能以著作权人的代理人的身份提起

---

① 吴汉东.西方诸国著作权制度研究[M].北京中国政法大学出版社.1998:214.

著作权诉讼,以维护著作权人和自己的合法权益。

在著作权独占许可使用时,情况有所不同。此时被许可人取得的是一种准物权性质的权利,被许可人可以视为著作权人的"利害关系人"。有些国家规定,独占被许可人与著作权人一样,有权对侵权行为提起诉讼。很多国家仍然认为,被许可人只享有使用权,不享有诉权。可是,在我国侵犯图书出版者享有的专有出版权的,图书出版社却是具有独立诉权的,这是因为我国图书出版者享有的专有出版权,不仅是通过合同约定的,而且也是法定的。

此外,在特定的情况下,著作权人可以通过"诉讼信托"的方式,转移其诉权。这是对著作权诉讼中原告始终为著作权人原则的突破和发展,对维护著作权人的合法权益具有重要的意义。这种情况常见于作者将诉权托付给著作权集体管理机构,我国著作权法第11条规定:著作权人和与著作权有关的权利人可以授权著作权集体管理组织行使著作权或与著作权有关的权利。著作权集体管理组织被授权后,可以以自己的名义为著作权人和与著作权有关的权利人主张权利,并可以作为当事人进行涉及著作权或与著作权有关权利的诉讼、仲裁活动。《最高人民法院关于审理著作权民事纠纷案件适用法律若干问题的解释》第6条规定:依法成立的著作权集体管理组织,根据著作权人的书面授权,以自己的名义提起诉讼,人民法院应当受理。

2. 诉讼的管辖问题

著作权诉讼案件所适用的诉讼管辖规则,各国规定不一,有的适用一般侵权案件的地域管辖原则,有的适用特殊案件的专属管辖原则。不过,在更多国家,著作权诉讼的管辖适用地域管辖的原则,由侵权行为或侵权人所在地的地方法院为一审法院,只是在级别上,一般有管辖权的法院,并非地方上最基层的一级法院。

对于这个问题,我国在《最高人民法院关于审理著作权民事纠纷案件适用法律若干问题的解释》中作了规定。其第2条规定:著作权纠纷案件,由中级以上人民法院管辖。各高级人民法院根据本辖区的实际情况,可以确定若干基层人民法院管辖第一审著作权民事纠纷案件。

对于著作权侵权纠纷诉讼,《最高人民法院关于审理著作权民事纠纷案件适用法律若干问题的解释》第4条、第5条又有特别的规定,第4条规定:因侵犯著作权行为提起的诉讼,由著作权法第46条、第47条所规定侵权行为的实施地、侵权复制品储藏地或查封扣押地、被告住所地人民法院管辖。前款规定的侵权复制品储藏地,是指大量或者经常性储存、隐匿侵权复制品所在地;查封扣押

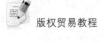

地,是指海关、版权、工商等行政机关依法查封、扣押侵权复制品所在地。第5条规定:对涉及不同侵权行为实施地的多个被告提起的共同诉讼,原告可以选择其中一个被告的侵权行为实施地的人民法院管辖;仅对其中一个被告提起的诉讼,该被告侵权行为实施地的人民法院有管辖权。

3. 举证责任问题

对于举证责任,一般实行"谁主张,谁举证"的原则,但为了切实维护著作权人的合法权益,许多国家在著作权诉讼中推行举证责任部分倒置原则,以使原告和被告举证责任分配趋于平衡。对此,我国著作权法第52条规定:复制品的出版者、制作者不能证明其出版、制作有合法授权的,复制品的发行者或者电影作品或者以类似摄制电影的方法创作的作品、计算机软件、录音录像制品的复制品的出租者不能证明其发行、出租的复制品有合法来源的,应当承担法律责任。

第十二章

版权代理与经纪

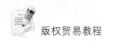

在作者实现其权利以及国际版权贸易的过程中,版权代理机构和出版经纪人扮演着十分重要的角色。西方出版界的版权代理与经纪行业已经比较成熟,我国在这方面则有待发展。

第一节　版权代理

在西方发达国家,版权代理是出版业的重要一环,为出版社和作者提供专业性服务,有利于版权贸易的有效开展。而在我国,版权代理业还没有得到出版业的充分认可,还有很大的发展空间。

一、版权代理的概念、特征和作用

版权代理,也称著作权代理,是指版权代理机构接受作者或出版机构的委托,以被代理人的名义,就达成有关作品的著作权转让或许可使用所进行的中介事务。与出版经纪人的最大区别在于,他们主要是代理已发表作品(如图书、电影等)的版权授权。

从法律角度来考察版权代理,它具有以下三个方面的特征:

(1) 代理人的代理活动必须以被代理人的授权为前提

版权代理机构必须事先取得作者或出版社的授权,即事先必须接受作者或出版社的委托,然后才能就某一项具体的版权业务开展代理活动。如果没有作者或出版社的明确授权,版权代理机构就不能贸然进行版权代理。

(2) 代理人必须以被代理人的名义进行活动

版权代理机构作为版权交易的中介组织,它在版权交易中担当的是"纽带"角色,发挥的是"桥梁"作用,其本身并不享有版权,也不是版权的实际使用者,因此,在交易活动中,它不能以自己的名义进行活动,而只能以委托的作者或出版社的名义进行活动。

(3) 代理行为的法律效果直接归属于被代理人

版权代理机构的代理活动源于作者或出版社的委托,因此,只要是授权范围内的正当行为,就对被代理人具有一定的约束力,其法律后果应由作者或出版社承担。

从全球来看,版权贸易比较活跃的国家,其版权代理业也都非常活跃。在这些国家中,中小型出版社在图书出版之后,为了节约交易成本,一般都将地区性的对外版权贸易事务委托给代理公司处理;即便是一些大型出版社,也往往将部分或全部对外版权贸易事务委托给代理公司来做。一些代理公司已发展为具有强大经济实力、形成庞大代理网络、具有极强推销能力的大公司。比如安德鲁·纳伯格联合国际有限公司(Andrew Nurnberg Associates,简称"ANA")创立于1977年,是英国在图书翻译权、重印权方面最重要的版权代理机构,涉及小说、非小说和儿童图书方面的版权代理业务。与他们签约的都是英美等国一些大的出版社和版权代理机构。为了便于进行地区性授权,它在中东欧、俄国,还有中国的北京和台湾设立了多个当地办事处。目前,已经成为世界上最大的翻译版权代理公司。

由于版权代理公司在信息、对外版权贸易经验、人才、资源等方面存在着许多出版社无法比拟的优势,因此,利用版权代理公司开展版权贸易工作对出版社来说非常有利。

市场的发展与细分也对版权代理机构发出了召唤。近年来,随着出版专业分工越来越细,众多的出版社更加愿意集中社内的人力、物力和财力投入出版主营业务,而把版权的引进和输出交给专业版权代理机构来做。这样,一方面,出版社可以节省精力,降低成本、提高工作效率,充分发挥出版本身的优势,多出书、出好书;另一方面,版权代理机构可以随时把握谈判进程,协调各方面关系、平衡各方利益,避免不正当竞争,同时,代理机构还可以在此过程中不断积累资源,整合资源,更好地为出版社服务。

二、我国版权代理业的现状及存在的问题

(一)国营版权代理机构

在我国,正式的版权代理发展较晚。1988年,经国家版权局批准成立的中华版权代理总公司是以民间名义开展版权代理活动的机构,也是我国大陆地区批准设立的第一家综合性版权代理机构。成立之初,它仅限于代理大陆同港澳台地区间的版权贸易。1988—1991年间,该公司的主要任务是解决内地与港台之间版权交往中出现的版权问题,如收转稿酬、追讨稿酬、代理解决版权纠纷等。该公司共引进罗兰、琼瑶、三毛、席慕蓉、刘墉、梁羽生、古龙、扶忠汉等港台作家

作品 2000 余种,向港台推荐出版内地作品 3000 余种,在维护内地及港台作者权益,输出内地作品,传播、繁荣中华民族优秀文化,扩大对港台文化交流方面发挥了重要作用。

随着 1991 年我国著作权法的实施、1992 年我国加入《伯尔尼公约》和《世界版权公约》,中华版权代理总公司面对市场需要和形势发展,对其业务范围进行了调整,即代理洽谈签订版权转让或许可使用合同、代理版权纠纷诉讼、代理解决版权纠纷、代理收转版权使用费、组织国内外版权贸易洽谈、提供法律咨询服务、开展其他与版权代理相关的业务。

1992 年以后,在国家版权局的批准之下,一批地方版权代理机构相继成立。到 2002 年末,全国共有 28 家版权代理机构,除了 3 家影视代理、2 家音像代理外,其余 23 家则主要代理图书版权。

1998 年,中华版权代理总公司划归中国版权保护中心管理。目前,该公司已与俄罗斯、美国、英国、德国、法国、意大利、西班牙、日本、韩国、澳大利亚、乌克兰、格鲁吉亚、巴西等国及我国台湾、香港、澳门地区的多家版权机构、包括版权代理机构和出版公司建立了长期友好的合作关系。目前的主要业务有:

(1) 推荐介绍作品,联系出版;
(2) 提供选题策划和宣传;
(3) 代理洽谈和签订著作权许可使用或转让合同;
(4) 接受委托,为著作权人和报刊社、出版社收取或转付使用报酬;
(5) 代理各类作品登记和软件著作权登记。

而其他地方版权代理机构的业务功能和中华版权代理总公司差不多。从目前情况来看,在 23 家版权代理机构中,只有中华版权代理总公司、北京版权代理公司等有限几家公司运营良好。中华版权代理总公司现在每年基本代理 200 项合同,每项合同包括多种图书。它和俄罗斯著作权协会(RAO)达成协议,代理其所有成员的图书版权,因此,俄版书代理是它的强项,占俄罗斯图书版权总数的 90% 以上。此外,北京版权代理有限责任公司是目前唯一的股份制公司,股东为北京版权保护协会、北京人民广播电台、北京电视台和北京科文国略信息技术有限公司。它每年代理的图书有 600 种,韩版书的代理为它的特长。[①]

从整体上看,我国大陆版权代理公司,尤其是地方版权代理公司在体制机制、业务范围、人员组成等方面还存在着不少问题:

---

① 王锦贵,裴永刚.北京地区的版权代理状况[J].大学图书馆学报,2008(5):9

（1）体制僵化。它们作为地方版权局的直属单位，大多实行事业单位企业经营，少数几家是企业，只有一家是股份制，市场化程度不高。

（2）定位不准，业务庞杂。版权代理要么定位是中介机构，为国内外出版社之间的版权贸易提供专业服务；要么定位是文学代理人，主要为作者提供服务。而大多数版权代理公司的业务中不仅有版权代理业务，还承担了上级版权局的一些功能，比如作品登记、代理计算机软件登记，提供法律咨询和代理解决著作权纠纷、宣传和培训等。在人员稀少且不专业的情况下，其版权代理业务很难做到专一、有效、深入。

（3）版权资源稀缺，经营状况不佳。据国家版权局统计，2000 年我国图书版权贸易总量为 7981 项，而 23 家版权代理公司总计代理了 1289 项图书版权，只占我国总数的 16%。只有 11 家正常营业，有一半以上处于休眠状态。其中，中国图书进出口总公司版权代理部（519 项）、北京版权代理公司（400 项）、广西万达版权代理公司（165 项）、中华版权代理总公司（114 项）位列前 4 名，其他 7 家公司均在 40 项以下。即使在以后版权贸易成交额逐年增长的情况下，版权代理机构的业务也并不见涨。

形成这种状况的重要原因是他们手中并没有足够的版权资源，常见的方式是两头代理，而不是一头代理。也就是说，他们在接受国内出版社寻找国外版权的委托之后，再找相应的国外出版社或者代理机构寻求版权许可，手中并没有国外出版社的专门代理授权。两头代理、双方收费的方式，很容易引起国内外出版社的反感。而涉外版权代理机构和国内民营工作室的版权代理业务风生水起，主要是因为他们手中握有雄厚的版权资源，实行的是一头代理方式，市场化程度比较高。

（二）涉外版权代理机构

在近年来图书版权引进的热潮中，比较活跃的是一批国外出版社和海外版权代理公司在我国大陆地区的办事处。比如培生教育中国代表处、剑桥大学出版社北京代表处、麦格劳-希尔出版集团中国代表处、安德鲁·纳伯格联合国际有限公司（ANA）北京代表处、大苹果版权代理公司（Big Apple Agency,Inc）和博达著作权代理有限公司（Bardon-Chinese Media Agency）等，其中又以安德鲁·纳伯格联合国际有限公司（ANA）北京代表处最有代表性。

安德鲁·纳伯格联合国际有限公司（ANA）北京代表处成立于 2002 年 7 月，主要负责联络和处理中文简体字版权事宜，并为中国出版社提供更有效的版权信息服务。他们代理的语种范围主要包括小说、经管励志、社科学术、儿童、建筑设计、艺术和生活等类图文书。代理的语种包括英语、法语、德语、意大利语、西班牙语、俄语、丹麦语、瑞典语、匈牙利语、日语、阿拉伯语和中文繁体字版图书。我国各出版社的编辑均可通过其北京代表处获得必要的中文和英文资料,来了解他们代理的图书范围。经过10年的发展,他们的工作有了很大的成效,在中国代理授权出版的中文畅销书包括:《在路上》(文学)、《时尚女魔头》(小说)、《肖申克的救赎》(小说)、《魔鬼经济学》(经管)、《谁动了我的奶酪》(励志)、《可怕的科学》(少儿科普系列),等等。

(三) 民营工作室

近年来,一些民营工作室、文化公司和个人也积极参与到版权代理市场上来,比如北京读书人、梁晶、路金波等。他们一方面与国内作者、国外出版社积极联系版权,一方面与国内出版社积极磋商,洽谈引进版图书的登记、印刷和发行等细节。实际上,他们和出版社从事的是项目合作,除了联系版权外,他们还负责此书前端的翻译、编辑、设计、制作,以及后端的宣传与发行。① 比如,著名的版权代理人路金波(网名李寻欢)是第一代网络文学作家,曾任万榕书业发展有限公司总经理,他曾经成功地将韩寒、海岩、郭妮、安妮宝贝、王朔、毕淑敏等知名作家的小说推荐给各出版社,并通过一系列的包装与宣传手段,为这些作品壮大声势,最终为作者争取到不菲的版税收入。②

当代社会要求越来越精细化的专业分工,出版业也不例外。作者要做的就是全心全意去创作作品,出版社的工作就是出版赏心悦目的图书,而版权代理人则扮演着穿针引线的纽带角色,通过为出版社和作者提供良好服务,获得其应得的报酬。在国家版权局的指导下,版权代理机构、涉外版权代理机构、文化公司、民营工作室,甚至个人,都能充分发挥自己的专业优势,那么我国的版权代理市场就会更加活跃、繁荣。我们希望,有关各方能够各自努力,共同为我国出版业的发展壮大、版权贸易的兴盛作出自己的贡献。

---

① 王锦贵,裴永刚. 北京地区的版权代理状况[J]. 大学图书馆学报,2008(5):9.
② 徐真,李宏瑞. 我国版权代理发展路径初探[J]. 中国编辑,2010(6):12-13.

第二节　　出版经纪人

与版权代理一样,出版经纪人也是出版业的重要一环,不过二者在出版过程中的位置不太一样。出版经纪人主要代表作者,在作者、出版者和其他作品使用者之间起着重要的纽带作用,属于个人代理的范畴。

一、西方出版经纪人的出现

出版经纪人(literary agent),亦称文学代理人或者作家经纪人(author agent),是指介于著作者与出版机构之间代理出版、设计、选题、协助组稿、代理版权贸易等,从中收取佣金的经纪人。文学代理人的业务范围不仅限于出版领域,还涉及影视制作领域等,这里等同于出版经纪人,是就出版领域而言。

出版经纪人最早于1875年在英国出现。第一位真正意义上的出版经纪人是华特(A. P. Watt),他代理英国和爱尔兰作家的作品。现在,华特公司已发展成为世界上最成功的出版经纪公司之一,它的旗下网罗了众多的经纪人才,其业务从最初的单纯文学作品代理发展为全方位的作品版权经营,除了原有的图书经纪外,还包括影视作品经纪和国外版权的代理。现在,该公司代理的作家包括众多顶级小说家、传记作家、历史学家和各学科领域专家的作品,也代理各领域未成名作家的作品。

虽然早期的出版经纪人受到出版商的强烈反对,出版商指责经纪人干涉了他们与作者的关系,还对经纪人的介入增加了他们的经济压力表示不满。然而,随着一批出版经纪人和出版经纪公司的成功运行,出版找作家经纪人的做法很快传遍了欧洲大陆,并传到了美国。

1905年,美国诞生了第一家版权代理公司——柯蒂斯版权代理公司。经过100多年的发展,它已经成为美国规模最大的版权代理公司之一。其主要业务是负责作家、导演、演员以及剧作家等的版权代理业务。

目前,英国有200多家文学代理机构,居欧洲第一位。美国后来居上,有700多家,是世界上拥有文学代理机构最多的国家。

比如,J.K.罗琳的《哈利·波特》书稿如果没有代理人克里斯托弗·利特的大力推荐和成功运作,也许至今还"待字闺中",不会为罗琳和代理人带来滚滚的财源。就出版权而言,利特看到其中蕴藏的巨大商机,分别授权,把《哈利·波特》的英国出版权授予布鲁姆斯伯里出版社,北美出版权授予了学乐出版社,日文出版权给了静山社,中文版的简体字和繁体字出版权分别授予了大陆的人民文学出版社、台湾的皇冠出版公司,该系列中的每一本出版都成为这些国家或地区出版市场的最大亮点。

实践证明,出版经纪人的出现给作者和出版商都带来了便利,因而有其存在的价值。今天,欧美地区作家和出版商对出版经纪人的依赖越来越深,出版经纪人已经成为欧美出版业的重要组成部分。

随着数字传播技术对传统出版业的影响,数字化版权成为作者的新盈利来源。在美国,由于兰登书屋等大出版社在图书出版合同方面的缺陷,数字化版权没有自动涵盖其中,作者代理人开始绕过传统出版社,寻求自己授权。出版经纪人安德鲁·维利不满意出版社制定的电子书版税率,提出了抛弃出版社的设想,2010年8月,他宣布成立奥德赛出版公司。该公司首次将20部现代文学经典以电子书形式推出,由亚马逊网上书店的 Kindle 店独家发行。这些电子书包括萨尔曼·拉什迪的《午夜的孩子》、菲利普·罗斯的《波特诺伊的抱怨》、V.奈保尔的《抵达之谜》,还包括已去世作家约翰·厄普代克、索尔·贝娄以及纳博科夫的作品。美国作者协会支持维利的做法,而兰登书屋对此也是无可奈何。

二、欧美国家出版经纪人制度的运作

在欧美出版体制下,出版经纪人的运作方式比较规范。他们的客户主要是图书编辑、出版社,以及报社、杂志社、电影公司、电视台等媒介组织。他们同自己的委托人及作者签有合同,并代表作者许可或出卖版权给国内外各种各样的媒体。对来自国内市场上的收入,出版经纪人抽取10%—15%的佣金;对来自国外或非印刷品(如电影和电视)的收入,佣金为17.5%—20%。通常,版税报表和资金由出版商交给经纪人,经纪人进行核对,扣除自己的佣金后,将大部分付给作者。

一个优秀的出版经纪人手里往往有很多作者的授权,越是有名的经纪人,作者越是愿意授权。当然,出版经纪人对作者的授权也是有选择的。较有名气的经纪人由于业务量较多,对于一些名不见经传的作者的授权可能不屑一顾。另外,教育或学术著作的作者很少有经纪人,除非此类著作有大量的读者群。一般情况下,出版经纪人更青睐于小说和非小说畅销作品的作者,他们能从较高的版税和预付款中抽取更多的佣金。一旦书稿出版后很畅销,经纪人也会声名鹊起。欧美出版经纪人之间的竞争也是相当激烈的,其中畅销书作者更是他们争夺的热点。

谈判技巧和策略是许多出版经纪人制胜的法宝,针对不同的作者和出版商,经纪人所采取的策略是不一样的。在选择与某家出版社洽谈作者的创作想法或手稿前,出版经纪人先从该出版社的出版目录中了解出书范围、出版社形象、出版质量、推销能力,以及版税率和准备支付多少预付款。有时,出版经纪人会与几家出版社洽谈同一个选题,要求他们进行版权竞标并提出营销策略。某些大型的名牌出版商出价可能不是很高,但他们的品牌较好,而且拥有较为有效的行销队伍和行销策略,可能很快就会使作者的图书再版。出版经纪人往往选择这样的出版社而不一定与出价最高的出版社签订合同。

欧美出版经纪人的主要职责就是从商业角度出发,为其委托人及作者的作品寻找最合适的出版商,并代为管理版权的其他各项内容,如授权报刊转载书中的内容、授予他人将作品改编成电影或电视剧的权利等(这要视合同而定)。出版经纪人首先要承担编辑的部分工作。他们站在第三者的角度,对书稿作出较为客观的评价,将一些根本没有出版价值的作品加以淘汰,对于需要修改的稿件向作者提出修改意见,以便适应出版的要求,实际上是为出版社把了第一道关,充当着稿件过滤器的作用。欧美的出版经纪人经常在作协会议和大专院校里寻找作者,通过浏览各类杂志及作品,发掘有潜力的作者,然后主动找他们并鼓励、引导他们从事创作。因此,从某种意义上讲,出版经纪人也不自觉地扮演了培养作家的角色。

此外,出版经纪人更重要的功能是同出版商或其他使用者签订合同,许可、出卖或保留作者的各种版权,在最大程度上维护作者的权益。由出版社起草的传统合同通常要求作者授予他们用所有形式、在全世界范围内、在版权全部有效期内出版该作品。但近年来,随着全球不同地区市场的开辟,且新技术创造出了大量新的版权(如听书、电缆和卫星电视、电子和多媒体出版物等),出版经纪人往往对某一出版商限制其使用某些权利,而保留其他一些权利给别的出版公司或媒介组织。比如,给予某个出版商如下使用权:出版精装本和平装本、转让或许可给其他图书俱乐部、重印再版、在报刊上的连载权、引用权、汇编权、广播权等(当然作者要从中抽取部分版税收入);出版经纪人也许保留了如下权利:翻译权、第一连载权、舞台表演权、电影电视版权、电子版权、商品化权,等等。

一个出版经纪人不是简单意义上的中间人。在欧美国家,任何人都可以成为出版经纪人,就像任何人都可以成立出版社一样。然而,他们必须具备同编辑一样甚至比编辑更高的素质:懂得出版程序,了解千变万化的市场,具有强烈的信息意识和良好的信息处理能力,在出版界有良好的人际关系,对书稿的优劣具有敏锐的判断力,了解版权、合同和经济的相关法律,并具有娴熟高超的谈判能力,等等。

三、我国出版经纪人制度的现状、问题和对策

(一)现状

我国出版经纪人出现比较晚,规模比较小,应有的作用没有充分发挥,与欧美国家相比有着较大的差距。

自1992年夏天中国第一家出版经纪事务所在西安成立,我国的出版经纪人已走过20多个年头。但由于人们对出版经纪人及其经纪活动尚存在或多或少的疑虑,出版经纪人尚处于萌芽状态。目前中国出版经纪人主要有两类:

(1)文稿著作代理。以委托代理的形式为作者寻求最佳出版单位,提供系列服务。

(2)中外版权代理。促进出版物版权贸易的活跃,维护著作权人、出版单位的合法权益。

从严格意义上讲,后者并不算真正的出版经纪人。依照我国《经纪人管理办法》规定,经纪人是在经济活动中,以收取佣金为目的,为促成他人交易而从事居间、行纪或者代理等经纪业务的公民、法人和其他经济组织。图书出版经纪人是图书著作者与出版者之间、为图书著作者出版图书提供中介服务的中间人。目前中国图书市场上的出版物很多都是由国营出版社和民营书商合作产生的,通过由出版经纪代理产生的出版物还很少,市场份额十分有限。

与版权代理机构的情况类似,目前中国出版经纪人的利润极其微薄。在出版经纪业比较发达和成熟的欧美国家,一个出版经纪人往往同时代理很多位作家的作品。比如说如果某经纪人手下有10位大作家,他们每年的稿费收入总计达到30万元,那些经纪人一年的收入也就达到了30万元,对一些畅销书作家来说,这个收入还要高得多。但我们的情况就不同,常常一年也就有一两个作家的作品可以代理,因为出版经纪还未得到广泛的认可,同时我国作家的稿酬所得也

相对偏低，作为他们的出版经纪人，一年也就一两万元的收入。即使是畅销书，也因为盗版等问题，而使作者实际所得大打折扣，到经纪人手中的收入也就更少了。

（二）存在的问题

我国出版业缺乏成熟的出版经纪人，除了目前这个行业的经济报酬偏低之外，究其原因，还包括如下几个方面：

（1）类似于出版经纪人的机构在功能上不尽完善。当前类似于出版经纪人的文化工作室、文化公司、版权代理公司等这些机构大多数是民营的，虽然他们都有相对固定的作者群，为了培养作者、培育市场，甚至不惜血本投入了大量的资金，但他们还不是严格意义上的出版经纪人。因为其服务方式和作用与真正的出版经纪人不同，他们并不仅仅在于为出版者和著作者牵线搭桥，把双方的需要撮合在一起，进行等价交换，实现服务目的，收取佣金，而且是将版权代理与出版发行合二为一，既赚版权代理的钱，也赚出版发行的钱，所以他们和传统的出版人没有什么区别。

（2）出版经纪人产生和发展的条件不成熟。由于一些条件的制约，当前我国出版经纪人的发展处于一个尴尬的境地。首先是制度的制约。所处非自由竞争的市场，时常无法按市场规律办事；其次是版权保护较差，盗版问题严重，无法保证作者的利益，当然也就无从保护从作者一方收取佣金的出版经纪人的利益；再次是不能忽视的信用危机，作者不能完全信任经纪人，一方面因为始终无法解决严重的盗版问题，另一方面由于整个的市场发育不成熟导致的信用危机，如书商由于牟利的动机可能对作者和经纪人隐瞒图书的实际印数，导致出版经纪人与出版商之间缺乏完全的信任。

（3）缺乏良好的法律规范和制度环境。出版经纪人的出现，迫切需要对其进行规范化与制度化的管理，使出版经纪人在法律规定的范围内从事活动。目前我国关于出版经纪人的规定还不完善，由于制度上没有保障，常出现违约、欺诈的行为。有些所谓的"出版经纪人"专做投机买卖，唯利是图，少付或拖欠作者稿费的事时有发生。更恶劣的是向作者隐瞒印数，从中赢利。一位身兼出版人和经纪人双重身份的书商深有感触地指出：由于缺乏制度的约束、双方缺乏相互信任，即使签了合同也不保险。

（三）对策

虽然我国出版经纪业存在诸多问题，然而，一个行业有没有前途，首先看它是不是有需要,有没有市场,对于出版经纪人而言,这个答案是肯定的。依照国际出版业的现状,要在出版业引进市场机制和商业机制,实行经纪人制是大势所趋。加入 WTO 后,我国图书市场将打开国门。许多外国的经纪人或经纪公司已跃跃欲试,准备进入中国图书市场。然而,我们国内的出版经纪人还处在发育阶段。目前,中国出版业熟悉国际惯例、了解国际出版市场、掌握图书跨国运作规律,具有跨国经营经验、懂管理、会经营、晓外语的专门人才十分缺乏,对国际图书市场的调研、开拓、生产经营、发行、营销等几乎还是空白。人才在很大程度上制约了市场的开拓,我国真正意义上的职业出版经纪人并未出现。在与国际接轨,竞争日趋激烈的背景下,积极培育真正意义上的图书出版经纪人,全面提高经纪人的素质,是我们当前亟须解决的问题。

1. 加快出版经纪行业的制度和法规建设

在经济发达国家,出版经纪人已形成社会化行业。通常他们的产生和存在具有两个前提:一是代理对象即作者必须是可以支配自己活动的独立从业者;二是出版经纪人必须是经过注册登记的法人机构,能够独立承担民事责任。当前我国出版经纪人不仅不具备这两个条件,而且在出版经纪市场中还存在许多不尽如人意的现象,如经纪机构缺乏规范化管理等。因此,对现有的出版经纪机构应采用以下管理的原则:

(1) 按照市场经济优胜劣汰的原则,只要具备法人资格,同时符合现今有关政策、文件和有关出版经济机构在设施、专业知识、财务制度、注册资金等方面所需具备的条件所规定的,完全可以向集体或个人放开的,准许其合法成立,督促其守法经营。

(2) 坚决贯彻执行国家有关文件精神,对于没有出版发行经营权、独立法人资格的出版经纪活动应该取缔,对各种偷税、漏税的行为要依法处理。

(3) 有关出版经纪人及其经纪活动的法规要尽快完善,以保障合法经营、打击非法经营。

2. 培养合格的出版经纪人队伍

应该培养一支成熟、机敏、高素质、职业化、规范化、类型化的出版经纪人队伍。从业人员必须具备以下素质:

(1) 诚实待人处世。诚实和信誉必须贯穿于经纪人业务的始终,包括对政府公开收入、守法纳税,对业务协作者言行一致、一诺千金。

(2) 有较高的审美能力。新人、新作、新选题的选择,都是以经纪人的审美情趣为依托。高雅的审美情趣能推出令人耳目一新、引领出版消费新潮的出版物。

（3）对社会新潮有敏锐的直觉。出版经纪人必须具备敏锐的洞察力,努力把握时尚的脉搏。凡能产生重大反响的选题和出版物大都能反映社会心理的变化和人们共同关心的社会焦点,经纪人必须善于捕捉,融汇到所组织的选题和出版物中去,很好地烘托和提升这个主题,以收到良好的社会效益和经济效益。

（4）全面的专业知识。出版经纪人要精通出版、中介领域的专业知识,只有这样他们才能与创作者有共同的语言,才能与他们建立良好的、长久的关系。出版经纪人不仅要了解国内外出版活动的整体趋势,还要对各类出版物的详细情况,如发展趋势、目前状况、市场反响以及出版物本身的特点做到心中有数。一般来讲,出版经纪人有许多就是文化圈、出版界中的人,具备这方面的专业知识和广泛的人际关系,这对他们从事经纪活动十分有利。

（5）高度的法律意识。在我国出版界,版权诉讼不断成为新闻媒介的一大热点,作者和出版社纷纷为维护自己的正当权益而拿起法律武器。由于他们精力有限,常常需要经纪人出面,为其委托名律师,关注事态的发展等。这就要求出版经纪人必须具备高度的法律意识,能运用法律武器为自己的委托人排忧解难。另外,作为一名守法的出版经纪人,不仅要在出版物出版发行完毕,按合同付给作者应得的稿酬,而且还要负责让其按章纳税。

除此之外,出版经纪人还必须掌握至少一门外语,以及较娴熟的计算机操作技能,熟悉国际出版惯例和法律、法规,以适应开放的国际出版环境和日新月异的科技发展。

2008年1月9日也就是2008年北京图书订货会开幕当天,一场主题为"出版经纪人:创意产业新力量"的专场活动,使得业内一些人预言:2008年有望成为"出版经纪人的元年"。借助这一活动,中华版权保护中心与中国书刊发行业协会非国有书业工作委员会有意推动出版经纪人行业组织的建立。而对出版业而言,最关键的就是专业人才的培养。从2010年起,中国版权保护中心已经开办了三期"全国版权经纪人、代理人专业实务培训班",重点培养作家经纪人,受到一些畅销书作家的热烈欢迎。

3. 树立职业化的服务理念

出版经纪人在代理活动中,必须树立职业化的服务理念是市场发展的要求。全球化、信息化加速了图书版权贸易;信息时代的社会分工、市场分工日趋细化,科学的高层分工使出版经纪活动更加专业化、系统化,专门从事出版经纪活动的经纪公司将会形成导购、咨询、售后服务一体的部门,所以出版经济活动的优势在于以良好的售前服务(如指导、咨询、参与)，尤其在签约后以良好的售后服务如按时寄送样书、支付稿酬、协助有关部门打击盗版、坚决维护版权所有者的合法权益等)赢得并留住委托人。

中国出版经纪人肩负着继承延续祖国文化和打开西方图书市场的双重使命。面对国外图书出版机构的冲击，出版经纪人要尽量地多利用自身条件，把我国悠久历史文化和优秀出版物推向世界，打开西方图书世界的大门。同时出版经纪人也面临着最紧迫的历史任务——按照国际惯例保护祖国文化，抵御外来文化的消极影响，发展我国文化产业，努力提高国产文化商品的质量和市场竞争能力。

随着我国图书市场的逐步放开、图书贸易的快速发展，可以预计我国出版经纪人的经营层次和职能将会扩大，经营种类将会增加，经营水平和经营手段将会逐步现代化，经纪机构也将会更加规范化和组织化。在更长远的发展过程中，出版经纪人的业务重心将由代理图书出版事宜转移到代理版权贸易上来。总之，出版经纪人从事的业务将日趋扩大，发挥的作用将更强，其对于图书市场的良性作用将日趋显著。

第十三章

版权集体管理

随着新闻出版、广播电视等文化产业的不断发展,版权集体管理协会等版权中介组织在我国也随之出现,并正在发挥着越来越大的作用。在版权集体管理国际化的大背景之下,版权集体管理逐渐成为国际版权贸易的一个重要组成部分。

第一节　版权集体管理的由来与发展

版权集体管理组织的巨大作用在于它在著作权利人与作品使用者之间充当了中介,极大地方便了著作权利人的授权和收费,使用者的被许可和交费,既适应了传播技术的发展,也符合行业需要。

一、版权集体管理的概念

版权集体管理(Collective Management of Copyright),又称为著作权集体管理,是指版权集体管理组织经权利人授权,集中行使权利人的有关权利,并以自己的名义进行的发放许可使用合同、收取和分配使用费等的活动,与版权个人管理相对应。与版权代理相比,它的实质是版权人通过自己的组织所进行版权贸易。

版权集体管理组织,是指为权利人的利益依法设立,根据权利人授权、对权利人的版权或与版权有关的权利进行集体管理的社会团体。简而言之,版权集体管理组织的主要功能有:监控作品的使用情况,与使用者谈判收费标准,向使用者发放许可证并收取费用,向权利人分配收入等。有的协会还建立了各种文化发展基金,设立各种奖项,举办各种活动。

从性质来看,各国的版权集体管理组织有民间性的私人团体,也有官方或半官方的机构。比如意大利作家出版商协会(SIAE)、法国词作家作曲家音乐出版商协会(SACEM)就具有半官方性质,而美国词作家、作曲家和音乐出版商协会(ASCAP)则是一个非营利性的社团组织。近年来,西方发达国家政府逐渐加强了对版权集体管理组织的监督,比如德国音乐表演权和机械复制权集体管理协会(GEMA)就受到德国专利局等行政部门的监督。

从各国版权集体管理组织的分类布局来看,有的国家按作品的类别分别成立协会,有的国家则建立一个包括各创作领域的统一组织。前者诸如德国,它有10个版权集体管理组织,包括 GEMA、邻接权管理协会(VGL)、文字与科学作品集体管理协会(VG WORT)、影视作品集体管理协会(VGF)等;后者如意大利的 SIAE。还有一些国家在同一个创作领域或权利类别中,有着不同的集体管理协会,比如美国的音乐版权领域,除了 ASCAP 之外,还有广播音乐公司(BMI)、西赛克(SESAC)。经验证明,多头管理的做法只会降低工作效率,削弱协会的权威性,不能真正保护作者和使用者的权益。正如世界知识产权组织国际局在1990年发表的《著作权和邻接权的集体管理的基本原则》一文中所说的那样:"在同一领域有两个或两个以上的管理组织,可能会削弱集体管理权利的益处,甚至使其化为乌有。"

二、版权集体管理组织的出现

几个世纪以来,随着现代传播技术的不断发展,作品的传播方式越来越多,新的权利种类不断出现,也使得作者对自己作品的使用变得越来越难以控制。为了保护作者的创作积极性,最大限度地保证作者因作品被使用而带来的经济利益,从1709年英国《安娜法》颁布以来,世界各国先后颁布了版权法。在此基础上,1886年以后,一些国际性的版权公约也先后得以制定和实施,其中比较重要的是《伯尔尼公约》、《世界版权公约》、《与贸易有关的知识产权协议》和《世界知识产权组织版权条约》等。另外,为规范作者权利的集体管理,各国也先后颁布了一些专门规定,这些都为版权集体管理组织的出现和有效运转提供了法律保障。而在各国版权集体管理组织当中,音乐作品版权集体管理组织是涉及面最广、影响最大的一种。

近半个世纪以来,广播、电视、唱片和录音机的日益普及,使音乐无时不有,无处不在,也使公开表演权成了音乐作品版权人的一项最为重要的权利,给词作者、作曲者和音乐出版商带来了丰厚的经济收益。对于音乐作品而言,最重要的使用方式是公开表演,其次还有出版乐谱、灌制唱片和录音带,以及在电影或录像节目中作为背景音乐。

许多国家都把音乐作品的表演分为戏剧表演和非戏剧表演,前者被称为"大权利",后者被称为"小权利"。戏剧表演一般是在剧院里进行,观众通过购买门票才能够观赏。由于这类表演场次较少,作者或其代理人可以与表演团体直接谈判,向其颁发表演作品的许可证。由于戏剧表演经常利用广告进行宣传,并反复演出同一个剧目,因此,监督这种表演并不困难。非戏剧表演则与此相反。每天都有成千上万个使用者出于商业目的,以非戏剧形式表演音乐作品,如酒吧、饭店、旅馆、广播电台、电视台、网络,等等,每天被使用的音乐作品数以百万计。因此,有必要寻找一个收费低廉的办法,对这些音乐作品实行统一管理、发放一揽子许可证,以便作品的使用者不必花费许多时间和精力去向每一个版权人申请许可,或对每次表演进行登记。另外,对同一个版权人来说,他不可能知道使用者在何时、何地,以何种方式使用了自己的作品,更不可能去向每一个使用者发放使用许可证和收取报酬。为解决音乐作品的版权人和使用者两方面的困难,许多国家成立了许可证集体发放机构,即音乐作品表演权协会。

世界上最早的版权集体管理组织起源于法国,是由版权人自发组建的非官方的、非营利性的组织,旨在保护作者的精神权利和财产权利。1777年,法国著名戏剧家博马舍在巴黎创立了法国剧作家作曲家协会(SACD)的前身——戏剧立法局,领导戏剧作家和作曲家们对拒绝交纳演出费的剧院老板进行斗争。该组织成立后的首要任务,就是要求国家制定一部旨在保护剧作家和作曲家合法权益的法律,经过14年的努力,1791年法国国王路易十六终于颁布了《表演法令》。该协会目前已发展成为国际性的用法文从事创作和改编作品的作者的组织。1838年,世界上第一个维护文字作品的集体管理组织也在法国成立,这就是由弗朗索瓦·库佩领导的法国文学家协会。1850年,世界上第一个非戏剧性音乐权利的收费协会成立,次年发展为法国词作家作曲家音乐出版商协会,至此,全面发展的集体管理组织开始形成。

从19世纪末到20世纪上半叶,几乎所有的欧美国家都成立了类似表演权协会的组织,以管理作者最难个人管理的权利。随着各国版权集体管理组织的普遍建立、作品由国内向国外的传播、新兴传播技术的飞速发展,建立国际性集体管理组织,在全球范围内管理作者和出版商的权利和收益,成为一种可能和必需。为此,在各国相关协会之间签订双边协议的基础上,一些国际性组织也得以建立。1926年,18个国家的音乐表演权管理协会联合组成了"国际词作家作曲家协会联合会(CISAC)",标志着保护音乐作者权利的国际性合作体系已经形成。此外,其他比较有影响的有"国际复制权组织联合会(IFRRP)"、"机械录制和复制权协会国际局(BIEM)"、"国际唱片制作者联合会(IFPI)"、"国际视听作品作者联合会(AIDAA)",等等。这些版权集体管理国际性组织,有力地推动了各国相关组织间的交流与合作,有效地打击了世界范围内的非法复制活动,最大限度地保证了广大作者的经济利益。

第二节　　各国版权集体管理组织

在西方发达国家的版权集体管理组织中,比较著名的有美国词作家、作曲家和音乐出版商协会(ASCAP)、英国机械复制权保护协会(MCPS)、英国表演权协会(PRS)、德国音乐表演权和机械复制权集体管理协会(GEMA)、法国剧作家作曲家协会(SACD)、日本词作家作曲家和出版商协会(JASRAC)等。而国际词作家作曲家协会联合会(CISAC)、国际复制权组织联合会(IFRRO)等版权集体管理国际性组织的产生,是为了协调和加强各个国家和地区的相关协会之间的关系。

一、版权集体管理国际性组织

(一) 国际词作家作曲家协会联合会(CISAC)

1926年7月13日,由来自18个国家的18个表演权管理协会发起,在法国巴黎成立了国际词作家作曲家协会联合会(Confédération Internationale des Sociétés d'Auteurs et Compositeurs,简称"CISAC")。它是世界各国和地区作家和作曲家协会的联合组织,带有明显的非政府性、非营利性特征,其活动严格独立于任何政治和地缘关系之外。起初,CISAC下设有5个联盟(戏剧表演权、公共表演权、机械复制权、文学版权和电影版权),1966年,它将这5个联盟合并组成现在的组织结构。

其成立的目的在于:
(1) 加强和拓展各成员协会的国际间联系;
(2) 为创作者及其集体管理组织在世界上占有一席之地;
(3) 采用和执行各种质量和技术标准来推进各成员协会之间的合作;
(4) 支持各成员协会在每个地区和每首演奏曲目上的战略性发展;
(5) 建立中央数据库以便各成员协会之间有效地交换信息;
(6) 参与推动各国及国际性的版权立法和实践。

CISAC 的主要机构包括：会员大会、理事会、作家和作曲家世界大会、国际作者委员会、地区委员会、法律委员会、CIS 监督委员会。理事会由 CISAC 的主席、副主席，各国际作者委员会主席，各地区委员会主席，24 个正式成员协会的代表组成。主持工作的主席和副主席由理事会提名由会员大会选举产生，任期 2 年，连任不得超过 2 届。总干事是 CISAC 的法人代表，由理事会任命，任期 6 年，可连选连任。2010 年 6 月，会员大会选举英国著名歌手、作曲家罗宾·吉比（比吉斯乐队成员）为总干事。

CISAC 致力于作者协会的全球化网络的建立和发展，截至 2010 年 6 月，CISAC 有来自世界上 121 个国家和地区的 229 个作者协会成员，间接地代表世界上有关音乐、戏剧、文学、视听作品、绘画和视觉艺术等作品的约 300 万个创作者和音乐出版商。作者不需要单独加入 CISAC，可由他们所属的协会代表。任何在非营利基础上管理作者权利的协会，都可以被 CISAC 接受为正式会员。正式会员只需要 2 年的试用期即可，在此期间，正式会员候选者会被接受为临时会员。除了选举权之外，临时会员和正式会员有一样的权利。CISAC 也接纳准会员，就是那些致力于作者权利的保护但又不符合正式会员标准的组织。接受临时会员和准会员要在理事会的建议下由会员大会决定。

CISAC 不直接收取版税，2009 年，其成员协会收集的全部版税达到创纪录的 71.52 亿欧元，来自音乐作品的收入占到了总数的 90% 以上。

（二）国际复制权组织联合会（IFRRO）

国际复制权组织联合会（The International Federation of Reproduction Rights Organisations，简称"IFRRO"）成立于 1980 年，开始为国际出版商协会和国际 STM 出版商协会下属的版权委员会的一个工作小组。在 1984 年 5 月举行的奥斯陆会议上，这个工作小组发展成为一个名为"影印权组织国际论坛"的非正式机构。1988 年 4 月，IFRRO 在丹麦哥本哈根成为一个正式的联合会，有利于在世界知识产权组织、联合国教科文组织、欧共体和欧洲议会等这样的国际组织面前为它的成员协会争取利益。1998 年 1 月，IFRRO 成立常设性机构，总部设在比利时的布鲁塞尔，目前有 4 名全职雇员。

IFRRO 致力于加快对享有版权的文字和图片作品在国际范围内的合法使用，在作者和出版商的保护措施之外，通过各复制权协会的有效的版权集体管理来减少非法复制行为。

IFRRO 的最高权力机构是会员大会，每年至少举行一次。它审查和批准账目、年报、预算,选举理事长、理事、提名委员会和成员委员会的成员。目前,理事会设理事长 1 名,副理事长 2 名,还有 5 名正式理事和 4 名候补理事。

IFRRO 目前有 59 个正式会员和 71 个准会员。从我国来看,台湾地区的中华语文著作权集体管理协会(Chinese Oral & Literary Copyright Collective Management Association,简称"COLCCMA")和香港地区的香港版权影印授权协会(The Hong Kong Reprographic Rights Licensing Society Limited,简称"HKRRLS")为正式会员,大陆地区的中国文字著作权协会为准会员。

二、各国版权集体管理组织

(一)美国词作家、作曲家和音乐出版商协会(ASCAP)

虽然美国于 1790 年就颁布了第一部版权法,但到了 1831 年才开始保护音乐作品的版权,而直到 1856 年才开始保护戏剧作品的表演权。随着公共娱乐方式的变化,非戏剧表演权才逐渐成为美国音乐创作者经济收入的最主要来源。到了 20 世纪,音乐作品版权的集体管理从可能变成了现实,而随着电影、广播、录音机、电唱机等现代化设备的问世和普及,网络作为一种新兴媒体的出现,这些集体管理组织的权利管理范围也日益扩大,因此,带给音乐作品创作者和出版商的收入也越来越多。

目前,美国有 9 个比较著名的版权集体管理组织,其中有 3 个存在于音乐作品领域。在目前的美国音乐界,最著名、影响最大的是美国词作家、作曲家和音乐出版商协会(American Society of Composers, Authors and Publishers,简称"ASCAP"),至今大约有 100 年的历史。1913 年 10 月,受意大利表演权协会和著名作曲家普西尼的启发,一些词曲作者及其出版商决定成立一个维护自身利益的表演权保护组织,这就是"ASCAP",其正式成立的时间是 1914 年 2 月 13 日。

ASCAP 的成立,激发了许多音乐作品的词作家、作曲家和音乐出版商的入会积极性。到了 1939 年,ASCAP 注意到了广播网对音乐作品使用的重要性,决定向其收费,导致了美国另一个表演权协会——"广播音乐公司(BMI)"的产生。

每个词曲作者和出版商加入 ASCAP 成为会员之后,都必须和该协会签署会员合同,其主要内容有:

(1)会员将其作品的非戏剧公开表演权的非专有许可权转让给 ASCAP,使得后者有权向使用者发放表演其管理的所有作品的许可证；

（2）会员授权 ASCAP 在发生侵权纠纷时代表其提出诉讼，并任命 ASCAP 的律师处理和解决版权纠纷；

（3）会员同意接受并遵守 ASCAP 的版税分配制度。

ASCAP 成立理事会来监督其日常工作，理事会由 12 名作者会员和 12 名出版商会员组成，每 2 年改选 1 次。作者理事由协会中的作者会员选举产生，出版商理事由协会中的出版商会员选举产生。理事会每月召开 1 次会议，不经理事会批准，ASCAP 的行政管理部门不得做出任何重大决策。理事会按规定选举 1 位总裁兼理事长，一般从作者会员中产生，他主持所有的理事会议。理事会之下主要设有下列 11 个委员会：评奖委员会、执行委员会、财政委员会、对外联络委员会、法律和授权委员会、立法委员会、营销委员会、会员委员会、新技术委员会、测算和分配委员会、交响乐和音乐会委员会，各负责一块事务。协会还在全国设立了几十个地区办事处，每个办事处雇有若干个监察员，负责寻找所管理的音乐作品的使用者并向他们颁发许可使用证。

ASCAP 是一个按照纽约州法成立的非股份会员协会，会员包括词曲作者和音乐出版商。目前，其会员总数达到 41 万余人，管理的作品总数高达 800 万多件。

协会拥有 30 万多个收费对象，包括：

（1）3 大电视网：美国广播公司（ABC）、哥伦比亚广播公司（CBS）和国家广播公司（NBC），以及美国公共广播公司（PBS）、Univision 电视网；

（2）9000 多个有线电视系统；

（3）1200 多家地方商业电视台；

（4）约 11500 家地方商业广播台；

（5）约 2000 家非商业性广播公司；

（6）几千家网站和无线网络服务机构；

（7）几百个背景音乐服务机构；

（8）约 2300 个大学和学院；

（9）约 5700 个演出组织；

（10）约 1000 个交响乐团；

（11）2000 多个网站；

（12）几万个大众娱乐场所，比如酒吧、饭店、旅馆、溜冰场、马戏团、主题公园等。

ASCAP 是一个非营利性机构,在扣除必要的管理费用之后,协会将其余的版税收入全部分配给有关会员。协会每季度为本国作者和出版商结算 1 次版税,每半年向外国相关协会分配 1 次。创建之初,由于其管理成本较高,该协会成立 7 年之后,其收入才大于支出,开始有能力向其会员分配版税。长期以来,该协会的管理费用一直占到总收入的 18%—19%。近年来,由于协会经营有方,其管理成本不断下降。据 2011 年 5 月最新公布的财务报表,2008 年 ASCAP 的管理费才占到总收入的 11.5%,是其成立历史上最低的一年,在美国乃至世界上各个表演权协会中间也绝无仅有。这使得协会分配给会员的收入空间进一步增大,极大地保护了广大会员的切身利益。

2009 年,该协会的收入额和分配额均创历史新高。它收集了总计约 9.9 亿美元的版税,其中属于国内会员的有 6.9 亿美元,属于国外会员的有 3 亿美元。同时,该协会向其会员分配的版税总计有 8.6 亿美元,比上年增长 5%,是 ASCAP 历史上最高的一年。其中,分配给国内会员、国外会员、国外相关组织的版税分别为 5.05 亿美元、2.96 亿美元、0.59 亿美元。

除了代理美国音乐作品的作者和出版商,ASCAP 还代理外国的许多作者和出版商。目前,ASCAP 与国外 60 多个相关协会签订了相互代理协议,为外国协会在美国收集版税,同时这些协会也在本国为 ASCAP 的会员收取版税。1967 年,协会加入 CISAC,现为正式会员。ASCAP 的前任总裁兼理事长玛丽莲·博格曼同时也是 CISAC 的总裁,而 ASCAP 的现任 CEO 约翰·洛夫卢门托是 CISAC 的理事之一。

(二) 英国 MCPS 和 PRS 运营联盟

目前,英国有 5 个版权集体管理组织,其中比较著名的是英国机械复制权保护协会(MCPS)和英国表演权协会(PRS)。由于 20 世纪末二者之间在运营上建立了联盟关系,因此,一并加以介绍。

1. 英国机械复制权保护协会(MCPS)

英国机械复制权保护协会(Mechanical Copyright Protection Society Ltd,以下简称"MCPS")成立于 1910 年,原名"机械复制权授权有限公司(The Mechanical Copyright Licences Company Ltd)",其出发点在于向新留声机公司收取版税并分配给权利人。在英国版权保护协会建立后不久的 1924 年,这两个组织合并组成了"MCPS"。1976 年以来,MCPS 由英国音乐出版商协会(MPA)完全拥有。

该协会主要管理的是音乐作品的机械复制权,代表其会员与利用其管理的音乐作品的录制者和出版发行商谈判,签订授权合同,收取和分配版税。涉及的使用形式包括广播电视节目、网络、电影、CD、录音等。那些与音乐出版商签订过许可协议的作者不必再加入 MCPS,因为这些音乐出版商会收集有关机械复制权的版税,并把属于作者的那一部分分给他们。

MCPS 的活动由一个 MPA 下属的 18 个人组成的理事会管理。其中包括 4 名作者理事、12 名出版商理事、1 名会外理事和 1 名执行理事。理事长和副理事长在 18 个理事中推选产生。

2010 年,在扣除管理费之后,该协会分配给会员的版税总收入为 1.67 亿英镑,比上年减少 11%。MCPS 作为作者的代理人,执行的是滚动式的版税支付程序。

2. 英国表演权协会(PRS)

1914 年,受 1911 年英国版权法的影响,一些音乐出版商因为其作品被商业性使用却没有回报,决定成立英国表演权协会(Performing Right Society Ltd,以下简称"PRS"),以保护他们的利益。

其成员涉及包括古典音乐、流行音乐、爵士乐、影视和广告音乐在内的词曲作者和出版商。其收费对象除了英国广播公司(BBC)和大型音乐会这样的大客户之外,还包括迪斯科舞厅、俱乐部、酒吧、工厂、动物园、飞机客舱等。

PRS 的全部活动由一个 22 人组成的理事会进行管理,出版商理事、作者理事各占一半,从中产生理事长 1 名、副理事长 2 名。另外,还有会外理事 2 名,执行理事 1 名。

2010 年,在扣除管理费之后,该协会分配给会员的版税总收入为 5.48 亿英镑,与上年基本持平。PRS 每年 4 次(4 月、7 月、10 月、12 月)向会员分配版税。

3. MCPS 和 PRS 运营联盟

1996 年,为了加强彼此的实力,在双方理事会同意及其会员的支持下,MCPS 和 PRS 运营联盟(MCPS-PRS Alliance)由理想变成了现实。1997 年,二者在运营上的联盟有了实质性的发展。1998 年 1 月 1 日,联盟正式成立。

二者联盟的目的在于:

(1) 通过更有效的游说,尽可能地支持英国和欧洲对作者权利的立法;

(2) 减少管理成本;

(3) 联合解决国际关系;

(4) 探索在国际范围内和不同权利管理之间进一步联盟的可能性。

它是目前世界上最有效的版权集体管理组织联盟,2002 年,也就是运营开始的第 5 个年头,联盟的支出仅占收入的 11%,二者分配给音乐作品创作者的版税之和为 4.52 亿英镑。

目前,虽然 MCPS 和 PRS 在收入、分配、会员管理和权利保护等方面还是分开运行,但二者合作创建了一个数据库,包含英国以及国外的 500 万件作品和 50 万个合同。截至 2010 年底,二者的会员总人数达到 80287 名,其中作者 70411 名,出版商 7806 名,版权继承人 2080 名。

1966 年,MCPS 和 PRS 分别加入 CISAC,均为正式会员。

(三) 德国音乐表演权和机械复制权集体管理协会(GEMA)

在目前德国的 10 个版权集体管理协会中,最著名、历史最长、影响最大的是德国音乐表演权和机械复制权集体管理协会(GEMA),已有 100 多年的历史。

GEMA 正式成立于 1903 年,当时,德国一些作曲家和出版商谋求在德国的音乐领域内建立一个版权保护协会,因为著名作曲家理查·斯特劳斯最为有名,贡献也最大,成为当之无愧的"GEMA 之父"。1933 年到"二战"结束之前,名为 STAGMA,两德分立后改为现名。1965 年 9 月 9 日颁布实施的《德国著作权管理法》,为今天的集体管理工作打下了良好的法律基础。德国专利局、德国联邦企业联合局等部门依法行使对 GEMA 和德国其他版权集体管理协会的监督权。

GEMA 的基本功能有二:

帮助使用者方便、快捷地得到音乐作品的使用权;

第二,把收得的版税及时地支付给作曲家、诗词作者和音乐出版商。

目前,该协会的理事会有 15 名理事,其中作曲家理事 6 名、出版商理事 5 名、诗词作者理事 4 名。行政人员如主席、理事长等由理事会指定,进行日常事务的管理。

2003 年底,GEMA 共有 60377 名会员,其中作者会员 52587 名,出版商会员 4504 名,版权继承人会员 3286 名。到 2010 年底,GEMA 已经拥有 64000 多名会员,管理着全世界 200 万个版权拥有者的利益。

GEMA 是一个非营利性组织,所有收入减去管理费用,其余全部分配给国内外被使用作品的作者和出版商。2003 年,GEMA 的全年总收入为 8.13617 亿欧元,比上年(8.125 亿欧元)增长 0.14%。其中,来自表演权、展览权、广播权和公共传播权的收入 36005.7 万欧元(占收入的 44.25%),复制权收入 23152.7 万欧元(占收入的 28.46%),出租权、借阅权和私人复制的版税 3137.7 万欧元

（占收入的3.86%），来自其他协会和国外的收入15851.5万欧元（占收入的19.48%），其他收入3214.1万欧元（占收入的3.95%）。管理费用1.194亿欧元。可分配给德国乃至全世界权利人的收入为6.942亿欧元。另外，来自外国相关协会的收入53.585万欧元；分配给外国相关协会96.893万欧元。

1934年，GEMA加入CISAC，现为正式会员。

（四）法国剧作家作曲家协会（SACD）

1777年6月3日，在著名剧作家博马舍的倡导下，22名法国作家在法国巴黎创立了世界上第一个作者协会——戏剧立法局，这是版权集体管理组织的雏形。其创立的目的在于支持会员获得法律对作者权利的承认，并帮助会员从剧院获取作品的使用报酬。该协会经过不懈的努力，实现了自己的目标。1791年，法国法律规定了作者的有关权利。1829年3月7日，戏剧立法局已具有相当规模，正式成立了法国剧作家作曲家协会（Société des Auteurs et Compositeurs Dramatiques，以下简称"SACD"）。它是法国乃至世界上最古老的版权集体管理组织。目前，法国有8个版权集体管理组织，除了SACD外，比较著名的还有SACEM。

作为非官方、非营利性的民间团体，SACD的宗旨在于保护戏剧作者、作曲者的精神和财产权利。目前，它有41000名会员，包括剧作家、舞蹈指导、戏剧导演、作曲家、电影导演、编剧等，管理的作品在50万件左右。作品分为"表演艺术"和"视听部分"两大块，前者包括所有形式的戏剧、舞蹈、歌剧、音乐戏剧、滑稽剧、杂技、木偶剧、讽刺短剧等；后者包括所有形式的小说、电视剧、动画、交互式作品、照片等。

该协会的最高权力机构是会员大会，每年召开一次，定在5月份的第四个星期三。理事会由大会选出，现有27名理事，其中包括6名戏剧作者理事、1名戏剧作品作者理事、3名戏剧曲作者理事、1名舞台剧作者理事、1名杂技作品作者理事、4名电影作品作者理事、8名电视作品作者理事、1名动画作品作者理事、1名交互式作者理事、1名广播作品作者理事。在理事会中间选举产生名誉主席、主席、比利时委员会主席、加拿大委员会主席。由协会主席任命执行理事（或总干事），负责日常行政事务。该协会下设：戏剧音乐和舞蹈部、视听部、国际和公关部、法律部、财政管理部、人力资源部、作者关系部、会员服务部等部门，负责具体业务。

截至2010年底，该协会的会员达到51393名。它的总收入为2.20亿欧元，比上年增长 25%。刨除 14.01% 的管理费（3080 万欧元），可分配给会员的为 1.89 亿欧元。

1932 年，SACD 加入 CISAC，现为正式会员。

（五）日本词作家、作曲家和出版商协会（JASRAC）

目前，日本有 22 个版权集体管理协会，其中比较著名的是日本词作家、作曲家和出版商协会。早在 1899 年，日本修订通过了《日本著作权法》并加入了《伯尔尼公约》。1939 年 11 月 18 日，依据日本《著作权中介业务法》并经文化厅长官许可，日本词作家、作曲家和出版商协会（Japanese Society for Rights of Authors, Composers and Publishers，简称"JASRAC"）正式成立，并于次年开始运营。它是日本唯一的音乐版权集体管理团体，其目的在于：保护音乐作品版权人的版权，促进音乐作品的使用，因而有利于版税的分发和音乐文化的发扬。

根据《著作权中介业务法》，JASRAC 采取信托的方式，与词曲作者和音乐出版商签订版权信托合同，接受版权转让，以版权人的资格发放使用许可、征收和分配使用费。其主要职责是：

（1）管理与音乐作品版权有关的商业经营；

（2）与国外相关协会加强联络，以相互保护对方管辖的音乐作品权益；

（3）收取录音录像的使用费；

（4）分配版税收入，开展与音乐作品版权有关的调查研究；

（5）为发扬音乐文化提供赞助。

到 2011 年 4 月，JASRAC 有成员和委托人 15515 人。目前，该协会管理的本国作品约 127 万件、外国作品约 156 万件。

JASRAC 管理的音乐版权包括：演奏权、录音权、电影录音和上映权、广播权、出版权、出租权。从 20 世纪 90 年代初期的征收水平来看，上述各项权利的征收额分别为：11.1%、47.1%、16.6%、15.0%、4.1%、6.1%。在 2010 年财政年度，该协会的总收入为 1065.64 亿日元，向会员分配 1064.68 亿日元，几乎是 100%。无论是年收入额还是年分配额，JASRAC 都处于世界各国相关协会的首位。

自从 1951 年首次和美国的 ASCAP 签订相互代表协议以来，JASRAC 目前与世界上 91 个国家和地区的 116 个相关协会签订了合作协议。1960 年，JASRAC 加入 CISAC，现为正式会员。1984 年，JASRAC 还在日本东京承办了第 34 届 CISAC 会员大会。

第三节　我国著作权集体管理的历史和现状

著作权和版权两个法律术语均来自日本,前者秉承作者大陆法系的作者权概念,后者可追溯到英美法系的复制权概念。按我国著作权法的规定,著作权和版权系同义语。学界和业界用"版权"一词居多,而相关正式法律的名称均用"著作权"一词,《著作权集体管理条例》也是如此。为统一起见,本节采用"著作权集体管理"一词。

与西方发达国家相比,我国的著作权集体管理组织起步较晚,但发展迅速,已经初步建立了著作权集体管理体系。

一、我国著作权集体管理组织的出现

就中国大陆地区来说,集体管理组织的概念直到 20 世纪 80 年代才被引进,著作权集体管理组织的筹备和建立始于 20 世纪 90 年代初期。当时,《中华人民共和国著作权法》刚刚颁布实施,我国也先后加入了《伯尔尼公约》和《世界版权公约》,为我国著作权集体管理组织的创立奠定了法律基础。

根据西方发达国家的发展经验,结合我国的实际情况,我国力图在全国范围内建立统一的单一性著作权集体管理组织,一类作品一个组织,实行分类管理。目前,我国大陆地区已经有 5 个著作权集体管理组织,包括:中国音乐著作权协会(音乐作品)、中国音像著作权集体管理协会(视频作品)、中国文字著作权协会(文字作品)、中国摄影著作权协会(图片作品)、中国电影著作权协会(电影作品)。

另外,我国香港地区还有香港作曲家及词作家协会(CASH),台湾地区有中华音乐著作权中介协会(中国台北)(MüST)、台湾音乐著作权协会(TMCS)、台湾音乐著作权人联合总会(MCAT)等著作权集体管理组织。

二、我国著作权集体管理的法律依据

(一) 我国著作权法及其《实施条例》的有关规定

我国 1990 年版的著作权法并没有关于著作权集体管理的具体规定,只是在第 8 条规定了国家版权局和各级版权局的工作职责,但其《实施条例》第 7 条第 3 款规定:(国家版权局)批准设立著作权集体管理机构、涉外代理机构和合同纠纷仲裁机构,并监督、指导其工作;第 54 条又规定:著作权人可以通过集体管理的方式行使其著作权。1992 年,国家版权局据此发布公告,批准成立了中国音乐著作权协会。该协会成立 8 年来的发展历程证明,没有明确的法律依据,我国著作权集体管理工作开展得不够顺利。

2001 年 10 月 27 日,我国颁布了新修订的著作权法,使得我国著作权集体管理工作的开展有了明确的法律依据。其中,第 8 条第 1 款规定:著作权人和与著作权有关的权利人可以授权著作权集体管理组织行使著作权或者与著作权有关的权利。著作权集体管理组织被授权后,可以以自己的名义为著作权人和与著作权有关的权利人主张权利,并可以作为当事人进行涉及著作权或者与著作权有关的权利的诉讼、仲裁活动。

(二)《著作权集体管理条例》简介

我国现行著作权法并没有就著作权集体管理管理组织的运作、服务方式作出具体的法律描述,但其第 8 条第 2 款规定:著作权集体管理组织是非营利性组织,其设立方式、权利义务、著作权许可使用费的收取和分配,以及对其监督和管理等由国务院另行规定。经过 3 年多的努力,我国第一个有关著作权集体管理组织的法律条例终于出台。2005 年 1 月 14 日,《著作权集体管理条例》(简称"《条例》")正式颁布,自 3 月 1 日起施行。

《条例》共分 7 章 48 条。它首先明确了著作权集体管理和著作权集体管理组织的概念和功能。同时,《条例》对可以进行集体管理的权利进行了界定,即著作权法规定的表演权、放映权、广播权、出租权、信息网络传播权、复制权等权利人难以有效行使的权利,可以授权由集体管理组织管理。权利人可以与著作权集体管理组织以书面形式订立著作权集体管理合同,授权该组织对其依法享有的著作权或者与著作权有关的权利进行管理。外国人、无国籍人可以通过与中国的著作权集体管理组织订立相互代表协议的境外同类组织,授权中国的著作权集体管理组织管理其依法在中国境内享有的著作权或者与著作权有关的权利。

另外,《条例》还重点规定了著作权集体管理组织的设立程序、著作权集体管理组织的机构组成、著作权集体管理活动的内容、对著作权集体管理组织的监督、法律责任等方面的内容。

《条例》的颁布和实施,为在我国建立全面而有效的著作权集体管理体系提供了法律保障。

三、我国著作权集体管理组织的运作

(一)著作权集体管理组织的建立

按《条例》的规定,依法享有著作权或者与著作权有关的权利的中国公民、法人或者其他组织,可以发起设立著作权集体管理组织。设立著作权集体管理组织,应当具备下列条件:

(1) 发起设立著作权集体管理组织的权利人不少于50人;
(2) 不与已经依法登记的著作权集体管理组织的业务范围交叉、重合;
(3) 能在全国范围代表相关权利人的利益;
(4) 有著作权集体管理组织的章程草案、使用费收取标准草案和向权利人转付使用费的办法(以下简称"使用费转付办法")草案。

申请设立著作权集体管理组织,应当向国务院著作权管理部门提交证明符合规定条件的材料。国务院著作权管理部门应当自收到材料之日起60日内,作出批准或者不予批准的决定。批准的,发给著作权集体管理许可证。

申请人应当自国务院著作权管理部门发给著作权集体管理许可证之日起30日内,依照有关社会团体登记管理的行政法规到国务院民政部门办理登记手续。

依法登记的著作权集体管理组织,应当自国务院民政部门发给登记证书之日起30日内,将其登记证书副本报国务院著作权管理部门备案;国务院著作权管理部门应当将报备的登记证书副本以及著作权集体管理组织章程、使用费收取标准、使用费转付办法予以公告。

著作权集体管理组织设立分支机构,应当经国务院著作权管理部门批准,并依照有关社会团体登记管理的行政法规到国务院民政部门办理登记手续。经依法登记的,应当将分支机构的登记证书副本报国务院著作权管理部门备案,由国务院著作权管理部门予以公告。

（二）会员的加入和退出

权利人与著作权集体管理组织订立著作权集体管理合同，并按照章程规定履行相应手续后，即成为该著作权集体管理组织的会员。权利人与著作权集体管理组织订立著作权集体管理合同后，不得在合同约定期限内自己行使或者许可他人行使合同约定的由著作权集体管理组织行使的权利。

权利人可以依照章程规定的程序，退出著作权集体管理组织，终止著作权集体管理合同。但是，著作权集体管理组织已经与他人订立许可使用合同的，该合同在期限届满前继续有效；该合同有效期内，权利人有权获得相应的使用费并可以查阅有关业务材料。

（三）著作权集体管理组织的组织机构

著作权集体管理组织会员大会（以下简称"会员大会"）为著作权集体管理组织的最高权力机构。会员大会由理事会依照《条例》规定负责召集，理事会应当于会员大会召开60日以前将会议的时间、地点和拟审议事项予以公告，出席会员大会的会员，应当于会议召开30日以前报名。报名出席会员大会的会员少于章程规定的最低人数时，理事会应当将会员大会报名情况予以公告，会员可以于会议召开5日以前补充报名，并由全部报名出席会员大会的会员举行会员大会。

会员大会行使下列职权：

（1）制定和修改章程；
（2）制定和修改使用费收取标准；
（3）制定和修改使用费转付办法；
（4）选举和罢免理事；
（5）审议批准理事会的工作报告和财务报告；
（6）制定内部管理制度；
（7）决定使用费转付方案和著作权集体管理组织提取管理费的比例；
（8）决定其他重大事项。

会员大会每年召开一次；经10%以上会员或者理事会提议，可以召开临时会员大会。会员大会作出决定，应当经出席会议的会员过半数表决通过。

著作权集体管理组织设立理事会，对会员大会负责，执行会员大会决定。理事会成员不得少于9人，理事会任期为4年，任期届满应当进行换届选举。因特殊情况可以提前或者延期换届，但是换届延期不得超过1年。

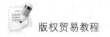

（四）著作权集体管理组织的授权和收费

著作权集体管理组织许可他人使用其管理的作品、录音录像制品等，应当与使用者以书面形式订立许可使用合同。

著作权集体管理组织不得与使用者订立专有许可使用合同。使用者以合理的条件要求与著作权集体管理组织订立许可使用合同，著作权集体管理组织不得拒绝。许可使用合同的期限不得超过 2 年，合同期限届满可以续订。

著作权集体管理组织应当建立权利信息查询系统，供权利人和使用者查询。权利信息查询系统应当包括著作权集体管理组织管理的权利种类和作品、录音录像制品等的名称、权利人姓名或者名称、授权管理的期限。

权利人和使用者对著作权集体管理组织管理的权利的信息进行咨询时，该组织应当予以答复。

除著作权法第 23 条、第 32 条第 2 款、第 39 条第 3 款、第 42 条第 2 款和第 43 条规定应当支付的使用费外，著作权集体管理组织应当根据国务院著作权管理部门公告的使用费收取标准，与使用者约定收取使用费的具体数额。

两个或者两个以上著作权集体管理组织就同一使用方式向同一使用者收取使用费，可以事先协商确定由其中一个著作权集体管理组织统一收取，统一收取的使用费在有关著作权集体管理组织之间经协商分配。

著作权集体管理组织应当根据下列因素制定使用费收取标准：

（1）使用作品、录音录像制品等的时间、方式和地域范围；

（2）权利的种类；

（3）订立许可使用合同和收取使用费工作的繁简程度。

使用者向著作权集体管理组织支付使用费时，应当提供其使用的作品、录音录像制品等的名称、权利人姓名或者名称和使用的方式、数量、时间等有关使用情况；许可使用合同另有约定的除外。使用者提供的有关使用情况涉及该使用者商业秘密的，著作权集体管理组织负有保密义务。

著作权集体管理组织可以从收取的使用费中提取一定比例作为管理费，用于维持其正常的业务活动。著作权集体管理组织提取管理费的比例，应当随着使用费收入的增加而逐步降低。

（五）使用费的分配

著作权集体管理组织收取的使用费，在提取管理费后，应当全部转付给权利人，不得挪作他用。

著作权集体管理组织转付使用费,应当编制使用费转付记录。使用费转付记录应当载明使用费总额、管理费数额、权利人姓名或者名称、作品或者录音录像制品等的名称、有关使用情况、向各权利人转付使用费的具体数额等事项,并应当保存 10 年以上。

(六) 与海外相关集体管理组织的合作

外国人、无国籍人可以通过与中国的著作权集体管理组织订立相互代表协议的境外同类组织,授权中国的著作权集体管理组织管理其依法在中国境内享有的著作权或者与著作权有关的权利。

相互代表协议,是指中国的著作权集体管理组织与境外的同类组织相互授权对方在其所在国家或者地区进行集体管理活动的协议。著作权集体管理组织与境外同类组织订立的相互代表协议应当报国务院著作权管理部门备案,由国务院著作权管理部门予以公告。

(七) 著作权集体管理组织的监督

国家版权局作为著作权行政管理部门,按规定负责主管全国的著作权集体管理工作,并具体承担著作权集体管理组织及其分支机构的审批、备案工作,章程、使用费收取标准、使用费转付办法的公告以及对其资产使用和财务管理的监督工作等。

国务院著作权管理部门可以采取下列方式对著作权集体管理组织进行监督,并应当对监督活动作出记录:

(1) 检查著作权集体管理组织的业务活动是否符合《条例》及其章程的规定;

(2) 核查著作权集体管理组织的会计账簿、年度预算和决算报告及其他有关业务材料;

(3) 派员列席著作权集体管理组织的会员大会、理事会等重要会议。

著作权集体管理组织应当依法接受国务院民政部门和其他有关部门的监督。

四、中国音乐著作权协会(MCSC)

(一) 中国音乐著作权协会的建立

中国音乐著作权协会(Music Copyright Society of China,简称"MCSC"或

"协会")成立于 1992 年 12 月 17 日,是由国家版权局和中国音乐家协会共同发起成立的目前中国大陆唯一的音乐著作权集体管理组织,是专门维护作曲者、词作者和其他音乐著作权人合法权益的非营利性机构。

该协会成立以后,由于当时的著作权法对著作权集体管理没有明确的规定,国家版权局也没有颁布专门的管理法规,该协会在实际操作中遇到了很多问题,比如协会的诉讼主体资格不明确,无法对侵权者提起法律诉讼,包括快餐店、饭店、旅馆、广播电台、电视台在内的一些使用者,借口著作权法对表演权的立法缺陷拒付版税,使得音乐作品作者获得报酬的权利受到严重损害等。进入新世纪以后,现行著作权法对著作权集体管理的明确规定,以及《条例》的颁布实施,为该协会其后的发展提供了有力的法律保障和操作规范。

(二)中国音乐著作权协会的运作

该协会管理的对象是音乐作品著作权,其权利来源包括:

(1)会员的授权;

(2)与海外相关协会签署相互代表协议,从而获得对海外音乐作品进行管理的权利;

(3)经国家版权局授权,该协会还承担音乐作品法定许可使用的使用费收转工作。

其主要职能有:

(1)进行音乐著作权人和音乐作品的登记和档案管理;

(2)依法收取音乐作品使用者交纳的作品许可使用费,并发放使用许可证;

(3)根据作品被使用的情况向音乐著作权人定期分配作品使用费;

(4)对侵犯音乐著作权的行为提出法律交涉;

(5)进行音乐著作权保护的公益宣传;

(6)经国家版权局授权,该协会还承担音乐作品法定许可使用的使用费收转工作;

(7)经与海外同类组织签约,该协会可代为管理和行使海外音乐作品在中国大陆地区的著作权。

该协会实行会员制,凡具有中国国籍的音乐著作权人,包括作曲者、词作者、音乐改编者、音乐作者的继承人以及获得音乐著作权的出版者和录制者,都可以申请成为其会员。拥有音乐著作权的机构团体也可以成为会员,对集体创作的音乐作品享有著作权的音乐团体就是一例。音乐出版者和录音者也可以通过音乐作者转让或通过开发音乐作品而享有音乐著作权。该协会与其会员之间是法律责任关系、契约关系和财产关系。截至 2003 年底,该协会共拥有会员 3103 名,比上年增加 515 名。其中,作曲者 1857 名,词作者 1125 名,著作权继承人 98 名,出版社 21 家,其他 2 名。其管理的音乐作品已超过 1400 万首。

该协会的最高决策机构是会员代表大会,每 4 年召开 1 次。其主要职责是:

(1) 决定协会的方针、任务和总体规划;

(2) 审议协会的工作报告以及预算和决算报告;

(3) 选举协会主席、副主席;

(4) 选举理事会;

(5) 讨论协会章程和其他规章的制定或修订。

该协会的领导机构组成如下:中国民主促进会中央副主席、中国电影音乐学会会长、中国音乐家协会副主席、著名音乐家王立平先生担任终身名誉主席;著名音乐家谷建芬、傅庚辰、阎肃担任名誉主席。赵季平担任主席,副主席 3 名:陈晓光、雷蕾、屈景明。理事 89 名。常务理事 16 名,由作曲者、词作者、音乐出版者、国家著作权行政部门及业界人士的代表组成。

该协会设总干事 1 名,为理事会和常务理事会成员,主持协会执行机构工作,负责协会的日常业务经营活动。现任总干事由屈景明担任,另设副总干事 3 名,均为理事会成员。

根据职能划分,该协会下设 8 个职能部门:

(1) 会员部:对外服务广大音乐著作权人,联络、吸收著作权人加入该协会,是联系音乐著作权人与该协会以及会员与该协会的桥梁和纽带。

(2) 作品资料部:负责管理会员的音乐作品及相关资料,发挥"信息数据库"的重要作用。作品资料部工作的正常运转,确保了该协会为音乐使用者发放许可服务、保障音乐著作权人及其音乐作品在海外获得更广泛的认可和保护。

(3) 表演权、复制权、广播权三个许可业务部:为广大音乐作品使用者提供许可服务。该协会提供服务的范围非常广泛,对音乐作品的机械复制,如出版音像制品、制作电脑卡拉 OK 机等,举办现场演出活动,在餐厅、酒吧、宾馆、歌厅、飞机客舱、火车车厢等公共场所播放背景音乐,广播电台、电视台演播音乐作品以及通过网络使用音乐作品等使用行为,均在该协会提供许可发放的范围之内。

(4) 法律部:为会员、广大音乐著作权人及其他部门提供全方位、多层次的法律服务,是会员强大的法律后盾和必备的法律保障力量。同时,法律部还肩负着对外宣传、交流及学术研究的多重职能。

(5)分配与技术部:主要职能是确认会员及相关权利人的每一笔著作权收入准确无误,并为该协会提供所需的网络、通信等软硬件技术支持。

(6)财务与总务部:主要职责是确保该协会的正常财务运作,同时为该协会的正常运作提供坚实的后勤保障。

该协会的总部设在北京,到 2011 年共有工作人员 50 多人,已在全国范围设立了 20 个地方分支机构或办事处,作为该协会臂膀的延伸。

根据该协会章程的规定,该协会扣除所收取使用许可费的 20% 用于协会的日常工作支出。该协会所有的职能活动都由国家版权局监督和指导。

该协会从 1993 年开始收费,到 1999 年初累计才收取 2600 万元(其中有 400 多万元来自海外相关协会),分配给权利人 600 多万元。平均每年的收入额、分配额分别不到 400 万元、100 万元。由此可见,该协会建立初期的经济状况并不尽如人意。

进入新世纪以来,该协会的收入水平得到了极大的提高。在经过 2001 年、2002 年连续 2 年许可使用费增加 50% 以上的基础上,2003 年该协会又实现了 50% 以上的增长。这使得该协会的年度总收入达到了创纪录的 2751.42 万元。其中,表演权收入达 1308.63 万元,复制权收入 1188.43 万元,广播权和其他收入 254.36 万元。该协会对会员的分配额达到 2238 万元,向海外分配 294 万元,表演权收益占总数的 56.8% 以上。同时,海外向该协会分配版税 241.9 万元,比上年增长了 17.55%。据报道,2007 年该协会的总收入则为 4126.71 万元,其中分配给权利人的净额为 5378.88 万元(含上年未分配出去的份额)。

2011 年,该协会总收入再次创出新高,较上年增长 30.69%,达到 8889.31 万元。其中,表演权收益 4378.89 万元,广播权收益 2025.61 万元,复制权收益 815.66 万元,网络收益 1107.08 万元,海外收益 562.07 万元。

经过 20 年的发展,该协会取得了令外国同行瞩目的成绩。它为我国的著作权保护提供了大量的司法实践,为《条例》的出台、其他著作权集体管理组织的设立提供了经验性的探索。目前,该协会的管理比较规范,运作良好,具有一定的社会影响和较好的国内外声誉。2009 年 4 月,中国音乐著作权协会会员部被国家版权局评选为 2006—2007 年度全国版权工作先进集体。2010 年 11 月,中国 2010 年上海世界博览会组织委员会、执行委员会向该协会颁发"上海世博会荣誉纪念证书",表彰其为举办成功、精彩、难忘的中国 2010 年上海世界博览会作出积极贡献,这都是对协会工作的极大肯定。

CISAC 总干事埃里克·巴布迪斯曾对 MCSC 给予了高度评价:"在亚洲最

值得信任的协会是中国音乐著作权协会。"2002 年,协会因其收益实现连续 3 年递增 50%,被全球最具权威影响的音乐媒体之一《音乐周刊》选入音乐著作权集体管理组织"全球 50 强"之列。这是 MCSC 首次以自身实力换取国际同行的充分肯定和一致好评。

但毋庸讳言,与发达国家的相关协会相比,由于建立时间较短、经验不足等原因,我国音乐著作权集体管理的水平还比较低,人们的著作权保护意识还有待加强,会员人数较少,管理费用相对较高,其收入和分配的数额与我们这样一个大国的地位很不相称,与 ASCAP、GEMA、JASRAC 等国外协会有着很大差距。这一切,都还需要包括 MCSC 在内的更多人付出艰辛而长期的努力。

(三) 中国音乐著作权协会的国际交往

经国家版权局和外交部的同意,MCSC 于 1994 年 5 月加入了 CISAC,现为正式会员。在 CISAC 的框架下,协会已与 50 多个国家和地区的同类组织签订了相互代表协议(包括美国的 ASCAP 和 BMI、英国的 PRS、法国的 SACEM、德国的 GEMA、意大利的 SIAE、日本的 JASRAC、我国台湾地区的 MüST、我国香港地区的 CASH 等),并将协会会员名单和作品资料分别汇入 CAE(国际作者、作曲者、出版者名录)和 WWL(世界作品目录),从而将中国音乐著作权人的作品纳入国际识别系统。一旦中国作品在海外被使用,其权益便可及时得到保护。2004 年 5 月,CISAC 专家一行 7 人来到中国,就集体管理方面的有关情况与国家版权局、MCSC 进行为期 2 天的交流及培训。2010 年 10 月,MCSC 总干事屈景明当选为 CISAC 亚太委员会副主席。2012 年 2 月,CISAC 新任总干事奥利维尔·辛纳文科(Olivier Hinnewinkel)在 CISAC 联合会亚太委员会主席洪伟典的陪同下访问了中国音乐著作权协会。

2007 年,该协会正式获准成为国际影画乐曲复制权协理联会(BIEM)的会员。2009 年 2 月,该协会还通过了国际标准音乐作品编码(ISWC)国际总代理机构的严格审查,与之签订了分代理协议,成为 ISWC 在中国大陆的唯一代理机构,负责总代理提供的 ISWC 编码在中国大陆地区的登记、发放和管理等工作。

MCSC 和国外相关协会的交流不断加强。1996 年,它和日本音乐著作权协会(JASRAC)就两国音乐作品表演权的保护签订了相互代表协议。另外,俄罗斯作者著作权协会(RAO)、瑞典流行音乐作曲家协会曾应邀多次访问 MCSC。同时,MCSC 也主动出访国外,实地了解相关协会的音乐著作权集体管理情况。2003 年底,MCSC 一行 4 人对欧洲的英国、意大利、法国、荷兰、卢森堡、比利时的集体管理组织和其他相关机构进行了考察。近 5 年来,协会接待了来自英国、澳大利亚、日本、韩国、朝鲜的同行,极大地增强了彼此间的了解和合作。

五、香港作曲家及词作家协会(CASH)

我国香港地区的著作权集体管理组织最早出现于 20 世纪 40 年代。1946 年,英国机械复制权保护协会(PRS,香港称为"演奏权益社")在香港成立了专门保护其会员和海外协会会员的音乐版权的组织,为它们征收演奏版税。到了 20 世纪 70 年代,香港本地的一些作曲家和音乐爱好者谋求建立符合自身利益的行业组织,1977 年,PRS 和这些香港作曲家达成协议,正式成立了香港作曲家及词作家协会(Composers and Authors Society of Hong Kong Ltd,以下简称"CASH")。

1. CASH 成立的目的

(1)集体管理及执行香港版权法所赋予音乐作品作者之版权及有关事宜;

(2)通过海外相关协会,在世界上 130 多个国家或地区根据当地版权法保障本协会会员的权益;

(3)推动版权意识,加强公众对音乐创作人的尊重,确保他们的心血作品得到适当的报酬;

(4)推广及赞助音乐活动,鼓励本地创作及设立音乐奖学金,以提高香港的音乐水准。

2. CASH 的工作范围

(1)通过牌照合约方式管理及保障本地及海外协会会员作品的公开表演、广播、有线传播及复制等权益;

(2)将收取得到的版权费分派予会员及海外协会会员;

(3)管理 CASH 音乐基金,以提高本地音乐创作水平,赞助本地音乐活动及培育音乐人才;

(4)向海外协会提供协助,如培训计划等;

(5)向会员及音乐使用者提供有关版权的咨询服务;

(6)就有关版权法规定及其执行,与政府有关部门联络并提交建议。

在协会管理方面,根据该协会宪章,CASH 理事会最多由 12 名理事组成,其中 4 名词曲作者理事由作者会员选举产生,4 名出版商理事由出版商会员推选产生,其余理事可由理事会任命。理事会从理事当中任命主席 1 人、副主席 1

人。理事会的主要工作是监督该协会的对内和对外事务,制定该协会的工作目标和策略,定期检查许可证发放事宜和版权分配规则等。

协会的日常管理由理事会任命的行政总裁全权处理,其主要职责是协会内部管理、发放许可证和推广版权教育事务,以及在国际上推行有关音乐版权工作。该协会的内部机构有:会员及人力资源部、资料及版税分配部、公开演奏版权部、媒体版权部、企业事务部及 CASH 音乐基金、财务及行政部、资讯科技部、企业传讯部。目前,行政费约占总收入的 20%,其余全部分配给音乐作品的版权所有人。

截至 2011 年 5 月底,CASH 共有会员 3348 人,其中作家会员 3052 人,出版商会员 256 人,著作继承人会员 40 人。

2003 年,CASH 的总收入为 1.11 亿港币,比上年(1.20 亿港币)减少 7.5%。其中,来自电视台、电台和网络等媒体的收入占总数的 58.5%,公开演奏收入占 31.3%,海外收入 6.2%,录制收入 2.6%,投资及其他收入 1.4%。

在版税分配方面,就公开演奏版税和广播权版税来说,2008 年 CASH 分配了 8960 万港币,涉及 1885 名会员和 61 个海外协会,分别为 5870 万港币(65.5%)、3090 万港币(34.5%)。它还将 2007 年 7 月到 2008 年 9 月,40 个海外协会帮助收取的版税 1040 万港币分配给 1160 名会员。

到 2011 年,CASH 和世界上近 70 个国家或地区的 80 多个相关协会签订了相互代表协议,承诺相互保障对方会员的权益。1978 年也就是协会成立的第二年,它就参加了 CISAC,现为其正式会员。

第十四章

与版权贸易有关的平行进口问题

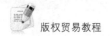

平行进口问题,最早产生于 19 世纪中期的工业发达国家。随着国际贸易的不断发展,特别是我国加入世贸组织之后,平行进口问题在我国也日益凸显出来。尤其是随着我国图书发行市场的开放,版权的平行进口问题理应引起我们的重视。在本章中,我们将对平行进口的概念,产生的背景、原因,造成的影响和我国出版社如何处理版权平行进口问题,分别进行介绍。

第一节　平行进口产生的背景分析

平行进口的产生,最早可以追溯到 19 世纪中期的工业发达国家,近半个世纪以来,随着国际贸易规模的日益扩大,特别是 WTO 对自由贸易的推动,平行进口的范围、规模越来越大,小到图书、画册,大到汽车、飞机,平行进口无所不在。平行进口的大量涌现,引起了国际社会的广泛关注。

平行进口是一项十分复杂的贸易行为,它是知识产权问题与国际贸易的混合体,是二者的交叉点,集无形贸易与有形贸易于一体。一方面,它是国际贸易中的知识产权问题,因为它关注的问题,是平行进口商的行为是否已经侵犯了进口国知识产权人的专有权;另一方面,它又被许多学者认为是涉及知识产权的国际贸易问题。平行进口问题的产生,对进口国的经济和贸易造成了冲击和损害,被许多国家列入贸易管辖范围。

一、平行进口产生的理论背景

平行进口问题的产生,有两个主要的理论背景:

(一)权利用尽原则

权利用尽原则包括权利国内用尽原则和权利国际用尽原则,这是支持平行进口行为两个主要的理论依据。

权利用尽原则是指权利人或被许可人,将生产的产品第一次投放市场后,其权利就用尽了,该产品无论流通到哪里,权利人都丧失了对产品的控制权,无权干涉。凡是获取该产品的人,只要是在合理使用范围以内的对产品的使用,就可以随意处置(包括自有使用、转卖等)该产品。

权利用尽原则制定的主要目的,是对权利人虽拥有知识产权的专有权进行限定,尽量避免权利人对生产进行垄断,妨碍商品的自由流通,给社会带来太多的负面作用。在版权领域,权利用尽原则主要是针对版权中的发行权,只要版权人许可销售的作品的原件和复制品被售出,他就丧失了对这部分作品的转卖或以其他形式在市场上流通的控制权。

目前,世界上的大多数国家都承认权利的国内用尽原则。可是,当这种国内自由流通发展到国际范围,就形成了平行进口。对于权利国际用尽原则是否成立,各国之间的分歧较大。支持自由贸易的国家会承认权利国际用尽原则,允许平行进口的发生。而在进行贸易保护的国家中,则不承认权利国际用尽原则,不允许平行进口的发生。

(二)地域性原则

这是反对平行进口行为的主要的理论依据。地域性原则是指知识产权,包括专利权、商标权和版权等,都是依据一个国家的法律产生的,对于来自不同国家的知识产权,应是相互独立的,不应依赖于别国的法律。权利人在一个国家的销售行为,使其在该国丧失了对售出作品的控制权,但这并不意味着他在其他国家的权利也被用尽了。从这个角度出发,平行进口应是不被允许的。

二、平行进口产生的国际背景

(一)知识产权国际保护的加强

有越来越多的国家和地区加入了相关的国际知识产权公约,使得知识产权在更多的国家、更大的范围和更多内容上受到保护,与此同时,知识产权人能够更便利地使自己的作品在更多的国家受到保护。

(二)许可贸易空前繁荣

"二战"之后,人类科学技术得到了空前的发展,随着世界进入了知识经济时代,版权贸易成为国际贸易中异军突起的一支,成为了非常重要的一部分。而在版权贸易中,许可贸易是其中使用最为广泛的一种贸易形式。

1. 知识产品的共享性

知识产品的共享性决定了知识产品在同一时间可以被多人重复使用,并且,这种使用不会造成对知识产品的有形损耗。对于知识产权的输出方来说,通过许可贸易的方式转让知识产品,在满足自己使用、获利之外,可以提高知识产品的利用率,并获得更多的额外利润;对于知识产权的引进方来说,许可贸易也是有很大的吸引力的。

"二战"之后,各国都将发展的重心转移到经济建设上来,科学技术得到了飞速的发展,使得知识产品的生命周期不断地缩短,而此时,大多数的国家大都不愿将更多的经费投入到新出现的技术的研究上,因为研究的过程往往漫长而投资巨大,在技术更新极快的今天,当一国投资研究出来以后,该项技术可能已经进入衰退期,无法获利了。因此,许多知识产权需求方都认为,没有必要以巨大的代价取得该权利的所有权,更愿意通过许可贸易的方式来获得使用权,以便马上获利。

2. 某些知识产品的特性决定了它的贸易方式

对于知识产权的使用,主要包括两种方式,一种是知识产权转让,在实际操作中,这种贸易方式并不多见;另一种就是知识产权许可,这是知识产权贸易中被广泛使用的一种贸易方式。

3. 许可贸易不受当今各种关税和非关税贸易壁垒的限制

20世纪70年代以后,由于经济危机的原因,使得贸易保护主义在西方发达资本主义国家中开始抬头,这些国家通过制定一系列的贸易政策和颁布国内法的方式,来达到保护本国市场的目的。在这些贸易壁垒中,以非关税贸易壁垒为主,虽然像WTO这种的国际贸易组织极力为各国贸易进行调解,这种趋势仍是不断得到了加强。这些贸易壁垒,严重阻碍了普通商品贸易的发展,针对这种状况和发展趋势,世界各国纷纷调整本国的贸易政策,将贸易中心转移到知识产权贸易上来,从而也就促进了许可贸易的发展。

在许多发展中国家,由于外汇紧缺,经常会制定许多贸易措施来限制进口,这就使得发达国家很难进入这些国家的市场。然而,这些国家对于许可贸易的态度却全然不同,他们通常认为,许可贸易能够提高本国的生产力,并且节约开发和研究费用,是使自己得以加速度赶超发达国家的捷径。因此,这些国家是很欢迎与发达国家间进行许可贸易的。

4. 许可贸易可以实现输出方控制对方市场的目的

在许可贸易中,输出方和引进方通常都要通过签订许可合同的方式,来限定双方的权利与义务。通过这样的协议,许可方可以在一定范围内,控制被许可方的生产、销售等,达到通过最小的代价,获得控制被许可方市场的目的。

5. 许可贸易对许可方的规模没有限制

这一点对于规模小、缺乏资金,或正处于起步阶段的小公司来说,是非常重要的。例如,一家资金少、规模小的出版公司,它拥有一个非常有市场潜力的版权产品,它除了自己出版之外,还可以将该版权许可给一家资金雄厚、具有规模的出版社,通过许可的方式,利用那些自己没有的资源,通过无形资产获取有形资产,利用对方的技术、资源,使许可方的利润达到最大化。对于被许可方来说,许可贸易可以节约他们用于研发的巨大的时间和费用,同样也是有利可图的。

许可贸易带来的"双赢"局面,使得越来越多的国家参与进来,同一时间存在如此之多的被许可方,他们生产的产品难免会进入对方的市场,平行进口的产生也就在所难免了。并且,未来的趋势,将会是平行进口的产品越来越多。

(三)跨国公司在世界经济中的地位日益增强

1. 跨国公司在知识产权贸易中占有十分重要的地位

"二战"之后,随着生产的全球化、经济的全球化和对外直接投资的日益增长,跨国公司得到了前所未有的迅速发展,已成为影响世界经济发展的举足轻重的组成部分。跨国公司是经济全球化的重要表现,也是经济全球化的重要推动者。在知识产权领域,跨国公司更是占有绝对的优势,它拥有世界上大部分优秀人才,拥有雄厚的资金、技术力量来投入到研制、开发、吸收和创新上来,它是知识产权最大的供应商。另一方面,由于跨国公司是知识产权最大的供应商,决定了跨国公司在知识产权贸易中,处于一种绝对的垄断地位,它借助这种垄断优势,又进一步加强了自身的实力,制定游戏规则,左右知识产权贸易的发展,使得知识产权贸易朝着更有利于跨国公司利益的方向发展下去。

2. 跨国公司的这种生产、经营方式,增加了平行进口发生的几率

跨国公司本着利益最大化的原则,充分地利用全世界的各种资源和市场,在世界范围内进行投资。根据生产要素最佳配置原则,以世界为工厂,目前,跨国公司以复合一体化战略为生产、经营的主导,它将生产、经营按照最佳组合,在全球进行分布,使分散在世界各地的分公司与母公司实现全球的战略统一。与此同时,跨国公司还通过各种途径、以各种方式,与世界上任何一个角落的其他公司保持密切的联系,形成了一个更大的网络。跨国公司凭借其巨大的资金、技术、网络优势,对世界市场进行分割、区别定价,人为地造成不同国家间产品的价格差,这是平行进口发生的最直接的原因。跨国公司将产品销售到世界各地,又人为地造成不同地区的价格差,这使得平行进口商有利可图。

三、平行进口产生的国内背景

平行进口产生于 19 世纪中叶,并在"二战"以后的发达资本主义国家之间

迅速发展起来。我国直到20世纪80年代才颁布对专利、商标的法律保护,对于版权的保护更是在90年代才开始,整个知识产权贸易的发展都是滞后的,因此,平行进口在我国出现得很晚,业内人士也并不十分重视这个问题。可是,随着社会的发展,我国的这种无平行进口的时代已一去不复返。1997年东南亚金融危机以后,大量的平行进口商品流入我国。加入WTO以后,我国正在成为世界贸易中的一环,我国的贸易环境、贸易政策都在发生着根本性的变化,平行进口问题也将会变得非常严重。一方面,随着我国企业逐渐进入了世界贸易舞台,并且占有越来越重要的地位,我国政府应该针对平行进口,制定相应的政策,以防止平行进口大量发生时企业和国家的经济利益受损;另一方面,加入WTO以后,我国在国际贸易政策的制定上,拥有了更多的主动权,因此,针对平行进口,我国政府应该积极努力,使得国际政策倾向于对我国有利的方向发展。

第二节　平行进口的特征与类型

一、平行进口的概念

随着国际贸易的快速发展,世界经济交往的不断增强,在国际贸易中有越来越多的涉及知识产权的问题出现,平行进口就是其中发展极为快速的一个。

平行进口,又称为灰色市场(grey market),是指在一国某种知识产品已经获得了法律保护,并且该知识产权的被许可人已经在该市场上进行了商品的销售,与此同时,在国家间的价格差异而出现的获利机会的驱使之下,平行进口商从他国购买该产品销往该国的行为,这就造成了被许可人和平行进口商之间的利益冲突。

平行进口的产品的种类十分繁多,其中,专利权和商标权产品占有绝对的多数。随着各国间版权许可、版权转让的不断增多,版权产品的平行进口也变得日益突出。

平行进口争端主要集中在进口国,是一个平行进口是否合法,知识产权的被许可人是否有权禁止平行进口的问题。

二、平行进口的特征

（一）从贸易的性质来看

平行进口是产生于国际贸易中的一个问题，同一国家内的不同地区之间的商品流动，不属于平行进口问题，属于自由竞争。平行进口涉及进出口行为，是一个国际贸易问题。这就启示我国政府，应从宏观上预测平行进口会给我国的经济、贸易带来的影响，及早制定相关政策来管理平行进口问题，防患于未然。

（二）从商品经销关系来看

在进口国存在着一个有授权的经销商，而平行进口商是未得到授权的。这种授权，指的是知识产权人授予的代理权或销售权，这样一来，在进口国中就存在着两个或两个以上的经营同一商品的经销商，其中有一个是被授权的经销商，其他是未获得授权的平行进口商。他们所销售的商品，都是源于同一个海外的供应商，产生了同一商品自我竞争的现象。权利人本想是通过控制被许可方，进而控制对方的市场，结果却被平行进口商打破了这种局面，这显然是权利人不愿看到的。

（三）从销售的商品来看

双方销售的都是正宗货。平行进口成立的一个重要的条件，即无论是被许可方还是平行进口商，销售的都是正宗货，是真品，而不是假货或走私货。如果经销的是假货，那么就不是灰色市场，而是黑市了。这些真品有这样几种来源：一是进口国中被许可方生产的，二是权利人自己生产的，三是权利人授权的第三方国家的被许可人生产的。需要强调的是，无论这些产品的来源是什么样的，它们都是正宗货，在外观或配置上，它们几乎都是一模一样的。

（四）平行进口的商品在进口国是受到法律保护的

平行进口问题的本质，就是进口国的被许可方是否有权利禁止平行进口商的销售行为。平行进口的商品，在进口国必须受到知识产权法保护，否则，被许可方的专有权是不被认可的，也就根本没有权力限制平行进口商的行为，平行进口就更无从谈起了。因此，平行进口的商品，在进口国应是受到法律保护的，这是平行进口问题成立的又一个前提条件。

（五）从价格来看

平行进口商品的价格要低于被许可人所销售的同类产品的价格。通常来说,平行进口商进行贸易的动机,是权利人人为造成的,同一商品在不同地区的价格差,使得平行进口商除去运费、关税及其他的一些税费,仍然有利可图。这就意味着,平行进口商的商品在价格上,通常要比被许可方生产的产品的价格要低,只有这样,平行进口商才会冒着被起诉的危险,进口该商品。

三、平行进口的类型

(一)按知识产权的类型来划分

平行进口可以分为专利平行进口、商标平行进口和版权平行进口。

1. 专利平行进口

专利平行进口是指在进口国某项专利产品已经得到该国专利法保护的情况下,平行进口商在利益的驱使之下,从权利人所在国或别的国家购得该产品,并将它投入到进口国市场的行为。对于专利商品的平行进口是否构成了侵权,国际上存在两种截然相反的观点。其一,认为不构成侵权,因为根据专利用尽原则,该产品购自专利权人或被许可人,应该不构成侵权;其二,认为构成了侵权,因为产品的专利权不仅在出口国受到保护,在进口国也同样获得了专利权保护,因此,平行进口商的行为已经构成了对专利权人及其被许可人的侵权。

2. 商标平行进口

商标平行进口是指在某个商标品牌的商品已经在进口国获得法律保护的情况下,平行进口商将他购买的同一商标的商品在进口国进行销售的行为。实际上,商标平行进口的商品都是真货,但商标平行进口是否构成对商标权人及其被许可人的侵权,要取决于进口国有关的法律适用原则。其一,若适用商标国际用尽原则,则视平行进口商的行为为合法,不被视为侵权;其二,若适用商标的物地域性原则,则视进口商的行为为侵权,商标权人及其在进口国的被许可人有权禁止平行进口商的销售行为。

3. 版权平行进口

版权平行进口是指某部作品已经在进口国获得法律保护,并且出版、发行的情况下,平行进口商从版权人或其他被许可人手中购得该作品,并将它售往进口国的行为。对于版权平行进口的态度,大致可以分为三种:其一,否认版权的国内和国际用尽原则,否定版权的平行进口行为;其二,承认版权的国际用尽原则,认为平行进口商的行为是合法的;其三,承认版权的国内用尽原则,但否定版权的国际用尽原则,视平行进口商的行为是违法的。

在知识产权贸易中,专利权和商标权的平行进口问题是发生最为频繁的两种。可随着互联网的发展,版权作品通过互联网得到快速、便宜地传播,使得版权作品的进口方式发生了非常巨大的变化,也导致了版权平行进口的处理发生了巨大的变化。

(二) 按是否有平行进口商来划分

平行进口可以分为直接平行进口和间接平行进口。

1. 直接平行进口

直接平行进口是指在平行进口中没有专门的平行进口商人介入,是消费者的个体行为,是消费者直接从国外购买,并带回国内。

2. 间接平行进口

间接平行进口是指在平行进口中有中间商的介入,由平行进口商将商品从出口国引入进口国进行销售。

在知识产权贸易中,由于直接平行进口基本上都是消费者的个人行为,不具有规模性,因此,不会对权利人及其被许可人的经济利益带来损失,因此,这种行为基本是不受限制的。在知识产权贸易中得到广泛关注的是间接平行进口,由于间接平行进口的规模比较大,已经对权利人及其被许可人的利益造成了威胁。通常来说,平行进口指的都是间接平行进口。

(三) 按平行进口商品的流动来划分

平行进口可以分为直向平行进口、反向平行进口和迂回平行进口。

1. 直向平行进口

直向平行进口是权利人自己或授权他人独家在进口国销售其知识产品,而与此同时,平行进口商从权利人所在国购得该产品,通过未授权的销售渠道,将该产品销售到进口国。

2. 反向平行进口

反向平行进口是权利人自己或授权他人在他国销售其知识产品,由于价格低廉,使得平行进口商除去关税、运输费等因素仍然有利可图,由平行进口商从他国购得该产品,将其返销到权利人所在国进行销售的行为。

3. 迂回平行进口

迂回平行进口是权利人将其拥有的知识产权授权给多个国家,并且,由于这些国家间的价格存在巨大的差异,平行进口商从价格较低的授权国购得该产品,将其销往其他的授权国的贸易行为。

第三节　　　　　　平行进口产生的原因

同各种经济行为相同,平行进口也是在经济利益的促使之下进行的。平行进口的本质是各国间在同种知识产品之间存在着巨大的价格差,当这种价格差大到足以弥补关税、运费等中间费用,并且有利可图的时候,就会有平行进口商加入其中。

平行进口的产生,主要有这样几个条件:第一,由于消费者的信息不完全、各国间存在着各种关税和非关税壁垒,使得消费者所处的市场是不完全的,权利人可以对不同国家的消费者制定不同的价格;第二,在进口国,对权利人的产品存在着一定的消费需求;第三,把产品从出口国销往进口国,除去中间的各种税费,平行进口商的这种贸易行为还是有利可图的。

产生平行进口的原因是多种多样的,但经济因素是最主要的动因,具体分析,大致可分为宏观和微观两种。

一、宏观经济因素

(一)供求不平衡造成的价格差

随着国际贸易的快速发展,世界经济一体化的趋势日益明显,世界各国都积极地加入到市场竞争中来。可是,20世纪70年代以后,由于西方发达资本主义国家经济危机的影响,贸易保护主义又开始在这些国家盛行,各种关税和非关税壁垒严重影响了各国间的贸易一体化,造成了世界范围内供求不平衡。某种产品在一国供过于求,很有可能在别的国家供不应求,这就造成了不同国家间就同一商品存在着严重的价格差异,当这种差异大到足以弥补成本的时候,平行进口就有发生的可能。

(二)市场因素造成的价格差

知识产权人所拥有的知识产品通常都具有独特性,拥有某些难以取代的特性。这样,知识产权人对知识产品的销售就构成了垄断,这种知识产品的市场是一个垄断市场。在垄断市场中,市场的需求弹性是决定商品价格的一个决定性的因素。在需求弹性较小的市场上,提高价格对市场上这种商品的需求量影响很小,这种商品的价格往往会定得比较高;在需求弹性较大的市场上,提高价格对市场上这种商品的需求量影响会比较大,这种商品的价格往往会定得比较低。这种市场因素造成的价格差异,当差异大到足以弥补成本的时候,平行进口就有发生的可能。

(三) 商品因素造成的价格差

不同的市场由于地域性的差异,使得某些受季节影响较大的商品,在不同的市场上会呈现出不同的需求强度,表现为不同价格。在某些市场上,商品正处于淡季,那么市场上对于该商品的需求量就会减小,该商品的价格就会定得较低;在某些市场上,商品正处于旺季,那么,市场上对于该商品的需求量就会增加,该商品的价格就会定得较高。当这种价格差异大到足以弥补各种成本时,平行进口就有发生的可能。

(四) 汇率因素造成的价格差

汇率对于一国对外贸易的影响是不小的。当某一国的货币在外汇市场上走强时,同样数量的本币换到的外币数量会增加,这会导致本国进口数量的大幅增加;当某一国的货币在外汇市场上疲软时,同样数量的本币换到的外币数量会减少,导致本国出口的增加。当这种汇率因素带来的价格差异大到足以套利时,就会有平行进口发生的可能。

(五) 关税因素造成的价格差

世界各国的贸易政策都不尽相同,不同国家间的关税会受到双方签订的双方或多方协议、国际贸易组织、政治等多种因素的影响。这就会导致甲国向乙国出口商品可能会被定以较高的关税,而丙国可能由于双方签订的一些协议或共同参加的某个贸易组织的原因,向乙国出口的产品会被征得较少的关税,这种人为造成的价格差异,也为平行进口创造了机会。

二、微观经济因素

(一) 销售成本造成的价格差

对于权利人及其被许可人来说,出于扩大、占领市场的目的,他们要投放大量的财力、物力在推广、宣传、售后服务上,要收回这些投入,光靠销售量是不够的,因此,这些在白色市场上的经销商必须提高商品的售价,以期快速回收成本并获利。然而,对于处于灰色市场上的平行进口商来说,则完全不是这样。平行进口商选定的进口商品,往往是在该国市场上已经有一定的需求量,并且进入了快速增长期的产品,这些产品的前期宣传成本完全由权利人及其被许可人支付,在成本上,平行进口商占有很大的优势,平行进口商的定价自然会比授权的销售商低。销售的是同样的商品,平行进口商的获利在所难免。

(二) 企业的销售策略造成的价格差

1. 企业的定价策略

对于跨国公司来说,它面对的是国际市场,它生产的产品在不同国家的市场上所处的阶段都不尽相同,每个市场的需求状况也不同。这样一来,跨国公司会根据每个市场的情况,制定不同的定价策略。在竞争情况较好的市场上,可以维持一个高价;在竞争激烈的市场上,就要根据竞争对手的情况,来确定一个较低的价格。在生产和销售的成本比较高的市场上,出于获利的考虑,企业会选择确定一个较高的价格;在生产和销售成本较小的市场上,可以考虑将定价下调。这种针对不同市场情况,对同一商品人为地确定不同的价格,很容易给平行进口商带来获利的机会。

2. 企业的销售策略

对于一些老客户,由于双方长期合作的关系,企业可能会给他较大的折扣,这样,这些老客户的销售成本就低许多;而对于一些新客户,则不会有这种福利,新客户的成本必然会比较高。这些客户分属于不同的市场,也就人为地造成了不同市场间的价格差,给平行进口商创造了获利的空间。

(三) 企业追求超额利润造成的价格差

当权利人生产的产品在市场上具有绝对垄断地位时,权利人出于追求超额利润的考虑,会为产品定一个较高的价格,直到有同性质的产品出现;而在同类产品较多的市场上,权利人的定价往往会较低。这就人为地给平行进口商创造了获利空间。

第四节　　平行进口产生的影响

平行进口商的出现,打破了传统的权利人及其被许可人的垄断局面,造成了无形财产贸易与有形财产贸易的冲突。这种局面的出现,对权利人及其被许可人以及消费者的切身利益,都产生了很大的影响。同时,对平行进口国整体国民经济的影响,也是不可小觑的。

一、对权利人的影响

平行进口对权利人的影响是喜忧参半的。

1. 平行进口对于权利人的好处

一方面,平行进口商打破了权利人在不同市场上的区别定价策略,使得权利人想要获取超额利润的愿望很难实现。然而,正是平行进口商的这种行为,使得权利人的商品在不同的市场上的价格更合理,更具竞争力。

另一方面,从总体来看,平行进口商的行为增加了权利人产品的销售量,特别是对于那些无需售后服务的商品,平行进口商的行为只会使权利人的获利更多,而不会影响权利人的商业形象。因此,在这种情况下,权利人通常是不反对平行进口存在的。

2. 平行进口会对权利人的利益带来侵害

首先,平行进口商的这种行为,破坏了权利人的全球经营策略,权利人不得不针对平行进口商的行为而改变其在不同市场上的营销策略,使得公司难以实现预期利润。

其次,对于那些需要完善售后服务产品的权利人来说,平行进口商销售完产品后,往往是不提供这种服务的,消费者并不会考虑谁是授权的销售商,谁是平行进口商,而会把所有的问题都归罪给权利人,认为是权利人的问题,这就会严重影响权利人的商业声誉和该产品在这个市场上的销售状况,给权利人带来经济和声誉上的双重损失。

再次,平行进口会带来权利人生产的产品之间自己争夺市场的局面,为此,

权利人需要调整售价,最终会带来利益上的损失;

最后,平行进口商的行为严重影响了授权的经销商的销售状况,最终可能会造成授权经销商的退出,使得权利人丧失了在该市场上的固定销售渠道。

二、对被许可人的影响

平行进口商对被许可人的影响,可以说是有百害而无一利。被许可人投放了大量的财力、人力、物力到产品的生产、宣传和销售上,可平行进口商通过未授权的销售渠道,获取了价格上更具有优势的产品,结果造成销售商投入大量的成本进行宣传推广,而消费者却选择购买平行进口商的产品。在整个平行进口过程中,被许可人是受害最大的。

三、对消费者的影响

1. 平行进口为消费者带来的好处

首先,消费者可以以更低的价格购买到产品。平行进口商的低价策略,会带动授权的销售商减低利润,降低价格,这样又会导致平行进口商的进一步降价,在整个降价风潮中,消费者无疑是获益者。

其次,消费者获得商品的渠道增多了,增加了消费者购买的便捷性,可以随时随地地获取商品,不用像"独此一家,别无分号"时那样到一家去购买。

2. 平行进口为消费者带来的不便

首先,像一些需要售后服务的商品,平行进口商通常都不会提供这种服务,如果消费者在日后使用中出现自己无法解决的问题时,无处咨询、无人修理,会给消费者带来极大的麻烦。

其次,通过迂回进口的商品,由于它的说明书是针对别国消费者的,往往会存在着文字上的障碍,这也会给购买的消费者带来使用上的不便利。

四、对平行进口国的影响

1. 平行进口对于平行进口国的好处

首先,平行进口商的行为打破了权利人及其被许可人对当地市场的垄断,促进了市场竞争,完善了市场结构,拉动了经济的发展。

其次,平行进口带来的低价位,刺激了本国消费者的购买欲望,增加了国内需求,促进了国民经济的发展。

再次,减小了国内外的价格差,增加了本国的社会福利。

最后,平行进口商促进了授权的销售商潜心改进技术,降低成本,以与平行进口商进行竞争,并且还促使权利人将未投放到本国市场上的产品尽快投放到本国,增加了本国的社会福利。

2. 平行进口对于进口国带来的问题

首先,平行进口商的行为大规模地增加了本国的进口额,导致本国的外汇大量外流。

其次,平行进口商对于那些获得授权的经销商造成了强烈的冲击,导致了这些企业的利润降低,危及生存,减少了进口国的财政税收。

五、对平行进口国、出口国的影响

从前面的讨论,我们可以看出,平行进口对于出口国的影响是比较小的,即使有影响也是利大于弊。平行进口能够增加出口国的出口额,带来了大量的外汇收入,输出了本国的过剩产品。总体来说,平行进口对出口国是好处比较多,所以,大多数的出口国,都不对此做任何限制。

第五节　　处理版权平行进口的法律原则

处理版权平行进口问题的关键,在于对版权平行进口性质的认定:平行进口是否合法,是否应是被禁止的。目前,世界上还没有一个判断标准,处于各国各行其是的状态。每个国家的判定标准都不同,同样的案例,在甲国可能认定它的平行进口是合法的,而根据乙国的判定原则,这种平行进口则有可能是违法的。

我国目前还没有对平行进口问题的专门立法,通过对各国处理原则的总结,可能会对我国建立相应的司法制度具有一定的裨益。

一、各国处理版权平行进口的基本原则

虽然世界各国没有对版权平行进口问题形成一个统一的协议,但从各国对版权平行进口问题的处理看,大致可以分为三种基本原则:

（一）否定版权用尽原则

这些国家对于版权用尽原则持否定态度，无论是版权的国内用尽原则，还是国际用尽原则，在这些国家都不予承认。他们认为，凡是经版权人许可而投入市场的作品的复制品，版权人应始终保持对这些复制品的控制权。在这些国家，平行进口是被坚决禁止的，持这种态度比较典型的国家包括法国、比利时等。

（二）否定版权国际用尽原则

在这些国家的版权法中，承认版权的国内用尽原则，认为经版权人同意而销售的复制品，一经销售出去，版权人就丧失了对这些复制品的控制权。但是，这些国家仅承认版权的国内用尽原则，却不承认版权的国际用尽原则。因此，在这些国家中，同样认为版权的平行进口是非法的。

（三）承认版权用尽原则

在这些国家的版权法中，既承认版权的国内用尽原则，也承认版权的国际用尽原则。认为版权作品一经销售，版权人就丧失了对这些复制品的控制权，无论这些作品被销往何处，做什么使用，版权人都不能够干涉。因此，在这些国家，版权的平行进口被认为是合法的。例如，德国的法律规定，版权人本人或其授权的其他人，一旦将版权作品的复制品投放市场，权利人对该复制品以后在国内、外的发行、分销就无权再过问了。根据这一规定，版权人或其授权的其他人，在首次销售后，即已用尽其在版权中的发行权，因而，不能再继续行使这项权利。买主购买合法发行的复制品后，可在任何地方进行分销，版权人一律无权干涉。①

二、欧美主要国家处理版权平行进口的具体原则

（一）美国

（1）美国版权法（1976年）第106条规定，版权人拥有如下五种独占权利，即：复制权、改编权、销售权（发行权）、公开演出权、展览权。

（2）美国版权法（1976年）第602条（a）规定：未经版权人许可，向美国输入在美国国外购得的版权作品属于侵犯第106条规定的独占销售权。

（3）美国版权法（1976年）第109条（a）规定：按版权法合法制造的复制品，在出售后，应对其买主加以保护。

---

① 叶京生．董巧新．知识产权与世界贸易[M]．上海：立信会计出版社．2002：287．

美国的版权法承认版权的国内用尽原则,但对于版权的国际用尽原则是否适用,则存在很大的争议。首先,对于第602条(a)中的规定,是否能够被解释为平行进口是违法行为,存在着疑问。其次,美国版权法中对版权侵权行为的规定中,否认包括对第602条(a)的侵犯。因此,美国版权法中对于平行进口是否为侵权,始终存在着疑问,美国法院对平行进口案例的判决,始终难以统一,常见开始时判其侵权,而后又推翻先前判决的案例。

(二) 德国

在各国的版权法中,对版权作品自由流通规定得最为明确的就是德国。德国版权法(1965年)第17条第2款规定:一旦作品的原本或复制品,经有权在本法律适用地域内销售该物品之人同意,通过转让所有权的方式进入了流通领域,则该物品的进一步销售被法律所认可。

在德国版权法中,适用版权的用尽原则,认为作品的复制品,一经版权人及其授权人同意销售出去以后,版权人及其授权人就丧失了对复制品的控制权,平行进口在德国是被视为合法的。

(三) 英国

英国版权法第22条第2款中规定,凡欧盟成员国之间,版权作品的进口适用版权用尽原则,但在欧盟成员之外,则仍适用地域性原则。英国版权法的这种规定,是对"版权用尽原则不适用于国际贸易"的一种有条件的接受。

英国版权法第16条第2款中规定:即使作品在其印制国属于合法印制品,但如果它在英国印刷将属于非法,再把这种作品输入英国,就构成了侵权行为。

第六节　我国应对版权平行进口的策略

一、出版机构应该做好预防工作

我国出版机构应在平时工作中,针对版权平行进口,做好预防措施,防患于未然。因为,一旦对簿公堂,整个出版机构正常的工作秩序都会被打乱,既费时又费力,会给机构本身带来巨大的经济损失。由于我国改革开放的时间还比较短,版权平行进口问题的出现也比较晚,因此,国内对于处理版权平行进口问题还缺乏经验，也已经有不少出版社在这方面有着深刻的教训。

对于开展版权贸易的出版机构来说，版权平行进口是无法避免的问题。对此，出版机构要充分利用各国法律所赋予的权利，创造对自己有利的法律依据。在许多国家中，对于版权平行进口问题设置了许多限制条件，这些限制条件对日后法院进行判定有着决定性的作用。因此，我国的出版机构应在日常工作中，注意对这类数据和信息的收集和整理，以备日后发生法律争端时使用。

我国出版机构还应该在日常工作中做好预防这一环，避免为本机构带来不必要的经济和时间上的损失。

二、我国出版机构作为授权机构的应对措施

（一）建立良好的信息反馈系统

每个出版机构都应该建立一套运行良好的信息反馈系统，及时掌握灰色市场中的一手信息，了解版权平行进口的发展动向，这是应对版权平行进口的首要条件，即要掌握相关的市场信息。对于少量的版权平行进口，通常来说是可以允许的，因为此时进行干预，出版机构投入的成本要大于通过诉讼所获得的收益。但是，一定要掌握好这个"度"，一旦超过了这个标准，就可能会给出版机构带来巨大的经济损失。

（二）重新考察现有的销售系统

首先，要考察现有的授权销售商的状况，找到版权平行进口商的商品来源，并确定是哪个销售商提供的商品。

其次，通过对现有销售商的考察，了解现在的销售系统是否存在着漏洞，并考虑如何弥补，是否需要增加销售商的数量，或调整其分布。

再次，重新查阅合同条款，了解其中是否存在着巨大的缺陷，如果缺少反版权平行进口的条款，应加以补充，并增加相应的惩罚条款。

（三）协调不同市场间的售价

价格差是版权平行进口产生的最根本的原因，只有解决了价格问题，才算是从根本上解除了版权平行进口发生的可能性。如价格是由许可方统一制定的，许可方应考虑根据成本、关税、有效期限等因素，制定全球统一价格。如价格是由被许可方来确定，则需要建立一个价格协调系统。既可以通过控制许可费的高低，进而控制被许可方的售价；也可以通过在合同中确定价格的上下限，来限

定被许可方的售价。

(四) 寻求法律保护

我国从事版权贸易的出版机构,应该了解国内外的政策、法规,既要运用法律来保护自己的经济利益不受侵害,还要避免对他人的版权造成侵害,而导致失去市场,并承担巨额的经济赔偿。

第七节
台湾地区简体字版图书的平行进口问题

为便于读者能更好地理解本章内容,我们在此介绍我国台湾地区简体字版图书的平行进口现象。

新闻出版总署的统计信息显示,2009 年,我国的图书版权输出有 3103 种,其中向台湾地区输出 682 种,由此可见,台湾地区是我国主要的版权出口地之一。然而,随着近几年来台湾地区出现了很多直接经营大陆简体字版图书的书店,大量书商选择直接从大陆进口简体字版图书,这样就形成了明显的平行进口问题,对我国大陆的版权输出形成了重要的冲击。

一、台湾地区平行进口问题产生的原因

平行进口问题源于价格差,即直接进口图书比购买版权后再编辑、出版有更大的利润空间。

随着两岸文化交流的日益密切,简体字在台湾地区获得了较大的认同,目前简体字版图书已经成为学者、专家到学生、普通大众的重要选择之一。基于这样的情况,台湾地区出现了很多规模不等的直接经营简体字版图书的书店,比如最为有名的是位于台北市的上海书店,能提供 6 万本直接从大陆出版社购入的简体字版新书现货,并且经营面积达到 500 平方米以上。[1] 简体字版图书在民众

---

[1] 赵睿,周清海.从简体字版图书在台湾地区热销看大陆图书平行进口问题[J].中国出版,2007(7).

中的普及和大规模直接经营大陆简体字版图书的书店的出现，为台湾地区直接进口大陆版图书奠定了基础。

而从台湾书商角度看，从大陆直接进口简体字版图书要比购买版权后，将简体字版改编为繁体字版再出版有更大的利润空间。这是因为，

（1）大陆图书的生产成本较低，致使大陆图书的定价远远低于台湾地区；

（2）尽管书价较低，但是大陆简体字版图书的选题和质量却很有竞争力；

（3）加上汇率、进货渠道、营销成本等多方面的原因，直接经营大陆简体字版图书还是有相当的利润空间。相比而言，台湾地区出版社购买简体字图书版权后，再经过繁体字改编后出版，无疑会增加成本。如此来看，直接进口简体字版图书的利润空间更大，平行进口商正是看到这一点，才会采取直接进口大陆版简体字图书并直接销售的策略。

二、台湾地区平行进口问题的影响

台湾地区的平行进口和开办简体字版书店对大陆的出版社来说是喜忧参半，一方面，会冲击到版权的输出，影响版权转让费的收入；另一方面，直接出口简体字版图书，随着销售量的增加，也会增加大额的利润，尤其台湾书商从大陆进口图书，通常不会退货，这样对于大陆的出版社来看，实际利润通常不会受到大的负面影响，甚至有增加的可能。

对于台湾的进口商来讲，版权的进口商受到的负面影响最大，而对平行进口商来说，由于直接进口并出售简体字版图书具有加大的价格优势，可以迅速占领市场空间，获得较高利润。这样局面的持续，会导致版权进口商和平行进口商之间竞争的恶化，从长远来看，不利于台湾地区的图书市场。

当然，这种平行进口对于台湾的读者是相当有利的。读者能够以较低的价格购买到所需图书；同时，随着直营简体字版图书的书店的扩张，为读者购买各种图书提供了较大的便利。

然而，简体字版图书的平行进口问题在版权引进商和平行进口商之间形成了不可调和的矛盾，集中表现在 2007 年，各种版权纠纷集中爆发，版权官司此起彼伏。目前，台湾地区已经出台了相关法律、法规来预防平行进口问题。根据台湾的进口条例规定，只要一本图书的版权已经被台湾业者购买，就不允许再直接进口该图书，即使有书商抢在版权被购买之前就进口了一批书，也只允许该书商将这一批书销售完，之后就不再允许进口。

三、启示

台湾地区的平行进口问题,对大陆出版业有着较大启示:

(1) 对平行进口问题的观念必须转变,传统的思想认为我国是个图书低价位国家,不会出现平行进口问题,这样的想法过于绝对。随着人民币的持续升值,出版成本的不断提高,低书价绝不会是一成不变的。平行进口问题早晚是会产生,并造成危害。因此,必须予以重视,提早防范。

(2) 建立并完善相关法律、法规,针对平行进口问题,开展立法工作,从而有效地防范平行进口问题的产生,保护国内的出版机构和图书市场。

(3) 对于各个出版机构来说,应该加强自身的内部管理,重视市场信息的采集和分析,优化资源配置,同时协调好不同市场间的售价,解决好价格问题,这样才能防范平行进口问题的产生。

第八节 典型案例[①]

除了我国台湾地区存在的图书平行进口之外,我们觉得叶京生、董巧新在《知识产权与世界贸易》一书中所使用的这些案例也非常具有典型性,于是将其摘出,形成此节。在此特向叶京生和董巧新两位先生致谢。

[案例一] 时代生活书店诉洲际快速发行公司

时代生活书店是美国时代图书公司设在荷兰的一家子公司,它与美国时代图书公司签订版权许可协议,取得一套烹调图书在世界各国(美国、加拿大除外)的独占复制发行权。澳大利亚洲际快速发行公司从美国时代图书公司在美国的合法发行人那里购买到上述烹调书并在美国销售,不久又进口到澳大利亚,并以比时代生活书店低的价格销售。于是,时代生活书店向澳大利亚法院提起侵权诉讼。

---

① 叶京生,董巧新.知识产权与世界贸易[M].上海:立信会计出版社.2002:287-293.

在审理中,被告辩称:它所购买的图书是版权人在美国印刷发行的,所以,在美国销售该书是合法的,因此,进口到澳大利亚销售也是合法的。法院根据澳大利亚版权法的规定,认为被告未经版权人许可,在澳大利亚销售该烹调图书,应视为侵权。由于本案原告未取得在美国的独占复制发行权,根据版权穷竭原则,被告在美国购买、销售该图书是合法的。但原告已取得该书在澳大利亚的独占复制发行权,在美国的版权穷竭,并不导致在其他国家的版权穷竭,因此,被告未经独占发行人时代生活书店(原告)的许可,而擅自在澳大利亚销售,构成了对独占发行人权利的侵犯。

[案例二] 赫斯特图书公司诉施达克公司

赫斯特图书公司是美国的一家图书经销商,它与英国版权人签订版权许可协议,取得了一批英国图书在美国的独占发行权。1985年,这批图书中的某些畅销书在美国脱销。于是,设在美国旧金山的施达克公司通过合法渠道,从英国版权人那里进口了这些畅销书,并在美国销售。赫斯特图书公司以被告侵犯其独占发行权为由,向美国加利福尼亚北部地区联邦法院起诉。法院经审理,判决被告侵权,责令其立即停止销售,并向原告支付赔偿金。法院如此判决的主要理由是版权穷竭原则不适用于跨国图书贸易。

[案例三] 哥伦比亚广播公司诉天蝎音乐销售公司

本案是美国首例版权灰色市场的案件。原告哥伦比亚广播公司(以下简称"CBS")是某些音乐作品的版权人,它将其版权许可给菲律宾的维克托音乐公司。根据双方签订的许可协议,被许可方只获得菲律宾国内的制作权和销售权。该许可协议于1981年11月2日期满,期满后维克托音乐公司可在60天内清理其库存产品。维克托音乐公司在清理中将库存唱片销售给另一家菲律宾的彩虹音乐公司,彩虹音乐公司又将唱片转售给美国内华达州的国际贸易公司,国际贸易公司又转售给被告天蝎音乐销售公司,于是CBS向法院提起诉讼,指控被告天蝎公司侵犯其版权、商标权并有不正当竞争行为。本案涉及对美国版权法第109(a)条和第602(a)条的解释问题。最初法院认为天蝎公司是否应对国际贸易公司的进口负责这一点无关紧要。负责审理此案的格林法官列举了各种责任和共同侵权的情况,认为是否将国际贸易公司列为被告无关紧要。格林法官指出,不能以天蝎公司不是进口者为由而免除其责任,如免除其责任,那么很可能会产生以后一系列更多的灰色市场销售活动。格林法官认为,免除被告的责任显然是违背版权法立法意图的。在这种不利的情况下,天蝎公司只能依据版权法第109(a)条只适用于在美国制造和销售的复制品。由于美国版权法的效力不能延及国外,而本案的复制品又并非根据美国版权法合法制造的,因此不能适用版权法第109(a)条,格林法官指出,如果扩大版权法第109(a)条的含义,版权法第602(a)条规定的进口权就毫无意义了。如果允许灰色市场存在,就意味着版权人对在国外制造后进口复制品将失去控制,这样在美国国内根据版权法合法制造的复制品就会处于不利的竞争地位。

本案判决说明,进口在国外制造但合法购得的版权作品是侵权行为,因为在这种情况下,作品的首次销售地在国外,在美国的版权并未穷竭。也说明美国版权法第109(a)条的适用范围仅是在美国国内制造和销售的复制品,故本案中的买主不能受到保护。

[案例四]　欧莱雅公司诉代纳迈公司

本案涉及对版权法第109(a)条和第602(a)条的解释问题。欧莱雅公司是罗兰牌卫生洁具在美国的独占被许可人,被许可人产品的包装上印有马球手的图案设计,这种图案设计不仅作为商标使用,而且也在美国进行了版权登记。被告代纳迈公司是罗兰牌进口产品的代销人。与天蝎公司案不同的是:本案的产品不是在国外制造而是在美国制造后出口又重新进口的。法院认为,由于本案产品是原告按CIF交货条件装运至国外的,按美国同一商法典(UCC)规定,在这种交易条件下,货物所有权在越过船舷时才转移到买方手中,即货物所有权是在美国港口转移的,因此,法院认为该产品首次销售地为美国国内,该版权在美国已经穷竭。此外,法院对原告是否拥有马球手图案设计的版权也提出异议,马球手图案设计是一项使用已久的商标,原告在其早期销售的产品上没有对该图案设计标注版权标记,基于上述理由,故法院判决被告没有侵犯欧莱雅公司的版权。

[案例五]　哈特公司诉施达克公司

本案事实与天蝎公司案相似,唯一不同的是,它所涉及的商品是图书不是唱片。负责审理此案的法官表示,一开始他认为立法者制定版权法第602(a)条的意图不仅是为了制止盗版,而且也是为了制止灰色市场销售。他认为,版权法第

602(a)条产生了版权人的另一项权利,这种权力独立于版权法第106条规定的那些权利,但它又同时受版权法第109(a)条首次销售原则的限制。但本案法院后来是依据其他事实来判决的:法院着重指出,版权法第109(a)中在述及复制品所有人时,使用的是单数名词,因此,该条不应适用于复数的情况。鉴于被告是多种产品的销售商,因此,法院认为被告没有侵权,故判决不支持原告关于停止侵权和赔偿损失的请求。

[案例六] 塞巴斯蒂安国际公司诉 PTY 公司

本案由新泽西州地区法院判决。它涉及某护发产品在灰色市场中的销售,该产品的生产地为美国,出口后由南非的分销商输入美国。原告以侵犯版权为由,请求法院下达初步禁令。初审法院判决结果与天蝎案相同,即被告侵权。诉讼开始时,被告提出,原告尚未取得版权注册证,因而其设计不受版权保护,但未被法院采纳。接着法院对版权法第109(a)条和第602(a)条进行了分析。被告首先提出,该产品是美国制造的,这样,如果按欧莱雅案法院的判决,就会对被告有利。但巴里法官在查阅了上述案件的卷宗后,得出截然相反的结论。巴里法官认为,不应对国内制造和国外制造有区别对待。巴里法官认为,在版权法第602(a)条中,根本没有涉及产地,在版权法第109(a)条中虽提及"合法制造",但这并不是想表达有国内制造和国外制造两种灰色市场之分。巴里法官认为,版权法第109(a)条和第602(a)条之间并无矛盾,并认为版权法所指的销售权应包括两层含义:一是出售权(right to vend);二是进口权。这两种权利是彼此独立的,在这两种权利中,只有出售权才受首次销售原则的限制,进口权则不应有此限制。

巴里法官上述观点是依据知识产权保护的市场控制权理论。根据巴里法官对版权法的解释,版权法的立法者是完全站在灰色市场反对者一边的。但也有人认为她忽视了一个事实:即4年来审理其他案件的法官都没有做过像她那样的解释。后来第三巡回上诉法院撤销了原判。

该上诉法院的威伊思法官认为,问题不在于是否有两种形式的销售权,而是版权人有无控制权,这是一个经济问题。第三巡回上诉法院不同意像巴里法官那样无限地扩大这种权利。该上诉法院指出,版权法的主要宗旨是鼓励文艺作品的创作和传播。尽管这种鼓励是通过获取回报的形式实现的,但版权法最终还是把金钱回报看成是第二位的。威伊思法官引用了其他案件的判决,认为首次销售原则最终要解决的问题是:当版权人已从版权作品的使用获得回报后,是否还有权继续行使其版权。关于版权法第109(a)条和第602(a)条的问题,威伊思法官注意到有两种不同的解释,但他倾向于第602(a)条所述的进口权是销售权的一种。根据第109(a),该权利早已穷竭。上诉法院认为:尽管本案是版权法问题,但我们认为灰色市场或平行进口问题,主要是经济因素在起作用。例如,货物在美国生产,出口到国外,然后又重新进口到美国,必然以低于美国市场的价格销售。这种销售活动将引起生产商的不满,因为他们在美国国内的广告、宣传、保修服务方面所花的投资将不能取得合理的回报,而顾客则当然希望能以较低价格购买同样的商品。生产厂商由于无法通过合同来控制这类销售活动,所以,只能借助版权法来保护其自身利益。上述情况同样也涉及产品的商标权问题。上诉法院认为,灰色市场或平行进口问题应由国会解决,而不应由法院通过扩大版权的权力范围来解决。在本案之后,又发生了一些类似案件,在这些案件中法官也都倾向于采取威伊思法官的意见。

主要参考文献

1. Charles Clark, Lynette Owen, Roger Palmer. *Publishing Agreements: A Book of Precedents*[M] Butterworths Press. 1997.

2. 大卫·福斯特,莱内特·欧文. 国际出版与版权知识[M]. 北京:外文出版社. 1992.

3. 克洛德·科隆贝. 世界各国著作权和邻接权的基本原则—比较法研究[M]. 高凌翰,译. 上海:上海外语教育出版社. 1995.

4. 保罗·戈尔斯坦. 国际版权原则、法律与惯例[M]. 王文娟,译. 北京:中国劳动社会保障出版社. 2003.

5. 莱内特·欧文. 中国版权经理人实务指南[M]. 袁方,译. 北京:法律出版社. 2004.

6. 托马斯·沃尔. 销售附属版权:行家指南[M]. 杨贵山,译. 北京:中国人民大学出版社, 2006.

7. 彼得拉·克里斯蒂娜·哈特. 版权贸易实务指南[M]. 宋含露,等译. 上海:上海人民出版社, 2009.

8. 沈仁干,钟颖科. 版权法概论[M]. 哈尔滨:黑龙江教育出版社. 1988.

9. 董鑫,陈新亮,周安平. 中国著作权法通论[M]. 成都:成都科技大学出版社. 1991.

10. 王骅. 版权理论与实务[M]. 南宁:广西教育出版社. 1991.

11. 郑成思. 版权公约、版权保护与版权贸易[M]. 北京:中国人民大学出版社. 1992.

12. 国家版权局. 著作权的管理和行使论文集[M]. 上海:上海译文出版社. 1995.

13. 刘白驹. 社会科学领域的著作权问题[M]. 北京:社会科学文献出版社. 1996.

14. 郑成思. 版权法[M]. 北京:中国人民大学出版社. 1997.

15. 吴汉东. 西方诸国著作权制度研究[M]. 北京:中国政法大学出版社. 1998.

16. 马柳春. 国际版权法律制度[M]. 北京:世界图书出版公司. 1999.

17. 王建宁,武永贵.著作权保护案例分析[M].太原:山西经济出版社.1999.

18. 姚红.中华人民共和国著作权法释解[M].北京:群众出版社.2001.

19. 郑成思,孟祥娟.版权侵权认定[M].北京:法律出版社.2001.

20. 胡知武.版权经济实务[M].北京:中国经济出版社.2002.

21. 李明山.中国近代版权史[M].开封:河南大学出版社.2003.

22. 辛广伟.版权贸易与华文出版[M].重庆:重庆出版社.2003.

23. 张美娟.中外版权贸易比较研究[M].北京:北京图书馆出版社,2004.

24. 杨贵山.海外版权贸易指南[M].北京:中国水利水电出版社,2005.

25. 徐建华.版权贸易新论[M].苏州:苏州大学出版社,2005.

26. 王雪野.国际图书与版权贸易[M].北京:中国传媒大学出版社,2009.

27. 马海群,等.版权与图书外贸[M].哈尔滨:黑龙江人民出版社,2009.

28. 张志林,张养志.北京版权贸易与版权产业发展研究[M].北京:印刷工业出版社,2009.

29. 张养志,吴亮.首都文化创意产业发展中的版权贸易研究[M].上海:华东师范大学出版社,2009.

30. 来小鹏.版权交易制度研究[M].北京:中国政法大学出版社,2009.

31. 姜汉忠.版权贸易十一讲[M].北京:外文出版社,2010.

32. 陈燕.中国图书"走出去"成功案例选[M].北京:外文出版社,2010.

33. 尹章池,张麦青,尹鸿.国际图书与版权贸易[M].武汉:武汉大学出版社,2011.

34. 夏叔华.知识产权理论与实务[M].北京:法律出版社.1992.

35. 俞兴保,朱厚佳,潘银,等.知识产权及其价值评估[M].北京:中国审计出版社.1995.

36. 刘春田.知识产权法[M].北京:中国人民大学出版社.2000.

37. 刘家琛.常见知识产权纠纷案例解[M].成都:四川人民出版社.2001.

38. 吴汉东,胡开忠.无形财产权制度研究[M].北京:法律出版社.2001.

39. 叶京生,董巧新.知识产权与世界贸易[M].上海:立信会计出版社.2002.

40. 吴汉东,刘剑文,等.知识产权法学(第二版)[M].北京:北京大学出版社.2002.

41. 詹宏海.知识产权贸易[M].上海:上海大学出版社.2009.

42. 詹爱岚. 知识产权法学[M]. 厦门:厦门大学出版社. 2011.

43. 武春友. 技术引进项目可行性研究[M]. 北京:中国经济出版社. 1988.

44. 蓝明良. 国际技术贸易实务[M]. 北京:法律出版社. 1989.

45. 严晖,米阿荣. 国际技术贸易教程[M]. 北京:宇航出版社. 1990.

46. 李祥林,洛桑. 走向国际市场丛书:知识产权与技术贸易[M]. 北京:中国青年出版社. 1993.

47. 武振山. 国际技术贸易[M]. 大连:东北财经大学出版社. 1994.

48. 万成林,佟家栋,张元萍. 国际技术贸易理论与实务[M]. 天津:天津大学出版社. 1997.

49. 苏敬勤,冯欲杰. 世界知识产权保护与国际技术贸易[M]. 大连:大连理工大学出版社. 1998.

50. 饶友玲. 国际技术贸易[M]. 天津:南开大学出版社. 1999.

51. 余鹏翼,姚钟华. 国际技术贸易操典[M]. 广州:广东经济出版社. 2002.

52. 明廷华. 无形资产评估理论与方法研究[M]. 北京:气象出版社. 1995.

53. 韩德培. 国际私法. 高等教育出版社[M]. 北京:北京大学出版社. 2000.

54. 梁宝柱. 出版经济学导论[M]. 北京:中国书籍出版社. 1991.

55. 宋晓红,韩云. 世界出版业·德国卷[M]. 北京:世界图书出版公司. 1998.

56. 陆伯华. 世界出版业·美国卷[M]. 北京:世界图书出版公司. 1998.

57. 文硕,吴兴文. 图书营销传播[M]. 北京:中国广播电视出版社. 2000.

58. 杨贵山. 欧美书业概论[M]. 成都:四川教育出版社. 2002.

59. 大卫·科尔. 图书营销全攻略[M]. 北京:中国人民大学出版社,2010.

60. 李怀亮. 当代国际文化贸易与文化竞争:当代文化产业论丛[M]. 广州:广东人民出版社,2005.

61. 李怀亮. 国际文化贸易概论[M]. 北京:高等教育出版社,2006.

62. 李怀亮. 国际文化贸易教程[M]. 北京:中国人民大学出版社,2007.

63. 韩骏伟. 国际电影与电视节目贸易[M]. 北京:中国传媒大学出版社,2008.

64. 李怀亮. 国际文化贸易导论[M]. 北京:中国传媒大学出版社,2008.

65. 闫玉刚. 国际演出与文化会展贸易[M]. 北京:中国传媒大学出版社,2008.

66. 北京第二外国语学院国际文化贸易研究中心. 首都文化贸易发展报告

(2008)[M].北京:中国人民大学出版社,2008.

67. 白远,池娟.文化创意产业发展比较研究:理论与产品的国际贸易[M].北京:中国金融出版社,2009.

68. 韩骏伟,胡晓明.国际文化贸易[M].广州:中山大学出版社,2009.

69. 北京第二外国语学院国际文化贸易研究中心.首都文化贸易发展报告(2009)[M].北京:中国人民大学出版社,2009.

70. 北京第二外国语学院国际文化贸易研究中心.首都文化贸易发展报告(2010)[M].北京:中国人民大学出版社,2010.

71. 北京第二外国语学院国际文化贸易研究中心.首都文化贸易发展报告(2011)[M].北京:中国人民大学出版社,2011.

72. 陈柏福.我国文化产业"走出去"发展研究:基于文化产品和服务的国际贸易视角[M].厦门:厦门大学出版社,2011.

73. 蔡继明,刘俊民,柳欣,等.现代西方经济学教程[M].天津:南开大学出版社.1994.

74. 佟家栋.国际经济学[M].天津:南开大学出版社.1998.

75. 徐璐,白力威,韩文霞.国际结算[M].天津:南开大学出版社.1999.

76. 张文贤,高伟富.高级市场营销学[M].上海:立信会计出版社.2000.

77. 高立法,孙健南.资产评估[M].北京:中国审计出版社.1997.

78. 比尔·盖茨.未来时速[M].北京:北京大学出版社.1999.

79. 中央电视台信息部.商务调查[M].北京:经济科学出版社.1999.

附 录

一 合同文本(中文)[①]

本合同于××年×月×日由×××(中国出版社名称、地址)(以下简称为出版者)与×××(外国出版社名称、地址)(以下简称版权所有者)双方签订。

版权所有者享有×××(作者姓名)(以下简称作者)所著××(书名)第×版的版权(以下简称作品),现双方达成协议如下:

1. 根据本协议,版权所有者授予出版者独家许可,准许其以该出版社的名义,以图书形式(简/精装)翻译、制作、出版该作品中文(简体)版(以下简称翻译本),限在中华人民共和国大陆发行。未经版权所有者的书面同意,出版者不能复制版权所有者对该作品的封面设计,也不能使用版权所有者的标志、商标或版权页。本协议授予的权利不及于该作品的其他后续版本。

2. 出版者要按照本合同第×条的规定,向版权所有者支付下列款项,即:

(1) 合同签订之时支付根据本合同应当支付给版权所有者的预付金××美元。

如果在该协议履行期间,出版者有任何过错,这笔预付款不予退还。

(2) 出版者根据中国图书定价对所有销售图书支付版税:

① 销售×千册,版税为×%;

② 销售×千册至×千册,版税为×%;

③ 销售超过×千册,版税为×%。

(3) 对于出版者以成本价或低于成本价销售的库存翻译本,无需支付版税;但是在该翻译本首次出版后两年内不得廉价销售此类库存书。

3. 至版权所有者收到第×条所列款项,本协议生效。

4. 出版者将负责安排一位合格的翻译者,保证准确无误翻译该作品,并将译者的名字和资历报告给版权所有者。未得到版权所有者的书面同意之前,不得对作品进行省略、修改或增加。版权所有者保留要求出版者提交译稿样本的

[①] 莱内特·欧文.中国版权经理人实务指南.北京:法律出版社.2004:51-54.

权利,在其同意后,出版者方可印刷。

5. 如需要,翻译本出版者应取得原作品中第三方控制的版权资料的使用许可,并应当为这些许可或权利支付费用。直到版权所有者收到出版者书面确认——出版者获得了许可,版权所有者才会向出版者提供生产资料用于复制该作品中包含的插图。

6. 出版者应确保翻译本的印刷、纸张和装帧质量,尽可能达到最高标准。

7. 出版者所有翻译本的封面、书脊、护封(如果有的话)和扉页上都必须醒目的印上作者的姓名,并在扉页背面注明下列版权声明:"①(原书版权详细信息)"以及下列声明:"此××(书名)的翻译版由××(外国出版社名称)许可出版"。出版者也将对翻译文本进行版权声明。

8. 翻译本出版后,出版者应向版权所有者提供×本免费样书,并说明该翻译本的实际出版日期和定价。

9.(1)如果出版者未能在××日前出版该翻译本,该合同中的所有授权将由版权所有者收回,而出版者向版权所有者支付的或应付的任何款项不受影响。

(2)当翻译本已绝版或市场上已脱销,出版者在接到版权所有者再印的书面通知后,6个月内仍未再印,版权所有者将有权终止合同,该合同中的所有授权将由版权所有者收回,而不影响出版者向版权所有者支付的或应付的任何款项。

10. 未事先征得版权所有者的书面同意,出版者不能处分该翻译本的任何附属权利。

11. 如果合同中所规定的款项逾期3个月仍未支付,授予的许可即将立即失效,转让的任何权利将收归版权所有者,而无需进一步通知。

12. 版权所有者应向出版者保证其有权利和能力签订本合同,根据英国法律该作品决不会侵害任何现存版权或违背任何现存协议,该作品中不含有任何内容会引起刑事或民事纠纷造成损失,否则因此而给出版者造成的损失、伤害或开支,版权所有者应给予赔偿。

13. 未得到版权所有者书面同意之前,出版者不得将所获得的版权许可转让或惠及他人,也不能以出版者以外的任何名义出版该翻译本。

14. 除本合同中明确授予出版者的权利外,该作品的其他所有权利由版权所有者保留。

15. 出版者应将翻译本的详细情况向中国国家版权局登记,以得到正式批准,在中华人民共和国范围内依相应法规,尽一切努力保护翻译本的版权。出版者还同意对侵犯翻译本版权的任何个人或组织提起诉讼,费用自理。

16. 如果出版者宣布破产,或不遵守本合同的任何规定,且在接到版权所有者书面通知(用挂号信寄到本合同第一段所写地址)后的一个月内仍不纠正,本合同即自动失效,授予出版者的版权许可将收归版权所有者,而不影响出版者向版权所有者支付的或应付的任何款项。

17. 本合同规定的应付给版权所有者的款项都应按付款当天汇率以英镑/美元支付,不得以兑换或代办费为由扣除。付款可以支票或银行汇票支付,寄至×××(外国出版社银行的名称和地址)。如果出版社依法应扣税,他们应声明并提供相应扣税凭证。

18. 本合同受中华人民共和国法律约束,双方因本合同而发生的任何争议或分歧,将提交中国国际经济与贸易仲裁委员会,该委员会的裁决是最终决定,双方必须遵守。但本合同任何条款不限制版权所有者采取必要措施,包括提起诉讼,以防止该翻译本在本合同第1条所限定的市场范围外发行。

19. (1) 如果版权所有者全部或部分业务被收购,版权所有者可以不经出版者的同意转让本合同。

(2) 本合同包含了双方充分而完全的共识和理解,取代了之前就本合同有关事宜达成的所有的口头的、书面的协议与承诺,除双方书面协商,不得改变。

(3) 只有出版者在本合同制定之日×星期之内签字,本合同才被视为具有法律效力。

出版者代表签字_____
版权所有者代表签字_____

二 合同文本(英文)

Between _____
—hereinafter called the "Licensor"
and _____
hereinafter called the "Licensee"

The rights and obligations of this agreement shall also apply to the successors in title of the parties to this agreement.

§1 Subject Matter of Agreement

The subject matter of this agreement is the _____ language original edition of the work _____

hereinafter called the "original edition".

§2 Grant of Rights

1. In respect of the original edition, the Licensor hereby grants the Licensee a geographically unrestricted exclusive right, effective for a period of _____ years as of publication of the translated edition, to prepare an Chinese translation of the original work and to reproduce and distribute (publishing right) the Chinese-language translated edition or translation, in printed volume form as a hardcover or soft cover edition.

2. The rights granted to the Licensee in accordance with No. 1 above may not be assigned to a third party by the Licensee without the previous written consent of the Licensor.

3. The translation shall be prepared at the expense of the Licensee. The Licensee shall take care that the translation is faithful to the work and retains the basic inherent character of the original edition, and that the translation shall be prepared with consideration to the moral rights of the author. §3 No. 3 shall also apply.

4. The Licensor assures that the original edition does not infringe any rights of third parties, that he alone is entitled to dispose over the rights granted to the Licensee pursuant to No. 1, and that to date he has not made a disposition, either in whole or in part, that contradicts the grant of these rights.

5. During the term of this agreement, the Licensor shall not publish in his own company, or have published by third party by means of granting a further license, a translated edition of the original edition of the work in the same language as the one specified in this agreement.

6. The Licensee states that he shall have the exploitation rights in the translation granted to him by the translator, corresponding to the scope of the rights granted pursuant to No. 1, and that he shall be exclusively responsible for payment of the translator and not the Licensor.

§3 Date of Publication/Obligation to Publish

1. The Licensee shall be entitled to publish the translated edition at the earliest on _____, 2005. The date of publication of the translated edition shall be communicated in writing to the Licensor at an appropriate point in time, without delay and without a corresponding request.

2. The Licensee shall be obliged to publish the translated edition and promote it in a suitable manner that is customary for the publishing trade, corresponding to the type and character of the work.

3. The original edition shall be the binding model for the translated edition. The Licensee shall only be permitted to make amendments to and modifications of the content in particular corrections, abbreviations and the addition of a new foreword or epilogue with the previous written consent of the Licensor.

§4 Print-run/Retail Price/Production Standard

1. Determination of the number of copies to be published and of the retail price of the printed hardcover edition of the translation shall be undertaken by the Licensee at his own discretion. The quantity of the current print- or press-run and the currently applicable retail print- or press-run and the currently applicable retail price, shall be communicated in writing to the Licensor at the appropriate point in time, without delay and without a corresponding request.

2. The production standard of the translated edition shall be determined by the Licensee, taking into account the type and character of the work.

3. The name of the author of the original edition shall be displayed on the title page of the printed edition of the translation, and shall be displayed in the course of promotion activities for the translated edition, such as are customary for the publishing trade.

4. Within the imprint (on the back of the title page) of the printed edition of the translation the title of the original edition and a copyright notice in the sense of the Universal Copyright Convention indicating the Licensor as the right holder of that edition, shall be affixed as follows: _____.

§ 5　License Fee

1. The Licensor shall receive for each copy of the printed edition of the translation that is sold and paid for a license fee as follows:

8 % of the retail price for the 1st to 5000th copy sold

9 % of the retail price for the 5001st to 8000th copy sold

10 % of the retail price thereafter.

2. The Licensee shall guarantee to pay the Licensor a license fee pursuant to No. 1 in the amount of _____. This guaranteed fee shall be payable upon conclusion of the agreement. The guaranteed fee shall be credited against the license fee and may be credited against any financial claims of the Licensor against the Licensee that are based on the current contractual relationship.

3. The license fee and the guaranteed fee shall be understood as net amounts. The statutory sales tax payable on these amounts shall be paid on top of such fees by the Licensee.

4. Accounting and payment of the percentually calculated license fee pursuant to No. 1 shall take place yearly on the 31st of December of each year within 3 months following the respective deadline.

5. The Licensee shall state that he is willing to allow the Licensor access to his books and documents of account at the latter's request, such as is necessary in order to inspect the accounts of the license fee. In case of reasonable doubts as to the correctness or completeness of the relevant information contained in such accounts, the Licensor shall be entitled to arrange for inspection of this information by an independent auditor, tax advisor, or sworn auditing expert of his choice. The costs of such re-inspection shall be borne by the Licensor, in the case of discovery of grievously false or incomplete statements to the disadvantage of the former, the costs shall be borne by the Licensee.

§ 6　Working and Complimentary Copies

1. Upon conclusion of this agreement the Licensor shall place at the disposal of the Licensee 2 working copies of the original edition free of charge.

2. Immediately after publication of the translated edition the Licensor shall re-

ceive 3 complimentary copies of this edition. The Licensor shall have the right to purchase further copies of the translated edition at a discount of 50% percent on the retail price.

3. The working copies of the original edition, the complimentary copies or the copies of the translated edition acquired pursuant No. 2 may not be sold by the respective contracting party to third persons and may not be made available to third parties against payment.

§7　Exemption from Claims Made by Third Parties

1. The Licensor shall exempt the Licensee from such copyright and other remuneration claims made by third parties, that the Licensor himself is required to fulfill, by contract or by law (e. g. participation the author in net proceeds generated by exploitation of subsidiary rights).

2. Where a claim is filed against the Licensee by third parties in respect of defects in the translated edition (e. g. mistakes in the content or meaning, printing errors), the direct cause of which can be traced back to the original edition, the Licensor shall indemnify the Licensee against liability regarding warranty or damages claims.

§8　Out of Print/Sale of Remainders

1. The Licensee shall inform the Licensor in writing, without delay and without a corresponding request, when the translated edition goes out of print.

2. The Licensee may sell the remaining copies of a certain print- or press-run of the printed edition of the translation at a reduced price, if it can be proved that two years after publication of the translated edition, there has been a serious discrepancy regarding the annual sales in relation to the quantity of the Licensee's stock still available.

3. The Licensor shall participate in the Licensee's proceeds from the sale at a reduced price, such as are generated by the sale of the translated edition in the amount of the license fee to which he is entitled pursuant to §5 No. 1.

4. Where sale of the remaining copies at a reduced price proves to be impossible or unreasonable from an economic point of view, the Licensee may pulp the remaining

copies of a certain print- or press-run of this edition, in whole or in part.

5. Before undertaking sale at a reduced price or pulping of the remaining copies of a certain print- or press-run, in whole or in part, the Licensee shall be required to inform the Licensor of this intention in writing and in due time.

§ 9 Entry into Force and Termination of Agreement

1. The term of this agreement shall commence upon its signature by both contracting parties and shall end at the latest on _____.

2. In the case of a possible continuation of the contractual relationship the Licensor shall grant the Licensee an option under the conditions of this agreement. The option may only be taken up within a period of twelve months after expiry of the term of the agreement in accordance with No. 1 above. If, during this period, the Licensor receives an offer from a third party for the conclusion of a new translation licensing agreement in respect of the original edition, for the same language as the one specified in this agreement, the Licensee shall be entitled to take over such offer within six weeks after receipt of a corresponding written notification from the Licensor. Such a declaration by the Licensee shall be made in writing.

3. The contractual relationship shall be terminated prematurely, if and as soon

a) the first publication of the translated edition does not take place within two years after expiry of the earliest permitted date of publication according to § 3 No. 1;

b) the Licensee has commenced with the sale at a reduced price or with the pulping, in whole or in part, of the remaining copies of a certain print- or press-run of the translated edition, or where the Licensor has accepted the offer of the Licensee to acquire these remaining copies intended for sale at a reduced price or for pulping, according to § 8 No. 5;

c) for a period of more than six months the translated edition has been out of print and where during this period of time the Licensee has not published a new print- or press-run or has not announced its publication within a further three months;

d) the contractual relationship is terminated by one of the contracting parties in writing by registered letter, for so-called good reasons and with immediate effect, in particular as a result of a serious breach of essential obligations under this agreement by the other party, and the notice of termination has been served to the latter.

§ 10 Final Provisions

1. Modifications or amendments of this agreement must be set down in writing. Verbal ancillary covenants were not agreed upon.

2. If individual provisions of this agreement should be null and void or invalid this shall not affect the validity of the remaining provisions. The parties to the agreement shall then be required to replace the invalid or otherwise void provision with one the economic and legal effect of which comes as close as possible to it.

_____   _____

_____   _____

后 记

本书是在《版权贸易新论》的基础上修订而成的。

《版权贸易新论》作为苏州大学出版社的《现代出版学丛书(第二辑)》之一,已于 2005 年出版。此书出版后,业界和学术界反映较佳,许多兄弟院校以之为本科教材,其使用心得不断反馈到我们处。同时,自此书出版至今,我国的版权贸易发展很快,出现了许多新的内容与形式,我们一直想通过修订将这些内容增补进去。恰逢苏州大学出版社在所出第 1 版 4 辑 25 种教材的基础上,精选出 10 种作为精品教材打造,此书也有幸被收录其中,使我们的想法得以实现。这既是对我们以往工作的肯定,是我们的荣幸,更是对我们的鞭策,让我们在责任感、使命感的驱使之下更努力地思考和工作。

版权贸易对于国内出版界的意义和价值,已越来越为业界所认知,同时,也越来越为社会公众所关注。改革开放以来的 30 多年里,版权贸易这种贸易方式,逐步由单个出版社偶尔为之的个别出版举动,进而转变成为整个出版界的一种普遍的经济行为,现在已上升到有国家参与的推广中华民族优秀文化的战略举措。版权贸易,已经成为我国出版产业中一个新的经济增长点,构成了我国国际贸易中一个重要的组成部分,并使得中国出版界成为世界范围内版权贸易中一个不可忽视的参与者。

由于版权贸易自身的活跃,有关经验总结和理论探讨的文章常见于各类学术期刊和报纸、杂志,相关著作也时有所见。但纵观大多数研究,基本集中于现状分析、经验总结等方面,注重了可操作性,而忽略了整体的理论思考,尤其缺乏一以贯之的理论指导,使得整个研究的学术性普遍不强。我们知道,任何一门学科、任何一个领域,如果没有一以贯之的理论作为指导,是很难自立于学术之林,也很难赢得其他学科和领域对自己的学术尊重的,出版业自然也不例外。有鉴于此,我们从国际贸易中技术贸易的理论入手,试图将版权贸易的理论与实践结合起来,在注重理论性的同时,兼及体系性和实用性,努力使我们的工作,成为一种新的探索。这才有了本书——一本用技术贸易理论贯穿全书的版权贸易教材——的写作。本次修订,依然秉持了这个原则和传统,延续了一以贯之的风格和特点。

为了能够与出版社出版精品教材的想法更加贴切,我们将书名调整为《版权贸易教程》。全书修订,主要集中在四个方面:一是修改了原书中存在的问题与错误，包括内容、版式与文字；二是增加了这几年新出现的内容，包括数据、机构、政策、法规、案例；三是增补了参考文献；四是增写了"版权的输出与'走出去'战略"一章。本着文责自负的原则，我们将参与各章修订的作者名单罗列于此：

第一章	版权贸易的一般原理	（徐建华、王玫）
第二章	版权贸易的基础	（徐建华、王云石）
第三章	版权贸易的发展与现状	（叶新、贾佳）
第四章	版权贸易发展的动因、经济效应及机制	（徐建华、王玫）
第五章	版权引进的信息获取途径与可行性研究	（叶新、刁树榜）
第六章	版权贸易的引进程序	（叶新、王伟）
第七章	版权贸易合同	（徐建华、于佳英）
第八章	版权价格的确定与支付	（徐建华、孟庆阔）
第九章	引进版图书的市场营销	（徐建华、付娇）
第十章	版权的输出和"走出去"战略	（叶新、周翔、刘志斌）
第十一章	版权贸易的相关法律问题	（徐建华、胡秀）
第十二章	版权代理与经纪	（叶新、李玲香）
第十三章	版权集体管理	（叶新、薛瑶）
第十四章	与版权贸易有关的平行进口问题	（徐建华、杨荣刚）

在原先的写作和此次修订过程中，我们阅读和参考了大量中、外相关学术成果，限于体例与篇幅，仅在书后列出了主要参考书目，其余如论文等，无法一一列出，今特借后记一角，向相关学者与同人表示深深的歉意与谢意。同时，需要表示感谢的还有使用本书的老师和学生，没有你们的厚爱，就没有我们持续的动力。最后，还要感谢本书的责任编辑倪浩文，由于他的认真、负责，才使得本书能够以现在的面目出版。当然，最应该感谢的还是苏州大学出版社的领导和吴培华先生，他们的学术见地和责任感，促使了本套丛书的产生，为出版界和出版教育界提供了系统的理论思考；同时，也由于他们的信任和厚爱，使我们有了进一步完整表达我们学术见解的机会和场所。

由于版权贸易的研究在我国发展得还很不充分，我们的思考和认识肯定存在着不少偏颇与不成熟之处，虽然我们已尽了最大的努力，尤其是在修订过程之中，但牵强与不尽如人意之处想必还有不少。为了整个出版事业的繁荣与发展，为了更好地规范和指导版权贸易的实践活动，我们诚挚地期待能有更多的专家和学者参与其中。本着抛砖引玉的想法，我们真切地希望能够得到广大同人与读者的批评、指正。

徐建华　叶新
2013.4.17